U0068352

圖畫與文字的邂逅

————圖畫書中的圖文關係探索

陳意爭 著

為方便編印,將原彩色頁集中至此,內文則一律改為黑白。
閱讀時可前後對照,以加深印象。

圖 1-1-2 最後的晚餐及十二使徒的位置對照圖

圖 3-1-1 青蛙王子(六歲)

圖 3-1-2 青蛙王子(七歲)

圖 3-1-3 木偶奇遇記(六歲)

圖 3-1-4 木偶奇遇記(七歲)

圖 3-1-5 小紘的故事畫（六歲）

圖 4-2-1 數貝殼圖文創作（一）

圖 4-2-2 數貝殼圖文創作（二）

圖 4-2-3 數貝殼圖文創作（三）

圖 4-2-4 數貝殼圖文創作（四）

圖 4-2-5 數貝殼圖文創作（五）

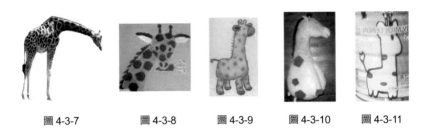

圖 4-3-7　　　　圖 4-3-8　　　　圖 4-3-9　　　　圖 4-3-10　　　　圖 4-3-11

圖 5-1-1 互釋模式版國王的新衣（一）

圖 5-1-2 互釋模式版國王的新衣（二）

圖 5-1-3 互釋模式版國王的新衣（三）

圖 5-2-1 神創造

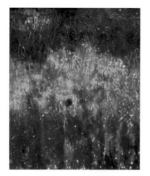

圖 5-2-2 蘋果樹

圖 5-2-3 亞當‧夏娃‧蘋果樹

圖 5-2-4 思

圖 5-2-5 神創造（含文字）

圖 5-2-6 思（含文字）

圖 5-3-3 門外

圖 6-1-1 補色對比（一）

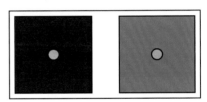

圖 6-1-2 補色對比（二）

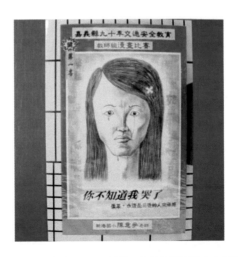

圖 6-1-3 你不知道我哭了——後果，永遠是最愛的人來承擔

圖6-3-1 眾矢之的　　　圖6-4-1 錄影中請微笑　圖7-2-1 互斥模式版國王的新衣（一）

圖7-2-2 互斥模式版國王的新衣（二）　圖7-2-3 互斥模式版國王的新衣（三）

圖7-2-4 互斥模式版國王的新衣（四）　圖7-2-5 互斥模式版國王的新衣（五）

圖 7-4-1 長鬍鬚的蒙娜麗莎

圖 8-1-2 自畫像（一）

圖 8-1-3 自畫像（二

圖 8-1-4 自畫像（三）

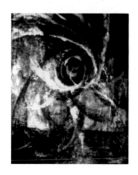

圖 8-1-5 自畫像（四）

圖 8-1-6 自畫像（五）

圖 8-2-13 互證／互釋／互補／互斥交集實例

序

　　炎熱的暑假，原本應該是出國旅遊度假的好時機，不知道我是怎麼搞的，竟然誤打誤撞的進了語文教育這個領域。或許是身體裡流著雙魚座感性的血液，加上大學讀的是美勞教育，很自然我的語文教育研究所就融合在濃濃美勞教育的影子中，讓我興起研究圖文關係的動機。而從大綱定稿，到正式完成內容的寫作，大約歷經了兩年的時間，我所經營建造的這棟小房子終於出爐，真的很開心！

　　我會以「圖畫書」作為研究的對象，主要就是因為它已經是國內被廣為使用的閱讀材料之一。不過一般在創作或閱讀圖畫書時，大多只是將圖畫當成文字的附屬，而忽略了圖畫應該與文字一樣也具有表述能力，這一點讓我覺得十分可惜。此外，就創作角度而言，由於國內圖文互計關係的相關論述較為缺乏，使得圖畫書創作者在構想創意上無法有所提升，因此很難創作出更具新意的作品，讓消費者選擇。再者，對傳播者來說，臺灣從事圖畫書創作的人口不多，市場需求使得國外譯介的作品至今仍然佔據銷售量的絕大多數，相對的也加速本土創作意願的下降，形成臺灣圖畫書成品不夠多元的窘境。

　　有鑒於上述對於圖畫書創作者、傳播者，以及接受者各方面的需求，我提出現代圖畫書應有的觀念更新，並重新建構圖文互計關係的模式理論，擬譬男女相遇的情形，將圖畫與文字「邂逅」的後續發展，定義為「互證模式」、「互釋模式」、「互補模式」以

及「互斥模式」。為了增加說明效果，我也帶入自己的作品以及生活經驗，期望透過這樣的揭示，帶動創作者去創造圖畫書中的可「說」性，啟發讀者去享受圖畫書中的可「讀」性，影響教學者去思考圖畫書中的可「教」性。讓我們自己臺灣的圖畫書產業，能有更進一步的發展。

當然這本書可以出版，首先要感謝我的指導教授周慶華博士，感謝你帶領我走過那一段摸索的路程，在數十個兩個鐘頭的討論中，幫我塑造了這棟有個性的房子的結構；感謝你在我書寫的過程中總是隨傳隨到，提供我補充建造這棟房子所需用的材料；感謝你在我碰到瓶頸時，充當我的心靈導師，必要時還附贈晚餐及宵夜。

其次感謝我親愛的家人，寶貝大女兒晨昕，你是我靈感的來源，總是引發我無限的創意；同時你也是我忠實的實驗對象，從你身上我有機會印證兒童閱讀進程的理論；與你一同徜徉在書堆中閱讀，也是我生命中的一大樂事。感謝寶貝小女兒晨暄，懷著你的那些日子你總是乖乖在我肚子裡，陪著我度過數百個獨自奮鬥的夜晚；生下你後，因為你溫順的個性以及良好的作息，也讓我可以繼續夜間編織文字的工作。感謝我親愛的公公、婆婆以及迦密姊姊，因為你們幫我照顧這兩個寶貝，讓我可以專心寫作。還有感謝隨時支持我的先生嘉牧，感謝你充當司機、保母兼臺傭，是我強大的後盾，讓我無後顧之憂的放很多心思在寫作上，也是這本書的第一位讀者，幫我挑出語意不清、文辭不通順的地方並完成校稿的工作。

最後我要感謝董恕明老師以及陳俊榮老師，在你們感性與理性交互爭辯的言詞中，我從不同角度看到自己這本書的價值，也

謝謝你們提供的寶貴意見。份外謝謝董老師,你貼心的小禮物真
的令我感動。

　　這是我嫁到臺東來的第四個年頭,很高興其中有三個暑假我
都在臺東大學語文教育研究所與我的碩士課程奮鬥,如今可以付
梓,也要感謝經理林世玲小姐的慷慨允諾和執行編輯賴敬暉先生
等的辛勤編務。再次感謝這些默默耕耘的大人物、小人物們。最
後謹將這本書獻給我摯愛的先生,以及兩個可愛的女兒。

陳意爭　寫於我甜蜜的家

2008.10.15

目次

圖次

第一章 緒論

第一節 研究動機與研究目的

　　2004 年，我終於有機會到義大利（Italy）旅遊，旅途中經過米蘭（Milano）。當天的米蘭，溫度恰巧在零度上下，又碰上水氣充足，因此時而飄雪、時而飄雨。就在這個大好機會裡，我決定造訪瑪利亞·格拉契修道院（S.Maria delle Grazie）。循著一張飯店給遊客用的地圖，加上不知從何而來的膽量與毅力，一路上用破破的英文，向不太熟悉英文的義大利人詢問方向，從米蘭大教堂（Duomo-Cathedral）徒步走到修道院，終於可以一賭文藝復興時期的名畫——最後晚餐的丰采。

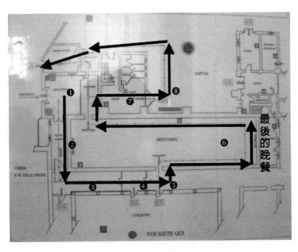

圖 1-1-1 瑪利亞·格拉契修道院平面圖

　　➤　黑色箭頭為行進方向。❶是售票處兼等待處,得先在這裡排隊買票,依照買票的順序,每個人等待進場的時間也不一樣。當天我就等了三個梯次,也就是四十五分鐘之後,才能進到下一個準備室中。❷、❸、❹以及❺都是準備室,因為是第一次去,才一進到❷就心跳加速,以為這樣就可以見到〈最後的晚餐〉,沒想到還得再一一通過下三個準備室,等到確認內室❻裡的人都已經離開,才可以進入。附帶提一點,❻佔地不小,但就只有兩幅圖,除了〈最後的晚餐〉,在它的對面還有一幅大小差距不多的圖,是繼達文西之後其他畫家畫的,內容也是有關基督升天之類的故事。❼為禮品部,❽是出口。

　　因為這幅圖是義大利的國寶,因此得在層層關卡的戒護下,才能進到內室,每個梯次都要控制人數、時間,一次只開放給三十個人進入,而且辛苦付出的代價(除了找尋的路途,還得花費九點五歐元購票,折合臺幣約四百元)只能在裡面觀看十五分鐘。或許是因為期待許久(前前後後花了將近一個小時才見到它),第一眼看到這幅李奧納多・達文西(Leonardo Da Vinci)的原作時,我還緊張到雙手雙腳直發抖,明明是在溫度、濕度都經過嚴密控制的內室中,卻還是覺得冷風颼颼,第一次與達文西如此接近的感動,我想這就是達文西的魅力!透過導覽員的解說,我得到的訊息與之前閱讀過的相差不多,大抵就是這幅圖的故事內容、藝術史家對於畫面構成因素的種種猜測,以及因為繪製材質的關係所導致的維修問題。原來這幅圖的做法是文藝復興時期常見的「濕壁畫」,原文為 fresco,意為「未乾的」。製作手續很繁複,也是一種以科學方式作畫的技巧,與灰泥一起乾燥凝固後,可以成為牆壁的永久部分。由於濕壁畫耐久且表面不會反光,所以成為當時

製作壁畫的理想方法。但因為達文西製作〈最後的晚餐〉時，並沒有完全依照古法，因此毀損情形相當嚴重。接著在參觀時間結束的警笛聲中，結束了與達文西匆匆的邂逅，沒想到，才回到國內沒多久，隨後就有以這幅圖為線索寫成的小說，就是丹‧布朗（Dan Brown）所著的《達文西密碼》一書問世。

　　本著當時對這幅圖延續的熱情，以及對《達文西密碼》這本著作的好奇，我跟著流行的腳步，也搶購了一本來閱讀。讀著、讀著，彷彿就好像再次與達文西在書中不期而遇，只不過書中的〈最後的晚餐〉竟然還隱藏著找出兇手的密碼呢。

　　根據評論家的分析，作者丹‧布朗的父親是一名數學教授，母親則是職業宗教音樂家，因此他可以說是在科學與宗教相衝突的哲學中成長的。加上他個人一直以來對於密碼破譯工作非常有興趣，又有藝術歷史學家背景的妻子協助，因而創作出這個故事。如果是以這樣的角度解釋這本著作的誕生的確很合理，就如同製作人賴聲川在《賴聲川的創意學》書中，大方的介紹自己創作「如夢之夢」的整個構思過程，也用來作為收集、建製「創意資料庫」的例子。他在書裡給「創意」下了一個很好的定義：

> 創意的原始能量不是被培養出來的一個特質，而是等待被發掘的本能，等待被揭露的能量。創意所須需要的一切智慧、創意構想所需要的一切材料，通通都已經存在於我們的神祕泉源之中，等待自己去發掘。（賴聲川，2006：107）

　　除此之外我個人還認為，能夠寫出《達文西密碼》這樣一個高度爭議性的故事，背後有著更多的創意來源，因為在這本小說中，丹‧布朗將達文西的許多幅畫作串連在一起，彷彿 FBI 辦案

一樣，一一解開密碼，最後焦點停留在〈最後的晚餐〉這幅圖。與其說丹・布朗的背景讓他有豐富的想像力來創作，倒不如說是這張圖引導他看到一個背離基督教基本教義的故事，因而揭露出一樁樁陰謀，直接挑戰基督教世界的信仰。

在小說中，丹・布朗筆下的李伊・提賓爵士提出他對〈最後的晚餐〉中，耶穌右手邊那個人的見解：

> 這個人垂著一頭柔順的紅髮，優雅的雙手交疊，加上看起來有點像女人的胸脯。毫無疑問，那是個……女人……
>
> ……「歷史有記載，」提賓說：「而達文西一定知道這個事實。〈最後的晚餐〉尤其向觀者強烈表明，耶穌和抹大拉是一對。」……蘇菲被迷住了。果然，他們的衣服顏色恰恰相反。耶穌穿著紅色長袍和藍色披肩；抹大拉的瑪利亞則穿著藍色長袍紅色披肩。陰與陽。「接下來再看看更怪異的。」提賓說：「你注意，耶穌和她的新娘看起來在臀部接合，然後各自往兩邊傾斜，好像是要創造出兩人間顯然有如正負片相對應的形象。」甚至在提賓還沒幫他指出之前，蘇菲就看出那個輪廓的——畫中焦點出現那個無庸置疑的 V 形，也就是蘭登稍早所畫的那個象徵聖杯、聖爵，和女性子宮的符號。（丹・布朗，2004：278-280）

光是從字面上的描述，對於整幅圖的詮釋就已經很具震撼性。後來這部小說還拍成電影，透過電影的實況模擬，我更可以看到整個故事的立體呈現。尤其針對耶穌與約翰（就是書中所稱的抹大拉）兩人的姿態、呈現的 V 形，甚至電影中還將約翰以電腦繪圖的方式裁剪下來，向右移至耶穌的左肩，所形成的恰好是

約翰將頭枕在耶穌肩上的恩愛畫面。無疑的更加深了李伊爵士推測的可信度。有一句話說「繪畫是騙人的藝術」，我更相信「繪畫是使人信服的藝術」。

後來我參考當時在修道院購買的一張〈最後的晚餐〉複製圖，以及英文《聖經》（國際聖經協會，2000：65-66）中十二使徒的英文譯名，找出每位使徒可能的位置：

巴多羅買	安得烈	彼得	約翰	耶穌	多馬	腓力	馬太		西門
大雅各	猶大				小雅各			達太	

圖 1-1-2 最後的晚餐及十二使徒的位置對照圖

早期研究這張圖的人，喜歡根據自己對聖經的理解，來揣測十二使徒的位置，因此版本眾說紛紜，各有各的解釋；不過，一般都認為畫面中耶穌右手邊這一位，是使徒約翰，就是《聖經》〈約翰福音〉中提到的一個門徒，它說那是耶穌所愛的，側身挨近耶

穌的懷裡（更新傳道會，1996：2026）。此外也描述耶穌將母親託給「所愛的那個門徒」，指的也是約翰（香港聖經公會，1996：157）。

　　從既有的文獻中，可以了解當達文西在創作這幅圖時，花了很多時間尋找適合各個使徒特質的模特兒。因此也有人認為約翰就是達文西本人的畫像，因為他的臉型、膚色很明顯跟其他人不同，加上當時畫家也有將自己形象入畫的作法，如米開朗基羅的〈最後審判〉，畫面中央被剝皮的使徒，就是照他自己的形象畫的（喻麗清，2002： 28），所以這樣的說法也很合理。

　　在 Haggai 的個人網頁中提到，小說家丹・布朗所著《達文西密碼》這一本書裡面，他刻意用 GIMP 動畫套件 GAP（GIMP Animation Package）。就是把使徒約翰說成是抹大拉馬利亞，而有關抹大拉馬利亞，他是從偽經「抹大拉的馬利亞的福音書」得來的靈感（haggai，2006）。這也是我在丹・布朗的小說中看見令我大吃一驚的部分，約翰竟然可以化身成為抹大拉的瑪利亞，而且竟然還是耶穌的情婦。

　　針對這個顛覆傳統的說法，維基百科〈最後的晚餐──爭議〉一文中提到：「根據美國作家丹・布朗出版的小說《達文西密碼》，書中指出此畫中耶穌右手邊的門徒約翰，其實是位女人，是抹大拉的瑪利亞，因此引起了相當大的爭議。」（維基百科，2004）。姑且不論它在宗教界引起的軒然大波，如果就圖畫引導寫作的角度來看，這的確是張很成功的「圖」。

　　參閱新約《聖經》四福音書中，透過馬太、馬可、路加、約翰四位不同角度的作者，對最後晚餐當時的情形可有一番認識：

　　　　到了晚上，耶穌和十二個門徒坐席。正吃的時候，耶穌說：「我實在告訴你們，你們中間有一個人要賣我了。」他們就甚憂愁，

一個一個的問他說：「主，是我麼？」耶穌回答說：「同我蘸手在盤子裡的，就是他要賣我……」賣耶穌的猶大問他說：「拉比，是我麼？」耶穌說：「你說的是。」（更新傳道會，1996：1856）

到了晚上，耶穌和十二個門徒都來了。他們坐席正吃的時候，耶穌說：「我實在告訴你們，你們中間有一個與我同吃的人要賣我了。」他們就憂愁起來，一個一個的問他說：「是我麼？」耶穌對他們說：「是十二個門徒中同我蘸手在盤子裡的那個人……」（同上，1996：1903）

時候到了，耶穌坐席，使徒也和他同坐。耶穌對他們說：「我很願意在受害以先和你們吃這逾越節的筵席……」「……看哪，那賣我之人的手與我一同在桌子上。人子固然要照所預定的去世，但賣人子的人有禍了！」他們就彼此對問，是那一個要做這事。（同上，1996：1975）

……吃晚飯的時候（魔鬼已將賣耶穌的意思，放在西門的兒子加略人猶大心裡）……耶穌說了這話，心裡憂愁，就明說：「我實實在在的告訴你們，你們中間有一個人要賣我了。」門徒彼此對看，猜不透所說的是誰。有一個門徒，是耶穌所愛的，側身挨近耶穌的懷裡。西門彼得點頭對他說：「你告訴我們，主是指著誰說的。」那門徒便就勢靠著耶穌的胸膛，問他說：「主阿，是誰呢？」耶穌回答說：「我蘸一點餅給誰，就是誰。」耶穌就蘸了一點餅，遞給加略人西門的兒子猶大；他吃了以後，撒旦就入了他的心。（同上，1996：2025-2026）

　　再一次檢視聖經章節與〈最後的晚餐〉一圖，如果以圖畫書的「圖畫」創作角度來看，上述聖經章節中的文字就是「文字文本」，而達文西就是插畫家。達文西透過閱讀，與聖經故事不期而

遇。接著他再把對文字的理解，轉換成畫面，以圖畫的形式呈現在世人眼前。例如「同我蘸手在盤子裡的，就是他要賣我」，指的就是猶大，因此在畫面上的確可以看見一個手與耶穌同蘸在盤中的人；此外，對於「他們就憂愁起來，一個一個的問他說，是我麼」這樣的描述，達文西更巧妙將人物分成四組，以彼此的神情、動作傳達出個人焦急的情緒。然而這其中令我最關注的地方，是達文西並沒有將文字做百分之百的「轉換」，反而有超越文字描述的表現。例如圖畫中，猶大背後有一隻握住刀子的手，根據藝術史家的研究，無法判斷出那是誰的手？事實上以達文西的功力，要將手的擁有者描繪清楚並不困難，為什麼他不這樣做，反而要在畫面上留下疑點？是不是也因著他所留下的「疑點」，反而促使後來觀賞的人（包括丹・布朗），有更多的想像空間了？就像一對男女的邂逅，接下來的發展總是令人捉摸不定，誰說雙方（文字／圖畫）一定得一拍即合？這也難怪蔣勳會在《破解達文西密碼》一書中這樣說：

> 「最後的晚餐」這幅圖裡，猶大的背後有一個握著刀的手，這隻手不屬於畫中的任何一個人。這也是長期以來被藝術史家注意的一點，加上聖經中記載一名妓女「抹大拉的馬利亞」，丹・布朗用了聰明的美國式頭腦把這兩個疑點變成商業上可以行銷成功的賣點。（蔣勳，2006）

我從義大利帶了一幅〈最後的晚餐〉複製畫回來，就掛在家中的餐桌旁。當《達文西密碼》這本書問世時，我更是針對其中提到的諸多疑點，一一比對複製畫中描繪的情形，其中當然也有書不符圖的部分，例如書中提到「這幅圖中沒有一個杯子」，但在

圖中其實是有的，只不過它們的樣子不是現代的酒杯，而比較類似早期的玻璃杯罷了。本著自已多年來學習繪畫的經驗，以及身為基督徒對聖經的了解，看到《達文西密碼》這樣的書籍出版，一方面緊張這種挑戰信仰的想法，另一方面卻也十分佩服圖畫作者及文字作者的想像力。

在《達文西密碼》書中有這樣一句話：一張圖勝過千言萬語。這句話也出現在《科學人》雜誌第五十四號，用來說明在現今這個網路資訊發達的時代中，搜尋引擎如何透過圖片做最有效率的搜尋。在這篇文章的論述中，「圖片」是個神奇的媒介，能夠成功的跨領域鏈結。當然這也可以用來說明，今日越來越多的讀物，尤其是在兒童讀物中，圖片經常成為說明性符號的原因。以網路的語言來說，透過搜尋演算的方法，未來可以將照相手機當成一種網路輸入裝置，只要拍下所見到的物體，將圖檔傳送到伺服器，經過比對之後，很快就能把資料所在的網頁回傳到使用者的手機中。因此，試著解讀圖畫書中的圖畫，它們的價值就不能只停留在使畫面更賞心悅目的層次上，而應該也可以扮演讀者腦中「跨領域鏈結」的角色，或者與已往經驗做鏈結，或者引發更深層的情緒表現，或者還可再向外、向反方向聯想。

這種圖畫書操作模式的可能性，引發了我對圖畫書中圖文關係探討的興趣。然而就今日坊間絕大多數談論圖畫書的相關著作裡，無論是指導圖畫書教學、創作或者現成的圖畫書讀物，卻很少涉及圖畫書中「圖像的作用」這一塊，尤其在針對圖畫書讀者閱讀反芻的部分，多只停留在「文字文本」的釋義、理解上；對於畫面，也多以是否能將文字中提到的對象加以描繪，或是繪圖者的個人風格是否有特色等等為要求。我認為只將圖畫看成是文

字的說明，或者只在美化、附庸的地位，實在可惜。洪文瓊在《臺灣圖畫書發展史》一書中所說的話，深深感動我：

> 本人進行此一研究，也存有貢獻建言的用意，希望能藉此次的分析研究，發揮以史為鑑的作用，為臺灣圖畫書業界，提供一些發展路線定位的思考點，期待臺灣圖畫書能朝建立自己品牌的路線發展。（洪文瓊，2004：3）

　　基於這樣的信念，也促使我進行這一項研究。為了能夠更了解圖畫書現在被使用的情形，我從市面上能收集到的書籍、資料中，萃取出普遍大眾對於圖畫書的定義，並發現現階段定義的不足，在於只將圖畫書視為「表現文字的圖形」。因為這樣的局限，使得插畫家在創作時「故步自封」，不敢有逾越的情況，深怕一不小心就「畫不像」了。可是事實上，圖畫與文字在有意或無意的碰撞中，應該還能夠產生其他意想不到的效果，好像一對男女的邂逅，兩人碰在一起會激出怎樣的火花？是楊過與小龍女的俠骨柔情？是麥迪遜之橋的剎時之戀？是莉莉與小鄭的老少配？還是童話中王子與公主的夢幻組合？會從此過著幸福快樂的日子？還是一翻兩瞪眼，從此不相往來？從認知、審美到情意各層面因素的配合，結果不能只在「像不像」或「配不配」這個層次上論斷。因此針對目前絕大多數的圖畫書成品，圖畫主要還是畫「像」為主，頂多就是多一些情意上的表達，透過繪圖者的個人風格展現，這兩類作品我將它們歸類在「互證模式」及「互釋模式」。顧名思義，「互證」（相互印證）指的是圖畫與文字完全印證對方的說明，可視兩者為夫唱婦隨；而「互釋」（相互詮釋）則更多了一層情感意會的解釋，相處越久、了解越深，感情也越濃厚。

　　除了這兩類外，我還增列了第三、四類，稱之為「互補模式」（相互補充）及「互斥模式」（相互排斥），也就是從「補足——期待碰撞出火花」及「相悖——我一見你就討厭」這兩個完全不同於以往的角度來詮釋圖畫書，以建構更完整、全備的圖文關係創作理論。

　　從目前我所進行的研究中，雖然也發現現在圖畫書創作上，的確有很多觀念上的更新，但多停留在「形式」的變化上。圖畫書的書本形式越來越趨於多元化，從傳統的翻頁，發展出立體、旋轉甚至加入多媒體的使用等等。但是在圖文互計所能具備的關係上，還是甚少考慮。就以九十五學年度上學期臺東縣舉辦的書香獎「繪本製作」比賽為例，將近一百五十件特優的作品中（鄺麗貞，2006），大多數屬於「互證」模式的圖文關係，僅有兩件隱含有「互釋」模式的圖文關係，當然就更沒有以「互補」模式及「互斥」模式來做創作的作品。

　　因此在本論述中，除了坊間出版的圖畫書成品選用外，我也會站在創作者的角度，實際繪製四種模式的圖畫書，提供讀者一些創作上的新方向。

　　當然我會希望這樣的論述，不只是回饋給研究者（我及諸位），更希望能透過這樣的揭示，帶動插畫家去創造圖畫書中圖畫的可「畫」性，啟發讀者去享受圖畫書中圖畫的可「讀」性，影響教學者去思考圖畫書中圖畫的可「教」性。因此我在論述中，也將針對各個層面的圖畫書接受者，提出價值說明及回饋。期待我們自己的圖畫書產業，能有更進一步的發展。

第二節　研究問題與研究方法

　　周慶華《語文研究法》一書中，對於「理論建構撰寫體例」所做的說明：

> 理論建構，講究創新。大致上從概念的設定開始，經由命題的建立到命題的演繹及其相關條件的配置等程序而完成一套具體系且有創意的論說。（周慶華，2004：329）

　　據此，本論述中，既然是要建構新的理論，就必須先將所涉及的概念逐一設定，才能一一整理出欲處理的問題以及研究的方法。至於「其相關條件的配置」，我將它設定在對讀者的回饋（即創作、傳播、接受與教學等事實），並補上現有論述資料的不足。

　　因此第一步要先設定「圖畫書」一詞所指涉的內容，在本論述中包括了圖畫及文字兩部分。在這裡我比較傾向將「文字」廣義的解讀成「內容涵意」，因為現在也有許多圖畫書的創作，採用無字圖畫書（Wordless Books）的方式，雖然書中沒有文字，或是僅有少數幾個字，但是依舊能引導讀者讀出書中的內涵，因此倒不一定以視覺上可見的文字為限。

　　再者，圖畫與文字（即內容涵意）既然結合成書，就會關係到圖文轉換互計的問題，也就是圖畫與所要表達的內容涵意之間的關係。有了這樣的確認後，配合之前所論述的圖畫書創作四種模式，就可以形成概念一：

圖畫書、圖畫、文字、圖文轉換互計（即互證、互釋、互補、互斥）
四種模式。

　　奠基於上述概念一所列舉出的項目，「圖畫書」涉及有關創
作、傳播、接受與教學各層面上的問題，便與「人」產生互相激
盪的關連。我之所以在這個地方，特別提出「人」的問題，因為
人所存在的文化環境，也影響著圖畫書中圖文關係意義的產生。

　　舉個日本作品為例子，由長新太撰文、富成忠夫與茂木透攝
影合作的《冬芽合唱團》（2006），透過一張張樹木剛長出的新芽，
述說著一個春天的故事。「我們是、我們是樹的芽喔……春天一
到，我們就會長出葉子、開出花朵，啪啪啪啪……」，雖然這不能
算是一本具有故事線的圖畫書，但在圖畫與文字的共鳴下，卻可
以帶給觀者另一種清新的刺激感受。或許有個孩子會說：「哇！這
裡有一張臉呢！好像個女孩張大嘴在唱歌喔！」

　　我曾經因為課程作業的需求，比較過同一個故事而由不同作
者繪製的幾本圖畫書，其中令我印像最深刻的就是「拔蘿蔔」這
個故事。在我自己以往的認知當中，這個故事主要是在描寫拔蘿
蔔的過程，只不過作者希望透過一一加入的角色，一方面傳達拔
起這個大蘿蔔的不容易，另一方面讓整個故事更加生動、有變化，
所以甚至小狗、小貓、老鼠都加入拔蘿蔔的行列。等到最後，蘿
蔔被拔起了，有的版本將場景結束在合力搬運回家的路上；有的
版本則又延伸出一頓豐盛的晚餐，連平時不能上桌的老鼠，也有
一碗屬於自己的蘿蔔湯。

　　不過在俄羅斯作家阿爾克謝・托爾斯泰（Aleksei Tolstoy）的
《拔啊，拔啊，拔蘿蔔！》（2005），與林世仁、陳致元改編的《大
家一起拔蘿蔔！》（2007）中，我看到了差異比較大的詮釋。《拔

啊，拔啊，拔蘿蔔！》整本圖畫書看下來，拔蘿蔔的敘述成分變少了，反而像是在教導小孩認識數字和動物的認知書，同樣是一一加入的角色，所不同者在第一次加入的是老爺爺，接著是老奶奶、大黃牛、兩隻圓滾滾的豬、三隻黑貓、四隻花母雞、五隻白鵝和六隻黃色金絲雀，一起又拖又拉、又扯又拔……自然環境的描述，在這本書裡也有別於其他國家創作的作品。而《大家一起拔蘿蔔！》，還增加了另一段故事，另外安排一組地底下拔蘿蔔的隊伍，與地面上的老爺爺、老奶奶一家一起拔蘿蔔，描寫的重點便落在雙方人馬團結一致要完成任務。最後蘿蔔斷成兩半，彼此在餐桌上享用蘿蔔湯時，還疑惑著「另外」一半的蘿蔔到哪去了？上述這兩種創作故事及繪畫風格的不同，就可以視為一種文化系統上的差異。

　　柳田邦男曾經比較過宮澤賢治與嘉貝麗·文生（Gabrille Vincent）的作品，其中也能看出文化信仰的差異。宮澤賢治（1896-1933），有「日本安徒生」的美譽。而嘉貝麗·文生，本名莫妮卡·瑪丁（Monique Martin）（1928-2000），於布魯塞爾美術學校學習繪畫，專注於炭筆和鉛筆畫作，從事圖畫書創作時已經過了五十歲。《流浪狗之歌》（2003）是她的第一本書，之後陸續有以炭筆作畫的《蛋》（2007）、《小木偶》（2001），以及沾水筆勾勒並上淡彩的《熊叔叔阿尼》（2007）系列和畫集出版。在《尋找一本繪本，在沙漠中……》中他說：

　　賢治和嘉貝麗·文生間的差異到底源自何處？大家都知道，賢治虔信佛教，認為世界的本質是「空」。佛教追求的是本身的覺悟，人生觀是在世不依靠任何人，也不麻煩任何人。我不了解嘉貝麗·文生的人生觀如何，但從他許多作品和繪畫的感覺

來推測，他應該是個非常寂寞的人。也許他的人生觀基本上還是受到基督教的影響，尤其是他生長的時代，就是親情變得淡薄、小孩和年輕人心靈產生危機的現代，所以他的創作當然就會受到這些因素的影響。（柳田邦男，2006：198-199）

　　我還常喜歡拿電影來做比喻。當我看慣了美國好萊塢式的電影時，一時之間我無法接受東方人（中國、日本、韓國……等）拍攝的電影，總覺得東方的聲光效果、感官刺激不如西方人來的直接，相較之下西方電影真的是「重口味」。久而久之，一再觀賞西方電影的結果，的確令我萌生「大美國主義」的想法，到最後解除世界危機的是美國人；無論如何最後的勝利者一定是美國人。友人經常取笑我，說我被美國的電影洗腦了，以為美國什麼都好，事實上那就是電影手法，像廣告一樣透過不斷複述，將特殊的印象深植我的心中。

　　其實，如果從文化系統的角度上來看，就可以看出彼此文化間的差異。周慶華《語用符號學》書中，對於不同的文化系統有這樣的論述：

　　　　大體上，世界存在的創造觀型文化（西方）、氣化觀型文化（東方）和緣起觀型文化（印度）等三大文化系統，都可以依文化本身的創發表現所能夠細分為「終極信仰」、「觀念系統」、「規範系統」、「表現系統」和「行動系統」五個次系統，而表列各自的特徵如下圖：

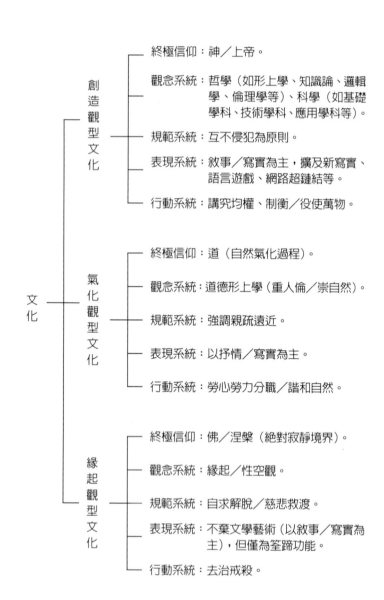

文化

創造觀型文化
終極信仰：神／上帝。
觀念系統：哲學（如形上學、知識論、邏輯學、倫理學等）、科學（如基礎學科、技術學科、應用學科等）。
規範系統：互不侵犯為原則。
表現系統：敘事／寫實為主，擴及新寫實、語言遊戲、網路超鏈結等。
行動系統：講究均權、制衡／役使萬物。

氣化觀型文化
終極信仰：道（自然氣化過程）。
觀念系統：道德形上學（重人倫／崇自然）。
規範系統：強調親疏遠近。
表現系統：以抒情／寫實為主。
行動系統：勞心勞力分職／諧和自然。

緣起觀型文化
終極信仰：佛／涅槃（絕對寂靜境界）。
觀念系統：緣起／性空觀。
規範系統：自求解脫／慈悲救渡。
表現系統：不棄文學藝術（以敘事／寫實為主），但僅為筌蹄功能。
行動系統：去治戒殺。

圖 1-2-1　三大文化系統

　　這所收攝的是三大文化系統從終極信仰發端到觀念系統、規範
系統、表現系統和行動系統等等的完成所以簡別的材質；而它
特具份量的觀念系統、規範系統和表現系統等三大區塊，則可
以代以認知結構、道德規範和美感範圍等名稱。而這所有的「既
有」型態、「世俗」判定和「舊塑」方式等，都在西方創造觀
型文化獨霸全球以來被「西化」而不再顯得多樣和繁複……整
個文本化世界最終還是會淪為一體化思想充斥的下場。（周慶
華，2006：46-48）

因此，不同文化系統的圖畫書作品互相影響下，「整個文本化世界
最終還是會淪為一體化思想充斥的下場」，這是我們不容忽視的一
個問題。在《臺灣圖畫書發展史》一書中，作者洪文瓊將近六十
年來（自二次大戰結束後，迄至 2004 年 10 月）臺灣圖畫書的發
展史加以分期為：（一）1945～1969 年依隨蘊釀期；（二）1970～
1987 年譯介、創作萌芽期；（三）1988～2004 年交流開創期（洪
文瓊，2004：79-88）。

　　書中第一期所指的「依隨醞釀」，是因為這個時期圖畫書的概
念，在臺灣出版界並未具體被認知，因此出版社以引介或出版國
外圖畫書為主。例如文星出版社 1957 年譯介的圖畫書《大象》、《你
的聯合國》、《小路史白克》，都是屬於美國的圖畫書。「依隨」之
意就在指國外已有專給幼兒看的圖畫書，臺灣也可比照仿行之。
「醞釀」則是因為當時兒童讀物編輯小組成立，開始接受美國專
家的指導。

　　第二期所指出的「譯介、創作萌芽」，是因當時臺灣出版界開
始精緻的印刷、裝訂譯介國外較著名的圖畫書，讓國人發現，兒

童讀物是可以以這樣精美的方式展現的，也帶領臺灣圖畫書進入精美彩印的時代，至今圖畫書的出版、印刷方式，也都深受當時的影響；而在版權譯介的觀念上，也因為光復、漢聲正式開啟向國外購買版權的行動，正式萌芽。加上臺灣第一個兒童文學創作獎——洪建全兒童文學獎，也在這個時期（1974）設立，是帶領臺灣兒童文學開步走的分水嶺。其後也因為臺灣退出聯合國、與日本斷交等的外交挫敗，使國人更有本土意識，促使本土創作較道地的現代圖畫書在本時期裡出現。因此，無論在譯介與創作兩方面，都是萌芽期。

　　第三期所稱為「交流開創」，主因在 1988 年臺灣解嚴、報紙解禁，使得臺灣社會、政治體制開始有了大變化。當時臺灣採行開放政策，與國外兒童文學界產生頻繁的交流，特別是圖畫書業界。再加上國內童書插畫家主動參加國際童書插畫展徵選、國外插畫名家到臺訪問或演講、國內外畫作展覽交流……在在都增加了臺灣的曝光率，也擴大國內童書創作者、出版者的視野。使得當時的臺灣有更多機會接觸不同類型、風格的圖畫書，為圖畫書的創作開啟了更多元變化的新頁。

　　從《臺灣圖畫書發展史》一書中三個時期的界定與分析，不難看出美、日等國對臺灣圖畫書的影響（早期協助開創臺灣圖畫書的影響，或日後創作風格上的影響），及至今日，因為交通便利、網路時代的來臨，資訊的溝通與取得比過去更為快速許多，閱讀世界各地出版的圖畫書，或者參與國際性的圖畫書創作，不再是不可能的任務。因此，我們也應該關注在多元文化刺激下的臺灣，是否還能繼續保有自己的本土意識？是否能再開創出更創新、更

多元的方式？而非一味的跟隨世界潮流，最後隱沒在所謂強勢文化的收編之下。

　　綜合上述兩本書提出的觀點，我自己也油然而生一股革新圖畫書創作的決心，因而設定概念二，更進一步將文化系統的差異納入探討之中：

圖畫書創作、圖畫書傳播、圖畫書接受、圖畫書教學，相關審美、理念、文化系統。

概念一與概念二既已設定清楚，接著要建立命題以確認欲研究的問題。試就本論述中「概念設定」、「命題建立」及「命題演繹」的發展進程，以圖示如下：

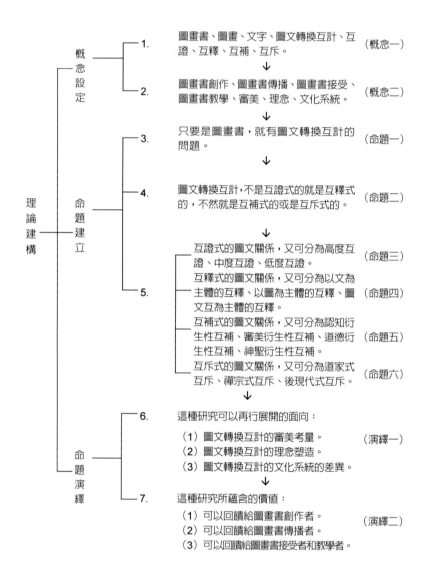

圖 1-2-2　本論述的理論建構示意圖

　　至此，既然已經釐清確認所要研究的問題，接著要針對我的研究問題，設定研究方法，好讓讀者們對我的研究脈絡更加清楚。所謂的「研究方法」是在解決所面臨的問題（研究對象）而達到研究目的的手段或程序，因此在自覺的層次上是屬於後設思維的範圍。由於本論述關聯「圖畫書圖文關係的新觀念」的創立，屬於理論建構而非實證研究，因此如同上圖所示，本研究的論述重點在概念的設定、命題的建立和命題的演繹。

　　此外，為了讓讀者更能掌握我所要傳達的訊息，因此必要以圖畫書成品為例子加以說明。然而，礙於現有收集能力上的限制，在舉例取證上，我只能以隨機採樣的方式進行。而論述當中所涉及相關經驗的吸取整理，以及勢必會有的詮釋分析和價值評估等等，還是需要藉助語文研究方法的。本研究將搭配現象主義方法、符號學方法、詮釋學方法、美學方法和文化學方法等一起完成論述的程序，簡述如下。

　　所謂「現象主義方法」，是指研究意識所及的對象的方法（周慶華，2004：95），包括相關的人、事和作品，及彼此之間互動的複雜關係（李瑞騰，1991：43）。在本論述中是要用來解釋有關圖畫書取樣的問題，這正是上述我所謂收集能力上的限制，僅能就我意識所及的對象做研究。從另一個角度看，當我面對一個文本時（不論對象是文字或圖像），都得透過眼睛將文本轉換為視覺元素再傳遞到大腦，然後形成我可以感覺、知道的意識，才能再加以分析。

　　由於本論述著重在圖畫創作者如何處理圖文符號間的轉換互計關係，因此勢必要將圖像及文字視為表意符號，再從它們的「意指」方面深入探討，這就得藉助「符號學方法」。所謂「符號學方法」，是指研究符號的物質性及其被使用的情況，或者就符號的表

義過程及資訊交流等層面加以研究的方法（周慶華，2004：61-66）。
舉個例子來說，本論述中將針對教科書插畫與文字間的關係，透
過圖像及文字的分析，以及兩者互相交流後所產生的新意，來說
明課文插畫在教學上的功用，便是採用這種方法。而這裡所提出
的「交流後所產生的新意」，其實就是指讀者對該表意符號的詮
釋，是為「詮釋學方法」。

　　所謂「詮釋學方法」是指研究文本所內含的意義的方法（周
慶華，2004：101-109）。例如有張圖裡畫了一個金黃色類似帽子的
物品，在我意識、解讀它之後我知道它是一個「皇冠」，接著我又
收集了附近的線索，發現旁邊還有一群緊張的侍衛、宮女，桌上
擺滿珠寶、首飾、水果，以及一位身穿內衣癱坐在絨毛沙發椅上
的中年男子。儘管這名男子沒有配戴其它東西，我仍然可以透過
身旁的資訊知道他就是那個皇冠的主人，在大家忙亂成一團的時
候，皇冠賦予他的身分地位，讓他可以繼續癱坐在那裡凝視著他
的衣櫥。這就是我根據整個畫面中不同對象予以詮釋、綜合的結
果。相信大家看了上述的描述後，很容易就可以聯想到它是〈國
王的新衣〉這個故事；不過如果在這張圖中，創作者放了另一段
文字，例如：「連年的飢荒，讓農地的產出逐年減少，儘管如此，
百姓們還是將最好的收成全獻給他們敬愛的國王」，或者「國王看
起來真帥氣」，那讀者的詮釋一定會與傳統印象中的故事大不相
同。這也是我在研究中要帶給大家的「新意」，我將圖文關係詮釋
成男女關係，便是要用來處理圖文轉換互計關係所蘊含的創作、
傳播、接受及教學上的意義及新意義。

　　此外，既然本論述中會處理有關圖、文解讀上的新意，就不
免要論及審美角度的詮釋，藉助「美學方法」加以論述。所謂「美

學方法」，是指研究一切審美對象的美感特徵的方法。「美」可以
讓人產生不同的情緒感受，如前現代的優美、崇高、悲壯；現代
的滑稽、怪誕；後現代的諧擬、拼貼（周慶華，2004：132-143）。
前現代寫實性的童話故事多但只呈現出「優美」，例如《美女與野
獸》（Beauty and The Beast），在野獸得到女主角貝兒深情的一吻
後，解除魔咒、重獲新生，野獸變回原來英俊的外貌，從此兩人
過著幸福快樂的日子；但是同樣的故事架構轉移成現代寫實性的
童話故事《史瑞克》（Shrek）則有著顛覆傳統，令人耳目一新的效
果。每到黃昏就會變成怪物的公主，被同為怪物的史瑞克親吻，
也順利解除魔咒，卻沒有變回原本美麗的容貌，原來現在擁有的
面貌才是屬於她的「真正美麗」，從此還是跟愛人過著幸福快樂的
日子……這樣的故事雖然滑稽、怪誕，卻帶給觀者不同的思維，
重新認識什麼叫做「美」。以這樣的角度來解釋審美感知，當然就
不能有一定的標準了。

　　最後，由於本論述還要處理圖文互計關係的文化因緣，以及
跨系統的差異的問題，因此還必須將「文化學方法」收納進來一
併討論（跟符號學方法會有局部的重疊）。所謂「文化學方法」，
是指研究所有符號／文本的文化特徵的方法（周慶華，2004：
120-131）。從表現手法上可以看出創作者深受文化系統的影響，例
如圖、文作者同為莫里斯‧桑達克（Maurice Sendak）的《在那遙
遠的地方》，就整體故事線而言，說的是小女孩照顧妹妹，一不留
神妹妹被魔鬼擄走，最後失而復得的故事；透過文字與圖畫的相
互對照，可以看出主角愛達的勇敢，就算對手是惡魔也奮勇向前
營救妹妹，這是西方人（創造觀型文化）的傳統，只對神負責的
信仰，讓孩子更勇於表現自己。反觀在東方傳統中（氣化觀型文

化），一向不鼓勵孩子做冒險的事，就算要救人也得向大人求救或撥打 119。而這一類有關跨文化系統間的比較，也是在目前對圖畫書的相關論述中較少見到的。

　　依據周慶華在《語文研究法》一書中對所列舉的各項研究方法的介紹，可以看出每種研究方法都有它的侷限（周慶華，2004），無法完全顧及研究對象的各個層面，因此只能盡量以各種方法混合搭配的方式，讓我的研究能夠更趨於完善。

第三節　研究範圍及其限制

　　根據上節所論述的研究方法，可了解本論述所牽涉到的研究範圍為：圖畫書成品（文字與圖畫）、圖畫書製作（創作與傳播）及圖畫書接收（接受者與教學者）三個部分。儘管如此細分，說穿了主要還是在探討圖畫書中「圖」與「文」之間的關係，因此我還是將圖畫書探索重點鎖定在「圖文」上。根據二者的交集情形，有關「圖畫書成品」會出現四種表現形式，依序是：有圖有文、有圖無文、無圖有文以及無圖無文。然而無圖有文及無圖無文就不能稱為「圖畫書」，因此自然不在本論述的研究範圍中。

　　第一類「有圖有文」，也是傳統圖畫書中最常出現的形式，亦即圖畫配合文字，或文字配合圖畫的圖畫書形式。比例上來說，一段文字會配合一單面或一跨頁的圖。就像電視中的字幕，隨著場景劇情的改變而變化。所不同者，在於電視中的字幕只是附庸的角色，是可有可無的；而圖畫書中的文字與圖是需要互相搭配、解釋的。不過這裡我特別要將「漫畫書」（例如藤子不二雄《多啦

Ａ夢》）及「成人繪本圖文書」〔例如幾米《布瓜的世界》（2002）〕
排除，以下就來說明它們不屬於我的研究範圍的原因。

在陳仲偉《臺灣漫畫文化史──從文化史的角度看臺灣漫畫
的興衰》一書中，引用湯芝宣〈漫畫閱讀行為調查報告〉中的結
果，指出高達 97%的小學生、96%的國中生、95%的高中生、80%
的大專生、91%的大專生看漫畫。藝文界人士與上班族則分別為
79%與 70%。而在八十九學年度的調查中也發現，學生平時最常
閱讀的書刊以小說故事最多，漫畫居次。馮景青在中國時報 1997
年 11 月 8 日第 33 版〈中年人也愛看漫畫〉的報導中，提到十大
書坊的八十萬名會員中，三十七歲到四十八歲的中年人約佔四分
之一左右（引自陳仲偉，2006：13）。由此可知，「漫畫書」在各
個年齡層受歡迎的程度很高，對於兒童閱讀的影響也一定佔有極
重的比例。

但是由於漫畫書的表現形式，必須在一個既定的故事架構底
下呈現，也就是說，它所發展的故事線是確定的，因此在圖文互
計關係的層次上，無法再作進一步的探討。加上漫畫書中的文字，
經常都是書中主角的對話，除非目的在表現主角口是心非，否則
不容易有「互証模式」或「互釋模式」以外的表現，因此我將這
類的作品排除在研究範圍之外。

不過值得注意的，近年來漫畫這項產業，在各界漸漸受到重
視，有關漫畫的功能性也受到討論。其中方成在《漫畫的幽默》
一書中，認為漫畫不同於日本傳到中國的連環故事畫，他還進一
步指出漫畫的兩大功能，就是「諧趣感」和「語言」，這可以讓漫
畫用來對於時事進行批評與諷刺，這樣就不只能用特定文本表達
類型來談漫畫了（陳仲偉，2006：175）。

　　事實上，我們也可以在圖畫書作品中看到漫畫的蹤影，例如：臺灣麥克於 2001 年出版的《小木偶》，故事描寫一個小男孩，無意中欣賞到一齣木偶劇。在木偶劇的劇情發展中，出現一隻大野狼，而小男孩竟然忘了自己是在看戲，萌生要保護小木偶的想法，於是他衝上前去，將小木偶抱在懷中，奪門而出。直到老人追上小男孩，並將小木偶送給他，整個故事轉為溫馨的喜劇收場。雖然作者只是以簡單樸質的鉛筆速寫方式構圖，不加設色、單純的筆觸類似漫畫初稿，卻將小男孩的神情、與小木偶及老人的互動，表現得淋漓盡致。同一系列出版的另一本圖畫書《小毛，不可以》（2001），也展現了漫畫所謂的諧趣感，將小朋友頑皮的本性，化成一幅幅逗趣的圖畫。雖然描述的是一般孩子調皮搗蛋的行為動作，卻不以現實生活中的實際小朋友為模特兒，反而創造一個頭身不合比例的孩子，張口大笑時還有一口尖銳的牙齒，其中一幅小毛將食物通通塞進嘴裡的畫面，更是傳統漫畫手法的表現。因此，雖然傳統漫畫書不在我的研究範圍中，但在談論到圖畫書的創作時，還是需要藉助漫畫的創作表現技巧。

　　此外，有關「成人繪本圖文書」的論述，張耀仁的〈圖文書在臺灣：一個市場生產機制與創作的對話觀點〉一文，引用冀文慧在《幾米繪本研究》中所指，「所謂『成人繪本』的產生即是將兒童繪本發展成熟的『結果』……『成人繪本』亦可看作是從兒童繪本分化出來的一支。」而林文寶亦指出：「分化通常是表示某一依附的事已發展到一定的自足程度，可以成為獨立的個體另行發展。」（引自張耀仁，2004）由此可見，成人繪本無論在內容上，或是創作的形式上，已經有別於兒童圖畫書，是以成人為對象所

創作的作品。因此張耀仁才以「圖文書」來統稱 1998 年以來，由圖文書創作者幾米所引領的圖文出版風潮。

而這裡所謂的「以成人為對象所創作的作品」，我想以幾米《布瓜的世界》中的一個跨頁為例（幾米，2002：64-65）。這是以「小方格」為名的跨頁，左頁被分為上、中、下三個樓層，上層只看見四隻象腿及一隻蜷臥在地的貓；中層則是一個包著尿布的孩子，坐在地上、眼睛朝上看著天花板（上層），一副若有所思的樣子，臘腸狗也以同樣的姿態看著它的小主人，玩具熊則被丟在一旁，瞪大的雙眼顯出它無奈的神情；下層是一隻長頸鹿的頭，跟臘腸狗同樣的神情角度，望向天花板（上層）。整幅圖佐著一段文字：

> 樓上住著小貓和大象。
>
> 樓下住著長頸鹿和短腿鱷魚。
>
> 為什麼我只能住在我家？
>
> 為什麼小狗布魯也住在我家？
>
> 為什麼我不能想住樓上，就住樓上，
>
> 想住樓下，就住樓下？

右頁中散佈著幾棟房子，每棟房子的大小、樣式、顏色也都不同，右上角有一隻棕熊，看來像是想將自己的房子搬過來跟大家作鄰居。卻伴著這樣的一段文字：

> 每個溫暖美麗的家
>
> 都有一道門，
>
> 還小心謹慎的
>
> 緊緊上了鎖。
>
> 為什麼？

如果單就理解層次而言，的確很值得讀者仔細深思以讀懂作者真正的意涵，可視為圖文關係的革新；不過這類圖文書，通常都是單一畫面（或一個跨頁）配合單一主題，沒有完整的故事線發展，因此我不將這類作品列入研究範圍中。不過這類的成人繪本出版品，因為在取材及表現手法上的創新，也可以給圖畫書創作者帶來新刺激，尤其在「互補模式」及「互斥模式」的應用上，由於現成圖畫書作品中較少見到這類表現形式，因此在本文第六章（例如上述所列舉的幾米作品，像這樣的圖畫及文字搭配方式，我便會將它歸類為「互補模式」，期待看到圖文兩者創發出來的新意），及第七章的論述中，還是要借用成人繪本作品以幫助說明。

再者，第一類「有文有圖」的圖畫書，除了上述漫畫書、成人繪本圖文書之外，凡是發展不出故事線的圖畫書作品，都不在我的研究範圍內，例如麥克・索瓦（Michael Sowa）的作品《沒有文字負擔的圖畫》（1998）、彼德・席斯（Peter Sis）的作品《天諭之地》（1999）、臺灣麥克於九二一大地震隔年出版的《希望》（2001）、瑪格麗特・懷茲・布朗（Margaret Wise Brown）的作品《小島》（2005）、羅智成的《唸給妳聽》（2006）、相片繪本《冬芽合唱團》、《嗨！貓熊雙胞胎》（2005）、《藍色大海裡的海豚》（2005）、《冰天雪地裡的北極熊》（2005）、《海風的好朋友─黑背信天翁》（2005）、《浮冰上的豎琴海豹》（2005）、《紅狐的小寶寶》（2005）、《愛泡溫泉的猴子》（2005）、《南極冰原上的帝王企鵝》（2005）、《相親相愛的大家庭─山豬》（2005）、圖解文字如朱抗的《中國古代建築》（1994）、《中國古代四大發明》（1994）、《中國古代科學家》（1994）、《中國古代醫學家》（1994），以及文建會於 1997 年出版的《爸爸講古蹟》、《古物歷險記》、《八音的世界》、

《媽媽上戲臺》、《林爺爺蓋房子》、《五月五龍出水》、《小小鼻煙壺》、《萱萱學考古》、《臺灣史前人》、《大家來寫生》、《造紙師傅的手藝》、《過節日》……等。

第二類為「有圖無文」，亦即前述所提及的無字圖畫書（Wordless Books），雖無文字敘述，卻透過圖畫傳達訊息的表現形式，這也是我所涉及的研究對象，就如同彭懿在《遇見圖畫書百年經典》中所提及：

> 無字書一個字都沒有，完全靠畫面來講故事。打個比方，這類圖畫書就相當於無聲電影時代的默片。因為無字書不再是圖文合奏，少了一條文字的敘述線，所以敘述故事的責任就自然的落到了圖畫的身上。純粹以圖畫的語言演繹出一個完整的故事，圖畫就必須有更多的解說性，換句話說，就是能讓讀者透過圖畫看懂故事。（彭懿，2006：50）

舉個例子來說，雷蒙・布力格（Raymond Briggs）的《雪人》（1993），雖然採用的是多格漫畫的形式，在作者的安排下，彷彿電影的畫面一一上演。其中有一頁是九幅小圖和一幅大圖，依著讀者視覺的習慣，由左上向右下依序流覽，小男孩從原本在床上熟睡、睜開眼、看向窗外、換好衣服、狂奔出門。其實也可以加上這樣的文字說明：「小男孩一早醒來，看向窗外，發現下雪了！於是趕緊換上衣服，跟媽媽說一聲，然後衝出屋外。」不過感覺上，加上這樣的文字無助於幫助讀者理解，就像前面說過的，依序欣賞每個畫面，就已經可以理解內容，相對的如果有文字反而會成為多餘。因此，當這本書出版時，就有書評說：「即使是一個學齡前的孩子也可以讀懂這個故事——因為它沒有一個字！」甚

至還有書評者乾脆站出來反問讀者：「講故事還用得著字嗎？」（彭懿，2006：180）這當然不是說有文字的圖畫書就一定不好，反倒是它提醒了讀者，得重視無字圖畫書的存在。

　　還有賈桂琳・葳茲曼（Jacqueline Preiss Weitzman）的《你不能帶氣球進大都會博物館》（2001），也是一本令我很心儀的無字圖畫書。透過這本圖畫書的介紹，讀者無論大人或小孩，都會對大都會美術館裡的作品有一個初步的了解。故事描寫一個小女孩帶著氣球想進博物館，被管理員擋了下來，經過他的制止後小女孩決定把氣球綁在樓梯的欄杆上，跟著奶奶進館參觀。就在這時候，氣球的繩子被一隻小鳥解開了，氣球隨著風四處飛，使得管理員在後面不斷追趕。有趣的是，圖畫書中一方面描述管理員追逐氣球的過程，另一方面還是繼續上演著小女孩跟奶奶到博物館裡參觀的情形。當小女孩跟著奶奶正欣賞著喬治・舍哈（Georges Pierre Seurat）的〈街頭表演〉時，氣球也正飛過街頭的音樂藝術表演者；透過博物館管理員左右張望、找尋氣球的神情，對照的其實是要向讀者介紹印度果拉時期第十世紀的作品〈梵天像〉；最後汽球飛過一座橋〔克羅德・莫內（Claude Monet）的〈蓮花池上的橋〉〕，正巧纏在一位小朋友的手上，結束一場博物館外的追逐遊戲，而小女孩以及奶奶也在欣賞完作品之後，順利的帶著她的汽球離開博物館。

　　事實上，在這一類的圖畫書中，我們也不能說它真的完全沒有文字，通常讀者都可以在封面標題上讀出圖畫書的內容涵意，當然除了書名的暗示之外，又能夠獲得其他絃外之音是更為有趣的部分了。因此，無字圖畫書在命名上，就會比有文有圖的圖畫書，更需仔細斟酌、思量。

　　由此可知，圖像閱讀、圖像思考及圖像展演，是同一個動作的三個面向，也是圖畫創作者在繪製圖像、完成圖畫書之前的依據。換句話說，無論圖畫書中是否有實質文字呈現，或是單純的無字圖畫書，圖畫書的故事內容都已經在創作者的腦海中，那也是他能夠完成圖畫而不至鬆散無架構的原因。因此，本論述中所要帶出的圖畫書創作四種模式，均將「文字」（構想、故事內涵或故事線）視為在創作「圖畫」之前已經存在的部分，即不討論「實際文字創作」的部分，而只針對「圖畫創作」作為主要論述的部分。

　　此外，本論述既然針對圖畫書的「圖畫」及「文字」方面探討，就必須視「圖畫」為一個可以單獨存在的單位，獨立論述。因此在「圖畫書製作」（特指圖畫創作）上，不免會涉及個人風格的問題。亦即每一位畫家都有自己的風格，受傳統體制訓練的畫家、學習現代主義的畫家與受後現代思想影響的畫家，其繪畫表現的形式一定不相同；而在不同文化背景成長下的畫家，繪畫表現的內容思想也會不一樣（即前述文化系統的差異）。因此，我將本研究中有關「圖畫」的解釋，設定範圍在我個人的後設認知中，也就是依著我自己對美術的學習及對文化系統的了解，及形成的美感概念來對圖畫作詮釋，並不針對畫家及畫作作個人表現風格的探究。而「圖畫」方面，在此我也不設限於「平面繪畫」上，尤其在徵引案例時，本著現有圖畫書的創作侷限，必要時我仍會引用其他類型的藝術表現，例如網路作品、電影、舞臺劇、小說、相聲……以更貼近我所要建構新理論的理想。

　　最後，再就本研究中各章的鋪陳及論述重點整理如下：

　　本研究將在第二章中就現有的文獻探討圖畫書的定義、圖畫書的構成要素、圖畫書的創作與接受以及圖文的轉換互計應用，企圖整理出目前圖畫書中「圖畫」的作用。第三章則就圖文的轉換互計研究所

關連的課題加以論述,分別為創作觀念的更新、接受回饋向度的改變、相關傳播與教學水準的提升以及文化產製理念的突破。

第四章至第五章,主要在揭示圖畫與文字在圖畫書中常見的轉換互計模式,我就圖、文之間互相指涉印證的程度,將它區分為「互證模式的圖文關係」與「互釋模式的圖文關係」。「互證模式」主要是從圖文「相互印證的程度」上區分,亦即文字與圖畫「相似」的程度,將文字中所列舉的事物一一畫出,依契合度的高低,加以區分為「高度互證」、「中度互證」及「低度互證」;「互釋模式」則著重在圖文「相互詮釋」的觀感解釋上,有些文字中沒寫出來的,透過圖片予以補足;有些文字中表現出來的,圖片則予省略。故在此模式中,依解釋觀感的主體不同,將它區分為「以文為主體的互釋」、「以圖為主體的互釋」及「圖文互為主體的互釋」。在我的研究中,這兩種模式也是目前坊間所見絕大多數作品、論述的類別。

第六章至第七章,我針對圖畫書中較少被表現的形式,提出「互補模式的圖文關係」與「互斥模式的圖文關係」兩種模式,藉以說明圖畫書創作的新觀念。「互補模式」主要是從圖文「相互補足」的意義衍生角度切入,強調藉由圖畫書,以衍生出「認知」、「審美」、「道德」及更高層次的「神聖」精神。「互斥模式」則從圖文「相互排斥」、「相互矛盾」或「相互解構」的「文化類型」中,探討圖畫書的可能性,即「是就是非,彼就是我」的「道家式互斥」、「菩提無樹,明鏡非臺」的「禪宗式互斥」及以「諧擬或拼貼手法瓦解既有概念而達思想多元化目的」的「後現代式互斥」。

第八章則針對四種圖文關係予以圖解及其價值評估,尤其是在四種模式相互的交集情況,及新開啟的圖畫書研究趨勢作說明。最後於第九章中提出各章重點回顧及未來的展望。

第二章　文獻探討

第一節　圖畫書的定義

曹俊彥、曹泰容《臺灣藝術經典大系・插畫藝術卷 2：探索圖畫書彩色森林》一書的前言中，開宗明義的說：

> 嚴格講，圖畫書不是一種單一、固定形式的出版品，它不只是圖文組合，或是圖文合併閱讀的讀物，它的讀者也不一定只有兒童，它沒有絕對的編輯規則與標準，也沒有限定書中繪畫表現的媒材與形式，因此圖畫書本身即是「多元體」，就如同它「可以這樣，也可以那樣」的特性，所以在寫作上實在不適合以名詞定義的方式來說明什麼是圖畫書。（曹俊彥、曹泰容，2006：12）

彭懿在《遇見圖畫書百年經典》中，也作了這樣的說明，點出了為圖畫書下定義的困難：

> 為圖畫書（Picture Books）下定義，是一件非常棘手的事情，因為圖畫書是一個包容性很強的概念，它種類繁多，而且種類與種類之間的界線也非常模糊，比如就有人把圖畫書分成：嬰兒書（Baby Books）、字母書（Alphabet Books）、數數書（Counting Books）、概念書（Concept Books）、玩具書（Toy Books）……（彭懿，2006：7）

　　由此可知，要替圖畫書下一個明確的定義並不容易。不過這裡既然要針對這個主題作研究，還是需要從最基本的定義下手，以方便讀者辨識所要研究的對象。誠如上述引言中說的，大多數的圖畫書分類，是依其功能作用分成各類別，如：字母書、數數書、概念書、玩具書、洗澡書……而且圖畫書具有「可以這樣，也可以那樣」的特性，因此探討圖畫書「可以做什麼？」或許比探究圖畫書「究竟是什麼？」來得確實。再者若就圖畫書的構成要素來說，從字面上也可以知道它包涵「圖畫」與「文字」（故事線），此部分會在下一節中詳細論述，是以本節將從圖畫書的功能性層面，來對圖畫書加以界說。

　　就出版的角度來說，圖畫書與教科書或其他類型的學習教材，最大的不同在於它是可以被「享受」的。此外，這裡還需要先釐清一個概念：「圖畫」與「語言文字」本來就傳達不同的訊息。一幅圖可以涵蓋空間，將視覺上感知的對象直接表現出來，但是卻無法清楚表達因果關係；語言文字可以涵蓋時間，蘊含強烈的說明性，卻無法呈現出視覺上的整體感。張張圖畫配合語言文字帶出的故事線發展集結成書，才能提供獨特的閱讀樂趣。當我們在閱讀圖畫書時，不太需要正襟危坐，好像要吸取什麼特殊知識一般的嚴肅，閱讀圖畫書伴隨的是一股娛樂性，因此也有許多圖畫書的表現形式，就是以動手操作及諧趣性為訴求。當然市面上也有不少標榜「自然而然學習」的教材式圖畫書，例如風車圖書出版的《趣味益智鈕扣組》、幼福出版的《寶寶描繪本》、企鵝出版的《CQ貼紙遊戲書》……然而因為它們不具有完整的故事線發展，因此自然不在我的研究範圍內。

　　在文、圖均出自汪達·佳谷（Wanda Gag）的《100萬隻貓》（1997）中，文字這樣描述：「有好幾百隻、好幾千隻、好幾百萬隻、好幾億隻、好幾兆隻貓，跟著老先生回家。他們形成了一條好長好長的隊伍。」如果單純只閱讀文字，很容易引發疑問：老先生要怎麼把他們帶回家？透過圖畫，作者有一個非常有趣的詮釋。文字中所描述的貓這麼多，隊伍一定也會拉得很長，就得用一個很「長」的場景來描繪。作者利用橫幅的一頁跨頁，將兩個時間、地點不同的場景連在一起，加上整本書中的圖畫僅用黑白兩色呈現，同色調的統整意外使得這個跨頁畫面融合在一起。因此讀者可以觀察到左頁遠遠、小小的老先生，到了右頁時變大了，而隨後跟著的一長列貓，無形中也說明了老先生帶貓回家的方法。後來「……都搶著說自己是最漂亮的貓，於是，這些貓，開始打架。」在《繪本之力》一書中根據松居直的說法：

> ……我才曉得，孩子們在聽這本不斷重複的繪本時，簡直就像是進了天方夜譚的世界，他們對於這則無與倫比的故事，充滿了興味，此外，他們也很能接受這恰到好處的圖像呈現，透過視覺的表現，他們不僅看了故事，也感受到圖的深度和內涵。（河合隼雄、松居直、柳田邦男，2005：95）

　　當然，還有不少圖畫書作品，也提供這類圖文共賞的閱讀樂趣，例如路德威·白蒙（Ludwig Bemelmans）的《瑪德琳》（1996）中，雖然文字部分並沒有提及，但卻出現法國有名的建築物，如巴黎鐵塔、盧森堡公園、凱旋門、羅浮宮等；克拉格特·強森（Crockett Johnson）的《阿羅有枝彩色筆》（2002）中，阿羅的故事之所以吸引人，是因為那枝彩色筆創造出的驚人想像力，讓人

忍不住想往下讀，看看阿羅還能畫出什麼東西；佩特‧哈群斯（Pat Hutchins）的《母雞蘿絲去散步》（2003）中，尾隨在母雞後面的狐狸更容易吸引讀者的注意，期待看牠接下來發生什麼事？雖然在文字中都沒有提及狐狸的部分，卻也是這本書趣味的所在，使得它成為一個用圖畫來說故事的範例。

行文至此，或許讀者會以為我只將圖畫書的作用定義在「享受娛樂」上，其實不然。近年來越來越多的聲音，凸顯了圖畫書功能上的多樣性，指稱圖畫書是可以與生命共鳴的讀物。

柳田邦男的次子，在他五十七歲那年，因為長期心理疾病的困擾而結束自己的生命，使得柳田也因此陷入憂鬱的人生低潮。直到他無意間站在書店的圖畫書區，那個場景讓他想起過去為孩子讀圖畫書的情形，於是他動手翻了一本宮澤賢治的《風之又三郎》，突然讓他好像走入時光隧道，飛向了自己的童年。因為這樣，他選了一些圖畫書買回家，在閱讀之後，他的心情有所平復。他說：

> 我從每一則故事及每一個畫面、每一句話中，找到了異於以往的深意和韻味，於是我完完全全被這些繪本給擄獲了。（河合隼雄，2005：16）

此外，在《尋找一本繪本，在沙漠中……》一書中，作者還列舉了許多大人因為讀了圖畫書之後，生命因而有所不同的例子。其中，他提到了一個長時間在工作壓力下的上班族 S 小姐，因為日積月累的壓力，而造成她沒辦法正常上班，做什麼事都索然無味。即便求助於醫生，也無法解決她的困境。就在這樣的情況下，一個偶然的機會她也接觸到一本圖畫書。書中的主角是一隻野貓，因為被某個家庭收養而有了居住的地方，不過牠好像不

適應居家生活，於是只好向家貓大哥請教。每一次，家貓大哥都告訴牠：「最重要的，凡事都要自己做做看，知道嗎？」雖然故事中的野貓始終無法理解，不過現實生活中的 S 小姐卻大受影響，原來只有自己去試試看，才會有新的開始呀！因此她的生活有了轉變。

雖然文中柳田先生也說這只是 S 小姐個人的故事，並不適用於所有因為工作而陷入憂鬱的人（柳田邦男，2006：6-7），不過我倒認為可以鼓勵讀者，透過圖畫書轉變心境。

我曾經在學校小團體輔導課的時間，跟學生分享過一本名為《我永遠愛你》（1999）的圖畫書。故事敘述一個小男孩，飼養一隻名叫阿雅的狗，小男孩以及家裡的人跟阿雅的感情都很好，不同的地方，是小男孩每天晚上都會跟阿雅說「我愛你」才肯上床睡覺，這也成為他跟阿雅間的小秘密。時間一天天過去，阿雅從一隻小狗變成大狗、變成老狗，但小男孩對牠的愛還是沒變，每天依舊跟牠說「我愛你」。就算阿雅已經沒辦法自己上樓，小男孩還是堅持要把牠抱到樓上的房間才肯睡覺。有一天早上，家人發現阿雅過世了，大家傷心的將牠埋葬、替牠辦了一場喪禮，每個人還一邊回憶阿雅的一切，遺憾著沒來得及跟牠說聲「我愛你」。不過小男孩卻一點也不遺憾，因為他每天都跟阿雅說「我愛你」。

這個故事主旨在告訴讀者：說愛要及時。當我透過實物投影機，一邊展示圖畫書，一邊讀著故事內容時，參與活動的小朋友，有幾位已經開始掉眼淚。故事說完之後，我請大家圍繞在場中坐下，並且分享這個故事給他的啟發，以及想要對家人（或許已經過世，或許還在世上只是不在身邊，或許就是身旁的家人）說的話。讓我訝異的，平常大家似乎不太喜歡發言，但是當天的發言卻非常踴躍，而且絕大多數的話是對已經過世的親人說的。藉由

圖畫書閱讀指導，看到孩子如此感動並敞開心門，這是我之前沒有過的經驗。之後我也經常在課堂上利用圖畫書來輔導學生，例如《獾的禮物》（1997）、《綠鼻子》（2003）及《精彩過一生》（2004），用在生命教育；而風車圖書出版的《一塊錢‧買一個夢》（2005）、《白雲枕頭》（2005）、《白鼠公主的南瓜車》（2005）、《奇怪的客人》（2005）以及《蝴蝶風箏》（2005）則用在品格教育。

　　《1000把大提琴的合奏》（2005）的作者伊勢英子，把神戶大地震以及自己愛犬葛雷的死亡這兩件不相干的事，透過腦內的創作將它們組合在一起，可以說是一種創作題材上的應用，也可以說是對自己愛犬情感的昇華。誠如柳田邦男所說：「現今，書寫由失去體驗找到生存之道的作品，儼然是時代趨勢。」（柳田邦男，2006：27-28、85-86）。而這也讓我看到圖畫書的另一個可能性，一本感受生命的圖畫書，對創作者及讀者來說，都是個珍貴的禮物。

　　在一份名為〈柳田邦男推薦給大人的繪本第一波二十四本〉的圖畫書名單中，將圖畫書分為五個類別，推薦給應該讀讀圖畫書的「大人」們，依序為：（1）生與死、愛與悲；（2）生存的嚴峻──人際疏離；（3）重拾想像力；（4）心境的關照及（5）人生的解答（柳田邦男，2006：186）。我想，除了心靈層次的提昇外，他特別列出「想像力」的部分，應該也有特殊的涵義。

　　在書中，他也舉了《聽那鯨魚在唱歌》（1994）為例，來說明兒童世界特有的奇夢幻想。故事內容描寫一個名叫莉莉的女孩，在一個夜晚親眼看見鯨魚跳出海面唱歌的情形。奶奶告訴莉莉，如果把貝殼、小石頭當成禮物丟到海裡送給鯨魚，牠就會游回來回禮，鯨魚過去甚至還曾經為奶奶唱過歌呢！不過務實的叔叔確

不以為然，反而認為應該告訴莉莉更實際一點的現實，因為鯨魚應該是用來取肉、骨頭和油脂的。但是莉莉還是聽信了奶奶的話，對大海投下黃色的花，並且等著鯨魚回送禮物，一直等到黃昏，卻換來叔叔的叫罵：「不要一天到晚做夢！」這天晚上，莉莉在半夜醒來，果真發現鯨魚們高高的跳躍著，她還聽見鯨魚的歌聲響徹夜空，而那朵黃色的花也跟著在跳舞。

　　莉莉與奶奶的天真浪漫，對應到真實的生活裡，的確不如叔叔的現實。不過看了這本書之後，卻讓我有種不願回到現實的感覺，甚至會在心中吶喊，叫叔叔別破壞了這個孩子的美夢。所幸故事最後的結局，莉莉果真聽見了鯨魚的歌聲，算是美夢成真了。故事的結局讓我為之一笑，那是不是也就是我心底的聲音？小時候曾經有過的夢想，希望美夢可以成真的渴望呢？

　　這個故事也讓我想起小時候，一邊上課一邊在書桌底下偷看《小叮噹（現名為多拉Ａ夢）》漫畫書的情景。當時我夢想著能像大雄一樣擁有幫我解決問題的機器貓，甚至還將漫畫書中的機器貓工廠影印下來，準備存錢，等著有一天要親自到日本去買一隻回來。或許是我掩飾得好（我的計畫並沒有提早曝光），或許是大家不願戳破我的美夢，總之當時並沒有人阻止我，因此我還以這類型的故事，在班刊上繪製連載的四格漫畫，深獲好評。直到國中一年級的時候，我才知道原來「小叮噹」只是個虛構的故事，當時還抱著我的同窗好友大嘆不可思議呢！因為有這樣的經驗，一直也影響著後來無論在創作或教學上的我，相信透過圖畫作品以啟發孩子及大人創造力的可能性（有關這部分的，將於第三章第一節中再做論述）。

　　總結來說，圖畫書是透過圖畫及文字（內容意涵，也就是故事線）共同建構意義；而在圖畫書的功能上，則不僅有教育、娛樂及啟發創意的作用，還涵括了心靈的滋潤。

第二節　構成圖畫書的要素

　　一般來說，圖畫書都有一個精心設計的版式，從封面、扉頁（蝴蝶頁或糊貼頁）到正文以及封底，形成完整的整體；左右兩頁的文字與圖畫相互依存；依靠翻頁推進情節……因此，構成圖畫書的要素還可區分為書本外在形式及內容表現形式。以圖畫書的外在形式而言，無論材質、版式、排版設計或裝訂方式如何，基本上它都是可供翻閱、閱讀的「書」；就圖畫書的內容表現形式而言，則可分為「圖畫」（有形）與「文字」（有形／無形）兩部分。由於本論述中，是以圖畫書的內容表現形式為主要論述重點，以下便針對「圖畫」與「文字」（故事線）列項作分述。

　　「圖畫書」在兒童文學上做為一種圖書類型名稱，就是依它的內容表現形式而言（洪文瓊，2004：8）。國內多數研究也通常視「圖畫書」為提供畫面與文字的書籍，並多將它定義為「是文字在說話、圖畫也在說話」，也就是圖畫書含括了「圖像」、「文字」兩者的雙重性。而國內研究對圖畫書的看法更趨近於「童畫書」（Children's　Picture Books），認為圖畫書旨在「為兒童服務，通過一組圖畫來陳述一則故事」（轉引自張耀仁，2004）。

　　在《圖畫書的欣賞與應用》一書中，作者林敏宜說：「圖畫書，英文為『picture books』，在日本稱為『繪本』，顧名思義是一種以

圖畫為主，文字為輔，甚至是完全沒有文字、全是圖畫的書籍。」而且她更進一步指出圖畫書與有插畫的書（Illustrated Books）的不同，那就是圖畫書可方便小讀者閱讀，而插畫書則可使大讀者保持閱讀的流暢。此外，她也替圖畫書下了一個操作型定義，可以據此來判斷：當接受者聽完正文並看了插圖後，是否可以只看著圖畫，就正確的重述這個故事？如果可以，就是一本「圖畫書」，反之，就是「有插畫的書」（林敏宜，2001：15-16）。可見讀畫書中的圖畫，無論在份量或者對文字的詮釋上，都應有相當程度的說明性。

另外圖畫書作家黃本蕊，也在《插畫散步──從臺北到紐約》一書中，針對故事書（Story Book）及圖畫書的差異作了詳盡的介紹：

> 在西方的傳統裡，故事書與圖畫書是有分野的，故事書以文字敘述一個故事，譬如《愛麗絲夢遊仙境》和美國百年有名的《綠野仙蹤》，圖畫的存在雖可為文章增色，但文字本身自有其獨立描述內容景緻的能力。相反的，圖畫書卻以圖文並茂，甚至圖勝於文的方式來講述一個故事，它有時能補足文字所無法表達之境，有時甚至完全取而代之，成為全無一字的圖畫書，端賴圖畫自己來「說」故事……
>
> ……故事書與圖畫書的不同之處主要並不在於圖與文份量與角色的差別，而是在於觀念的差異……「圖畫書」這名詞，便在這個「文學」與「藝術」的中介地帶出現。這類書籍通常圖文並重，一般是為了年紀還小、尚未培養閱讀能力的孩子而作，藉著「看圖聽故事」的經驗，讓兒童體會另一種形式的閱讀─不經由文字，而是透過圖畫本身來傳達文字的訊息。（黃本蕊，2005：30-31）

　　我想，或許正因為是透過一組圖畫來呈現故事，因此圖畫書一般才會被用來解讀成兒童的專屬讀物，把兒童上不熟悉的文字，透過圖畫的方式呈現，比較容易幫助兒童與實物對應，產生鏈結，加強學習效果。不過，我並不完全同意圖畫書旨在「為兒童服務」，有關這個部分留待本章第三節再作討論。

　　儘管如此，上述有關圖畫書表現形式的論述，也點出了圖畫中的「圖像──文字」須相輔相成的特性。諾貝爾文學獎得主賈西亞・馬奎斯（Gabriel Garcia Marquez）曾說：「從小我就喜歡畫畫，當我還不認得字的時候，就常以圖畫來說故事。」這句話正說明了「圖畫」的故事性，亦或者可以說是故事透過「圖畫」呈現。更具體的說，圖畫書中的圖畫，須具備相當的敘述性或說明性，對文字文本而言有延伸、補充，甚至可以取代而單獨存在的作用。因此，我更傾向以包含故事的圖畫書來指稱我所要研究的「圖畫書」，是為「圖畫故事書」（Picture Story Books）。

　　珍・杜南（Jane Doonan）在《觀賞圖畫書中的圖畫》一書中，針對圖畫的基本傳達方式做解說，分為：指涉（Denotation）和示意（Exemplification）兩種（珍・杜南，2006：22）。指涉即是一目瞭然，例如在〈白雪公主〉故事中提到的「蘋果」，繪圖者畫出一顆實際的蘋果，讀者一看也知道它就是蘋果，符號的意義就直接在這個物件本身。當然這類的圖畫不一定要符合實際形像、顏色或比例，例如《第一次上街買東西》（1988）中，與小惠一同擠在小店的胖大媽，明顯誇張龐大的體型，不影響讀者閱讀；而《好餓的毛毛蟲》（1990）中，紅頭綠身的毛毛蟲也是艾瑞・卡爾（Eric Carle）想像創造出來的形象，而讀者卻清楚知道它是毛毛蟲，具有一般毛毛蟲吃或蛻變的特性。

　　另一種方式叫示意，是指所要表達的概念、想法無法直接以圖畫本身的意義顯示出來。舉另一個有關「蘋果」的故事為例，是聖經〈創世紀〉中的一段故事。當神創造伊甸園時，曾告訴人類園中的果子都可以吃，唯獨分別善惡樹上的果子不能，如果吃了，人就必定會死。不過撒旦希望人類犯死罪，化做蛇的形象，用甜美的話引誘夏娃，使她吃的善惡果，並且還將果子拿給亞當吃，因此觸犯了神最初訂下的規則。至此人類成了需經歷生、老、病、死的凡人，並被趕出伊甸園，男人需要耕作才得溫飽，而女人則須承受生產之苦。在西方世界裡，舉凡以這個故事為例的圖作，圖中出的「蘋果」就不代表實際的蘋果，而是這個受引誘犯罪的故事。因此，這類符號的意義就需要從許多假設中去選擇，或從文化系統的了解，以成為最後詮釋的依據。

　　珍・杜南也提出圖畫書中的圖畫應該還要能提供以下各樣機會：

- ・具象的圖畫展現了真實世界的一角，也提供了一個想像的世界。
- ・圖畫是藝術家表達自己的媒介，而作為藝術品，圖畫能激發觀賞者個人情感和思想的回應。
- ・圖畫裡包含了各個時期的藝術風格和表現形式。
- ・圖畫反映出創作者所處的社會及其價值觀。
- ・圖畫提供了創造（對創作者來說）及再創造（對觀賞者來說）的機會。（珍・杜南，2006：11）

　　由此可知她已將圖畫視為一件有生命的藝術品。圖畫創作者透過圖畫傳遞自己在文字（或故事線）中獲得的訊息；而讀者則

透過被賦予意義創造的圖畫，獲得文字或文字以外的訊息，並得以與自己個人的情感、思想磨合，再激發出更新的意義。

此處既然將「讀圖」視為閱讀圖畫書的一項重要工作，當然就不能輕忽「文字」在圖畫書中的重要性。雖然先前我曾說過，本論述中不以「文字創作」為重點，那是因我將文字所代表的故事線設定在圖畫創作之前，也就是繪圖者在創作圖畫之前，就已經要先有的「故事概念」（未必訴諸於文字），而此處所指的「文字」，是針對在圖畫書中呈現出來、可供閱讀的「有形文字」。這也是一般書籍中，在論及圖畫書的構成要素時較缺少的一個部分。

閱讀圖畫書時，我自己曾有一些不好的經驗，尤其是在第一次讀的時候。通常，我會因為書剛出版、書名特殊，或是被封面上的精美圖案吸引，而拿起該本圖畫書翻閱。一方面面對它獨特的繪畫形式、表現技巧讚嘆不已；另一方面卻常礙於好奇心，想知道故事怎麼發展，而使得我的注意焦點由圖畫轉向文字，只作單純的文字閱讀。而有些圖畫書書的文字敘述，似乎為了求盡善盡美，將故事描述的十分詳實，因此，當我再將焦點轉回文字時，就會發現圖畫不再那麼精采。這樣的經驗也發生在我帶學生讀圖畫書時，當我精心挑選一本書，熱情的想透過提問來引導學生發現圖畫中暗藏的玄機時，往往換來聲聲的哈欠，或者閱讀速度比較快的孩子，他已經先把文字看完，等著回答我的問題了。

後來有一次機會，也是因為教學上的需求，我將芭芭拉・庫尼（Barbara Cooney）的《花婆婆》（1998）圖畫書製作成投影片，在課堂上一邊說故事一邊播放。由於當時我的教學是以圖畫為主，因此在掃描之後的製作，我刻意將原有的文字予以刪減，只留下可以讓學生讀懂脈絡的故事內容。在那一次的教學中，我發

現簡化後的故事，並不會影響學生獲得的資訊，甚至因為我已將一些小細節的描述省略，學生還主動從畫中尋找對應的關係。到最後，學生們也預知到花會開得滿山遍野，因此當他們看到開滿一整跨頁的魯冰花時，竟然還瘋狂的大叫，好像自己與作者連成一氣般的投入。

珍・杜南在論述〈仔細觀察前後文本〉（包含文字文本及圖像文本）時，曾描述了自己在閱讀圖畫書時的方法，通常她要做三次閱讀：

> 第一次閱讀時，我面對的是這本圖畫書的獨特形式，因此會抱著強烈的好奇心繼續往下讀，想知道接著發生了什麼事，但是書上的圖畫卻又攫住我的眼光，使我一在地在畫面中來回逡巡。這時，只有力促自己快速的瀏覽文字和圖畫，好對整本書的內容先有概念，唯有如此，停滯不前的矛盾心態才會自然消失。然後，我會再從頭瀏覽一遍。到了第三次閱讀，我便放慢腳步，仔細閱讀文字和圖畫，開始逐漸發現彼此之間的關係。
> （珍・杜南，2006：28）

無論是我的易受文字影響，或珍・杜南的易受圖畫影響，這都點出圖畫書中「圖畫——文字」並存的和諧性問題。圖畫書是圖畫與文字都在說故事，那麼也都要說得恰到好處，這本圖畫書才會精采可期。我想以中國傳統的水墨畫的觀點，對應來看文字的創作觀。水墨畫中講究整體畫面的「氣韻生動」，更甚於外在形象的描摹，而在袁金塔《中西繪畫構圖之比較》一書中，也將中國傳統的宇宙觀，以物質上的形式有限、觀念上的功用無窮，來說明虛靈與佈白在繪畫中的使用。是以繪圖的人均不會將畫面畫

盡、填滿，而相較於西方繪畫的表現，鮮少有留白的情形，中國畫中留下的白似乎就更富有想像的空間（袁金塔，1995）。所以，有形文字既然也是構成圖畫書的要素，就要留意它是否也具有「引發想像」的作用。

此外，這裡也要附帶的點出幾項概念，也就是繪圖者在創作圖畫時會運用的繪畫元素。

林敏宜將插畫（圖畫）的要素分為五項：線條、顏色、形狀、質感及組成（林敏宜，2001：67-71）；珍·杜南則分析組成圖畫的原件為：線條、形狀、色彩，並構圖組成幾個系統：色彩的系統、明暗的系統、大小比例與距離的間隔、形狀的組合、大小圖案的有序排列，以及線型律動交織成的網路（珍·杜南，2006）；彭懿還進一步指出圖畫的表現：潛在的節奏、隱藏的細節、留白、方向性、時間與空間、視角，以及藝術風格（彭懿，2006）。簡而言之，圖畫不外乎線條、形狀及色彩，再透過構圖將創作者自己的感受表現出來，而表現的方法則在乎個人的美感概念及美術技巧。

總結來說，圖畫書包含圖畫及文字，因此在閱讀圖畫書時可以仔細觀察線條、形狀、色彩、構圖，以及其象徵符號，並配合圖文間互動的產生的共鳴，進而獲得圖畫書本身內含或再向外擴展的訊息。

第三節 圖畫書的接受與創作

　　除了前述對圖畫書功能性層面、內容表現形式及圖畫書構成要素的論述，本節中我還要針對文獻中所提及的「圖畫書讀者」與「圖畫書創作者」兩個角度加以說明。

　　如果從「圖畫書」的讀者層面來作界定，普遍認為圖畫書是兒童圖書的一種，因此也將圖畫書稱為兒童讀物（Picture Books 或 Children Books）、童畫書（Children's　Picture Books）、兒童故事書，由此可知它所指的對象是以圖畫為主，給兒童閱讀的讀本（林敏宜，2001；洪文瓊，2004）。引述張耀仁〈圖文書在臺灣：一個市場生產機制與創作的對話觀點〉一文中，針對圖畫書傳播在臺灣的情形其解說如下：

> Glazer ＆ Williams III 區分出（圖畫書）三種型式：其一，無字圖畫書（wordless picture books / textless picture books），通常是幼兒入睡前，經由母親邊看圖邊講述的圖畫書；其二，圖畫故事書（books of one sentencs / tell most of the story with pictures），亦即提供一段故事或一、兩句話，以故事為主軸的圖畫書；其三，圖文等量的圖畫書（word and pictures weigh equally），也就是由「口語文本與視覺影像」兩者作用相等的圖畫書。（張耀仁，2004）。

　　事實上，會有這樣的侷限（我總覺得將圖畫書視為兒童專屬的閱讀讀物，是一種侷限），是有它的原因的，可以從兒童視覺系統發展的角度來看。

　　雖然嬰兒出生時，眼睛的發展就幾近成熟，不過此時由於視覺神經尚未發育完成，視網膜傳導相對遲緩，影像色彩只有蒼白、清淡的顏色才會被知覺到。約至十三歲視網膜發展才臻完成。

　　另一項視覺敏感度的研究，發現一個月大的嬰兒對於最粗的線條表現出視覺偏好。此外如果讓嬰兒注視不同形狀的圖卡，並測量他們注視的時間，發現嬰兒對臉孔有特殊偏好。美國有三位研究嬰幼兒發展的學者（Gail E. Walton, N.J.A., Bower and T.G.R. Brown）也針對十二個出生十二至三十六小時的嬰兒做「熟悉臉孔的辨識」實驗。研究人員將母親以及陌生人的髮色、眼珠顏色、膚色、和髮型做相似配對條件，出現在電腦螢幕上，讓嬰兒藉由吸吮橡皮奶頭來控制母親和陌生人的出現。結果發現，有十一個嬰兒會增加吸吮的次數來看到媽媽的臉，這個實驗引發多有趣的問題，其一是嬰兒對母親的依附行為，另一則為視覺喜好的能力顯然是從學習而來。

　　視覺上有如此的喜好，聽覺也不例外。嬰兒能辨識重要的聲音，這種聲音是成年人對嬰兒說話時所使用的特殊語調，這種特殊的說話方式被稱為「媽媽調」（motherese），因為媽媽最常用這種語調。如果對著嬰兒播放兩種單純的語調：一個像是媽媽的語調，另一個則是一般人說話的語調，嬰兒會一致將頭轉向媽媽語調這邊，就算那個語調並不是真正在說話。

　　此外，皮亞傑（Piaget）也提出人類認知發展歷程有連續性的看法，嬰兒藉著行動適應週遭環境他把出生到兩歲這個時期稱為「感覺動作期」（sensory-motor period）。兩歲的孩子，會模仿所經驗的事物或行為，形成心理意象。可以把這個意象是以後思考模

式的基礎，促成象徵（符號）思考，使記憶與語言成為可能。（吳淑玲，2006：XIII-XVI）

　　回過頭來看我為孩子（約兩歲）讀兩本書：*How Do I Love You？*（1989）和《月亮晚安》（2005）的經驗，就是這一類實驗的例證。記得我第一次帶她看 *How Do I Love You？*時，我指著圖畫跟她說內容，我告訴她每一幅圖裡的小朋友在做什麼？問她圖裡的還有什麼小東西？並且當文字出現「I Love You」時，我還會將手比出一個愛心送給她，口中大聲唸：I Love You。隔天早上，我試著做出相同手勢，嘴裡發出「I—」這個音，她馬上回給我一句發音不太標準的「Love You」。往後她看我做出相同手勢，或看到這本書，都會說出「I Love You」三個字。

　　另一本《月亮晚安》也跟她的生活產生很大的鏈結。過去我們曾在晚間散步時，指著月亮對她說「月亮」，因此她對這個黃色的物體已有概念，之後透過晚間的觀察，她也漸漸知道月亮會有圓缺的改變；不過，如果當時天氣不好，或雲量較多，她就不能理解為什麼剛剛看到月亮，一下子又不見了呢？因而常常問：「月亮呢？」

　　《月亮晚安》這本書剛好幫助她的理解。書裡的內容非常簡單，我試著將它以文字說明如下：封面是一個大圓臉的月亮，正閉上眼睛在睡覺的樣子。故事開始在扉頁的地方，一隻黑色的小貓，將讀者的視線從左扉頁帶向右扉頁，發現一棟在寂靜夜空中漆黑的房子，而房子上還有另一隻貓。正文部分，簡單帶出一句「晚上了，你看，天黑了」，兩隻小貓看像夜空；下一頁，屋子後方的夜空中出現了一個黃色的邊緣；下一頁，是月亮上半部的臉，閉著眼睛；下一頁，月亮張開眼睛看著兩隻小貓，文字敘述「月

亮，晚安！」；下一頁，月亮眉頭深鎖，因為飄來一朵雲，遮住月
亮的左半邊臉；下一頁，完全遮住了，兩隻小貓激動得連毛都豎
起來了；下一頁，雲飄走了，又露出月亮的左半邊臉；最後一頁，
月亮笑了，除了屋頂上的兩隻貓，右下角還多了一個媽媽牽著孩
子看月亮的剪影；封底是月亮張著眼睛，俏皮的吐出舌頭。

　　往後幾天，當她又看見天上的月亮時，她也會告訴我：「雲遮
住月亮，月亮哭哭。」一邊說，還一邊表演眉頭深鎖的樣子。而
且，書裡最後一頁的畫面，應該也給她很深的印象，她經常吵著
要我翻「小朋友」給她看，並重複說：「媽媽牽牽小朋友，走一走。」

　　對我來說，這是個很有趣的經驗。以往我所接觸的對象都是
幼稚園、小學階段的孩子，我不太相信圖像對孩子學習是必需的
（至少對國小時期的孩子而言，我也建議應更重視文字多的書
籍），我甚至反對高年級的孩子只挑圖畫書看，就像習慣了看電視
（圖像學習）之後，要孩子再回到文字多的書本（文字學習），是
一件不容易的事。舉個例子來說，今年我任教的六年級，班上有
個學習力、模仿力及表現力都很強的學生，他最喜歡跟我分享前
一個晚上看過的節目，舉凡娛樂節目中的內容、主持人說的笑話、
來賓的反應，甚至電影中的對白、每個角色的動作表情，他都可
以一一複述。不過，如果是要他分享一本新讀的書籍作品，他就
寧可閉嘴不說；圖書室開放借閱時，他也只挑適合中、低年級閱
讀的圖畫書，對於字多一點的圖畫書則興趣缺缺。我想這是只以
圖像學習造成的結果與影響。提供孩子過度的圖像，似乎會讓他們
淡忘其他文類，這是值得圖畫書教學者及創作者共同深思的問題。

　　不過不可否認的，圖畫書對於「年紀較小」的孩子，的確有
它的必要性。無論從研究者的報告中，或我個人的經驗裡，都可

以得到證明。這也是《繪本主題教學資源手冊》（第二版）中，論及孩子需要書中有圖的有力證據。

> 發展至二十一世紀，世界已有「繪本五大獎」等童書大獎的設
> 立，已充分顯示孩子需要書中有圖，原因有二：
> 1. 圖比字容易理解。圖像的形式讓孩子能直覺的了解圖畫的
>   訊息；
> 2. 孩子需要圖畫的訊息來指引他們口頭上的回應。圖畫訊息讓
>   孩子能直覺的運用語言說出自己的理解。（吳淑玲，2006：
>   XVIII）

此外，如同本章第一節「圖畫書的定義」中論述的，需要讀圖畫書的不只是孩子，看看大人的部分：

> 人們小時候腦子裡充滿豐富的想像力和夢幻能力，但隨著進入
> 高中、大學學習專門的知識和技術，這些能力就萎縮下來，到
> 了進社會就職後，就完全支離破碎了。許多人的人生就是這
> 樣，這也是人世最大的不幸……一但成為上班族，如果表現出
> 小孩般的無邪純真，別人就會說「別裝可愛了」，我覺得這樣
> 的人生真是淒涼。（柳田邦男，2006：204-205）

針對圖畫書的功能性部分，我也列出了柳田邦男推薦大人讀的圖畫書，其中除了心靈上的滋潤，更重要的也在「想像力」的「重拾」。如果說孩提時讀圖畫書，可以啟發想像力，那麼長大之後，要能繼許持有想像力，就得「再讀」、「再再讀」、「再再再讀」圖畫書了！

再回過頭來以創作者的角度來看圖畫書。圖畫書包含了書本的整體設計、文字敘述、圖像表達，以及這綜合在一起的交互作

用，還有書與讀者之間的互動關係……這些元素都要依賴圖畫書
的創作者將他們整並起來，才能創作出圖畫書成品。

　　曹俊彥、曹泰容《臺灣藝術經典大系・插畫藝術卷2：探索圖
畫書彩色森林》一書中，列舉了九位圖畫書插畫家，讓他們針對
自己的創作緣由、創作歷程加以論述。在結語的部分，作者也提
出綜合性的看法，針對圖畫作家的創作方式作如下的說明：

> 透過本書第二章的介紹，讀者應該不難發現，不同的插畫家自
> 有不同的創作思考與創作方式，但其中相同之處，在於當他們
> 想著要如何創作出一本圖畫書時，不論是先畫草圖，還是先以
> 文字寫綱要，最後都要轉化成一本以圖像為主的圖畫書，這就
> 是經過圖像思考的轉化，成為以圖像完成的展演。（曹俊彥、
> 曹泰容，2006：151）

　　由此也可以知道，圖畫書中的圖像並不是隨意存在的造型，
透過既有的故事線導引，圖畫作家以構圖、背景、色彩應用搭配，
賦予原本「無機」的圖形一層生命的意義，形成故事中的角色。
而讀者就是透過這個有生命的圖像，來閱讀理解文字，了解文字
的涵義。彭懿在《遇見圖畫書百年經典》中關於「圖畫與文字的
關係」的論述中，將圖畫與文字比喻成一串珍珠項鍊，圖畫是珍
珠，文字則是串起珍珠的細線，沒有珍珠的線不美麗，沒有細線的珍
珠一樣不能成為一串項鍊，也帶出圖畫與文字互相依存、補充的觀念：

> 絕大多數的圖畫書裡，圖畫與文字呈現出一種互補的關係，缺
> 一不可，具有一種所謂的交互作用。文字可以講故事，圖畫也
> 可以講故事，但一本圖畫書的故事還應該是圖畫與文字一起講
> 出來的故事，即圖文合奏。（彭懿，2006：21）

　　不過，光只是圖畫跟文字一起說故事，這樣的閱讀、創作觀點，就我來看還是少了一些張力。曾經在電視上看到一個汽車廣告，描述一個雷電交加、狂風大作的夜裡，透過住家的窗子可以看到休旅車的主人撐著傘、冒著雨，跑到庭院中為他的車子蓋上車套（他還真愛惜他的車子）。隔天早上，是個風和日麗的早晨，隔壁的車主正在清理昨天被風雨弄髒的轎車（相形之下，蓋上車套的休旅車應該幸運許多，至少它不會被打上那麼多落葉）。接著，休旅車的主人出門準備上班，向正在清理轎車的鄰居問過早後，拉開車套（不禁令人莞爾一笑），原來車套底下的休旅車，沾滿了車輪行使過泥濘道路時所噴上來的泥土，轎車主人看傻了眼，休旅車主人卻已揚長而去。此時，電視畫面上出現一句話：有些驕傲是柏油路不能給你的！

　　如果把這個電視廣告化成一本書，書中一頁頁畫面就像廣告中上演的鏡頭，最後一頁一樣寫上那句話，它也會是一本完整的圖畫書。和現有絕大多數圖畫書最大的差異，在於最後的結論與讀者被引導的故事線是相背離的。整個故事引導讀者相信：休旅車的主人愛車子，甚至冒著雨替它蓋車套，「應該」是不想車被「弄髒」，而隔壁鄰居忙著清理車子的樣子，更顯出休旅車主人前一晚「正確」的行動，今天一早他一定會開著「乾淨」的車子離開。沒想到，最後出現的竟是一輛「不只不乾淨而且還很髒」的車，而主人露出得意的笑容，接著自豪的開著車子離開，讓讀者好像那個尷尬的鄰居一樣，停留在最後畫面上的那行字，原來替車子蓋上車套，是怕它被洗「乾淨」了。這樣的思想停留，剛好配合主題「有些驕傲是柏油路不能給你的」，帶出整個廣告的精神：休旅車可以給你更多的驕傲！

　　想想，倘若廣告拍攝時，就完全依照它想要表達的精神去拍，一味的強調休旅車的好處，以及它與轎車的不同，這樣是不是反而會引起轎車所有者的不滿，而達到反效果呢？相對的，如果能透過更巧妙的安排，讓主要傳達的精神與讀者接受的訊息，產生極大落差，加深廣告的張力，使讀者的注意焦點停留更久，廣告的效果似乎會更好。

　　本著這樣的想法，我更期待圖畫書的創作上，能有更不同於以往的表現。圖畫書裡應該有三種故事：文字所描寫的故事、圖畫所暗示的故事，以及文字、圖畫結合後產生的故事，或稱「組合式的文本」（composite text），也就是由「文字所說的」與「圖畫所顯示的」結合而成。正確的說，這樣的文本無影無形，只存在於讀者／觀賞者的腦海裡（珍·杜南，2006：114）。而這個「文字、圖畫結合後產生的故事」以互相指涉印證的程度、方式來說，又可以分為「互證（相互印證）模式」、「互釋（相互詮釋）模式」、「互補（相互補充）模式」及「互斥（相互排斥）模式」，將於本論述第四至第七章再作詳述。

　　總結來說，圖畫書的讀者，可以包含各個年齡層的讀者；而圖畫書創作者，尤其在圖畫的創作上，也應多思考圖畫敘事的可能性，為讀者建構更多樣性的視覺故事。

第四節　圖文的轉換互計

　　誠如上一節最後所論及的，圖畫與文字產生的互動狀況，決定讀者能從該圖畫書中獲得的訊息。一般來說，圖畫書與其他文類最大的不同是以畫面來說話，因此就得強調畫面的連貫，而圖畫作者就像執鏡的導演，須在幾十個畫面中形成一個連續的視覺映射，就像是編導一部電影短片。即使文字作者已將故事「說」得非常清楚，但要能把故事「演」得動人，還是須靠圖畫作者的功力，因此圖畫作者不但得善於運用分鏡語言，還要有把握視覺節奏，將故事演得恰到好處。所以才會有人說一本好的圖畫書，僅是靠「讀」畫面，就應該可以讀出書中的大意。

　　插畫家楊麗玲對好的插畫作品做了這樣的說明：

> 好的插畫不應該就直接字面的意義去表現，而是要補文字的不足。而且應該具有敏銳的嗅覺，能嗅出作者的言外之意，再利用圖畫去把作者難以用文字表達出來的意念和趣味充分展現出來。唯有如此，文字與圖畫才能做最巧妙的結合，插畫也才不會淪為陪襯的地位。（施政廷主編，1996：204）

　　這個地方提出插畫家角色的重要性，在能「嗅出」文字中難以表達的部份。回顧我自己過去從事創作的經驗，總覺得有題目的作品比較好畫，例如「靜物畫」，將擺在桌上的靜物描繪到圖畫紙上，只需考慮構圖、用色，再來就是個人技巧的修為；此外「人像畫」、「風景畫」也大同小異。反倒是一些描述情緒、表達情感的主題不容易展現，例如：速度、憤怒、時代背景……或者可以說是，以具象物品描述抽象概念，本身就具很高的難度吧！因此，

如果能在圖畫創作時，將文字中的內在涵意表露出來，將會是高層次的圖畫表現。不過，上述這段文字似乎還是將圖畫定位為「輔助」文字的工具，用以「補文字的不足」，亦即只在增強讀者對文字的理解。我認為這樣就小看圖畫的作用了。看看底下這段話：

> 在我們通常所說的圖畫書裡，圖畫不是文字的附庸，不再可有可無，甚至可以說是圖畫書的生命了。圖畫書是用圖畫與文字來共同講述一個完整的故事，是圖文合奏。說得抽象一點，它是透過圖畫與文字這兩種媒介在兩個不同層面上交織、互動來述說故事的一門藝術。（彭懿，2006：7）

　　圖畫書的內容表現形式可以分成「圖畫」（有形）與「文字」（有形／無形）兩部分〔按先前所論述，此處的「文字」是創作構想（想法）、故事內涵（例如無字圖畫書），或實際文字表現的總稱〕，如果再依其產生的前後順序細分，有可交集出三種可能性：先文而圖、先圖而文，以及圖文同時。這當中當然還涉及圖、文作者是不是同一個人的問題，前兩類創作型態可以是圖、文同一位作者，也可出自不同人；不過第三類「圖文同時創作」，若要能在同一個時間由各自負責圖、文的作者一起創作，就需要克服技術上的困難，因此由同一個人兼作圖文作家的可能性較高。

　　坊間的書籍中，我很少看到圖畫書作家提出自己失敗的經驗與讀者分享的例子。在我閱讀《插畫散步──從臺北到紐約》時，倒是看到一個。那是作者黃本蕊針對自己的一個創作經驗所做的描述。當她在美國逐漸開始有一些知名度，正式與出版社合作時，她獲得一個工作機會，幫美國維京出版社（Viking Publishing）即將出版的新書《人上月球》（Man On the Moon）繪圖。一接到這

個故事，她就開始漫天幻想，任意的把阿波羅 11 號人類首次登陸月球的故事「童話化」。很快的將想法轉化成草稿，然後寄給編輯。就在她興奮的思索色彩、上色方式……事項時，側面從經紀人那裡聽到出版社的反應，原來她所創作的草稿裡沒有一張圖被該出版社採用。自以為絕美的數十頁草稿，竟然與出版社方面的期待形成這麼大的落差。後來她從這個事件學到教訓，因為一本書的出版是需要多方通力完成的，作者、繪者、文編、美編，都有各自的想法期待與專業要求。在這件事之後，黃本蕊也重新思考其中的問題，發現《人上月球》是個寫實性的故事，一切都必須根據史實。於是，她開始上圖書館收集資料，加上文字作者也提供了不少這方面的訊息，一波三折之後總算順利完成該項工作。

有趣的是，在書中黃本蕊把原來的草圖與修改後的草稿列出，讓我有機會看到其中的差異。就創作的前後順序來說，這本《人上月球》的圖畫書，是屬於第一類「先文而圖」的範圍，文字作者先將故事寫好，再由圖畫作者進行繪圖工作。透過繪圖者的陳述，不難看出她運用了自己的經驗想法於創作上，雖然原來的草圖不被出版社接受，卻也可以從中看出她的創意。站在啟發創造力的角度來看，也不見得是不好的作品。

此外，書中她也提到自己試著寫作又繪圖的創作經驗。她認為一個好的故事內容（寫什麼？）和技巧（如何寫？）一樣重要。於是她整理出一套創作步驟：先決定自己適合寫什麼？然後思考內心的感受或外在事件等故事題材在哪？接著文字配合畫面來說故事。

文字與畫面配合，就是圖畫書的形成，是一種很獨特的體裁。每當我有一個模糊的故事概念產生時，它通常以電影畫面的形

式進駐我的腦裡。我的腦門也就像相機的快門一樣，一個畫面
接著一個畫面地將故事情節定格摘下。為了更清楚說明每一幕
的故事，這時便有賴於文字了。（黃本蕊，2005：57）

　　這一段自我表白，屬於第二類「先圖而文」的創作轉換方式。
模糊的概念以「畫面」形式在腦中形成，將這些畫面一一摘下，
再配合文字予以說明。她也提及如果是一個慣於文字思考的人，
就可以根據這些畫面提供的靈感去作文字敘述；如果習慣於視覺
思考的話，只需針對畫面的直接需要給予必要的文字即可。重點
在於冗長的文字或炫麗多於內容的畫面，對於這個故事都沒有幫
助。不過這裡她並沒有清楚交代是否有將圖畫先「畫」出來，與
「先畫圖再寫文字」的創作方式在解釋上還是有差異。因此我再
舉另一個例子作說明，這是製作人王偉忠的陳述。

有句話說得好：「窮則變，變則通。」……創意也是如此，因
為窮，小時候我沒有看過一套漫畫書。每次生病發高燒的時
候，媽媽就會丟給我三本漫畫，但三本彼此沒有關聯，更不是
同一個作者，要靠自己從左一本、右一本不相干的漫畫中自行
組合，編出一套看起來很合理的故事。（王偉忠口述、王蓉採
訪整理，2007：43）

　　常常有人會問王偉忠一個問題：「節目裡好笑的點子是怎麼來
的？」他沒有正面回答這個問題，倒是在書裡做了如上的描述。
試著想像他的創作途徑，不同的圖畫畫面，帶給他不一樣的刺激
與思考，經過創意化的過程，編出一個合理的故事，這個故事一
定是絕無僅有的了。後來，他也在一次壁報比賽中，挑戰「誰說
壁報一定是平的？」因此創作出一件立體作品，還得到當屆的冠

軍。或許是因為經歷過不同的創意過程,使得後來他在演藝事業上一直都有異於他人的表現。

從王偉忠這一份關於「先看圖畫再編故事」的口述資料裡,如果當時他將編好的故事付諸文字,再配合上漫畫中的圖畫,也會是一本圖畫書,是為「先圖而文」的圖畫書。

至於第三類「圖文同時創作」,因為目前有關這類的創作思考論述我尚未發現,因此就只能先就我個人的理解將它做如下的解釋。我認為圖、文兩者同時創作的可能性比較低,就算是同一位作者,無論從事繪圖或書寫文字,在動手之前他的腦中必然會存在一個先備的想法,將此一想法訴諸轉譯的行動,再以圖畫或文字呈現,就算是同時進行兩者的創作,也是基於腦中的先備想法,無論如何都是「想法」在前(即先前我在第二章第二節中論述過的「故事概念」)。除非創作時突然階段性的失憶,否則不受自身「想法」左右的可能性幾乎是零。基於這個論點,第三類的「圖文同時創作」類型也可視為第一類「先文而圖」的次類型。

總之,此處試著分析出創作圖、文的先後順序,以及圖、文同作者或不同作者間的差異,主要目的在正視圖、文文本能激盪出的最大可能性。就圖、文不同創作者,有先後順序的創作而言,圖、文作者間心理上的感受與反應是不相同的。一般而言,面對文字文本(先文而圖)或圖畫文本(先圖而文)時,接受者會先根據自己的先備知識作一番解讀,這個先備知識裡當然包含了個人的愛惡、當下的情緒、對他人期待的回應、甚至文化背景的影響……諸多層面的複雜交集,而後轉化成該接受者對該文本的個人詮釋,繼而透過轉譯的方式,將文字轉化成圖畫,或圖畫轉化成文字,最終產生的圖畫書「新作品」已然成為另一個新文本。

當後來的讀者接受並閱讀這本圖畫書成品時，又再依循自己的先備知識加以解讀，因而產生另一個新新文本。倘若該讀者再透過分享討論或施行教化的方式，將自己所獲得的新新文本介紹給其他人，又複合上他人的先備知識，便又會產生新新新文本……如此不斷輻射的連鎖效應，便是該圖畫書的最大可能性。正如同後期結構主義對整個文本（文本1）所隱含的觀念，依其還會跟別的觀念互相交涉，而形成各文本（文本2、文本3、文本4……）互相對話或爭辯的繁複景象。解構主義則以為意符（文本1）與意指間的相互追蹤，會產生永無止境的延異（文本1-1、文本1-2、文本1-3……）。（周慶華，2004：13-15）

　　此處當然不是指稱圖、文完全互相印證就不好，「互證」在圖畫書創作上也是一種模式，主要還是得視它的需求而從中應變。由此可以得出兩個結論：其一，圖像不該只為補文字之不足；其二，無論哪一種類型的創作，創作者都應該考慮文本延異（即新文本、新新文本、及至新新新文本……）各面向的問題。這類圖文轉換所相關聯的課題，將待第三章再論述。

　　此外，目前坊間有不少教授圖畫書製作方法的書籍，也有許多圖畫書教學應用的指南，或討論圖畫書中圖文關係的專書、論文。

　　可惜針對「製作方法」的教授，多只針對外在形式，例如王淑芬2004年出版的《手工書55招》，書中所列舉的55招，按期分類方式分為：封面技巧、內頁技巧、包裝與整體設計，以及應用實例四部份，所指涉的都是書本本身形式上的部份；或者同一年又再出版的《手工書進階55招》，分為手工書基本結構、封面裝飾、內頁裝飾、內頁立體裝飾、內容——文字部分、內容——圖畫部份，以及包裝手工書七個部份。無論是55招或進階55招，

都沒有論及內容形式上圖畫與文字的處理,更少論及圖文轉換的方式。

不過至少有類似鄧美雲的《繪本教學 DIY》這樣的出版品,透過作者本身創作歷程的心得,讓讀者有初步的圖畫書創作概念。例如針對故事的發想部份,作者舉了「學騎腳踏車」為例子作為起始點,可以變成「傳記式」:描述一個人學腳踏車,並以腳踏車環遊世界的故事;可以變成「心理式」:學騎腳踏車好像跟怪獸決鬥一樣恐怖;可以變成「奇想式」:因為學騎腳踏車,所以掉到一個大坑洞中,於是展開巨人國冒險之旅;也可以變成「議題式」:有個人從學腳踏車開始,就立定志向當個馬桶腳踏車表演師,於是他……針對故事的結局部分,作者預想的結局:悲慘式的結局、意外的結局、圓滿但有點恐怖的結局,或開放未定的結局,不論哪一種都強調要編得有張力。針對圖畫部分,作者也強調「有想像力的畫」、「有吸引力的畫」,其中所列舉的招數,好比「蒙太奇」的攝影手法、像不像不重要的重新造型法、出現在不可思議的地點的錯置法……又好比以螞蟻觀點畫出一隻鞋子、鞋子裡長出一棵大樹、公園裡有形形色色的鞋子樹、大變小或小變大……(鄧美雲、周世宗,2004)。儘管如此的點出製作一本圖畫書應在「文字」與「圖畫」上多下功夫,卻依舊未提及圖、文轉換之間的問題,使得文字與圖畫無法再交織出其他的文本意涵。

此外圖畫書的應用教學指南,也多只將圖畫書當成「教具」使用,就是為了達到某一個特定的目標而借用的工具。以林敏宜的《圖畫書的欣賞與應用》為例,書中針對圖畫書的欣賞,將焦點擺在圖畫書的歷史、種類、插畫、文學要素分析,以及圖畫書中的主題導覽,還是屬於形式上(圖畫與文字)的分析,其餘則

著重在如何運用圖畫書於教學活動中的設計。王淑芬的《搶救閱讀 55 招：兒童閱讀實用遊戲》也類似前者；又以吳淑玲主編的《繪本主題教學資源手冊》為例，顧名思義，書中所論述的重點一樣是如何運用圖畫書於教學活動中。所幸在該書的前言中，特別重視「圖畫」在圖畫書中不可或缺的意義，因而花了一些篇幅論述圖畫書中的「視覺藝術」與「語文閱讀」，也凸顯圖文互動關係的重要性。

　　將圖畫書的閱讀解析得比較透徹的，應該屬於珍・杜南的《觀賞圖畫書中的圖畫》這本書。書中作者將「圖畫的閱讀」定位為閱讀圖畫書的必要步驟，甚至鼓勵讀者在閱讀中加入自己的想法，以激盪、創造出屬於自己的東西：不過要留意，文字並不總是傳達表面的意思。如果文字說的是一回事，而圖畫表現出的卻截然不同，那麼，文圖之間就是一種反語的關係（珍・杜南，2006：81）。此外，肯・古德曼（Ken Goodman）的《談閱讀》、林真美等著的《在繪本花園裡──和孩子共享繪本的樂趣》、胡寶林的《繪畫與視覺想像力》以及王偉光的《兒童美育啟蒙：我的孩子是畢卡索》中，也都強調了圖像閱讀的重要性，或者圖像具備幫助思考鏈結的功能性。因此欣賞圖畫書時，不論是先瀏覽圖畫，或先閱讀文字，圖、文都可以有互相詮釋、補充的作用。不過《觀賞圖畫書中的圖畫》書中仍舊只指出圖文之間該存在的「特殊」關係，而未詳細說明這樣的關係如何運用在圖文創作中。

　　總結來說，創作者在思考圖文轉換互計方式時，應考慮到圖畫書敘事的最大可能性；而針對圖文轉換相關的論述還有待後人增補。

第三章　圖文的轉換互計研究所關連的課題

第一節　創作觀念的更新

在開始論述本節的重點之前，我想先跟大家分享一些小朋友的創作作品。

圖 3-1-1 青蛙王子（六歲）

圖 3-1-2 青蛙王子（七歲）

圖 3-1-3 木偶奇遇記（六歲）

圖 3-1-4 木偶奇遇記（七歲）

　　以上是三年前我班上的小朋友的作品，當時我任教的是一年級，有空的時候，我會讓他們聽故事再畫圖，我並不特別要求他們畫什麼，只是要孩子把故事中印象最深刻的部分畫下來，所以同一個故事孩子們擷取的畫面都不一樣。之所以會有這樣的教學點子，是因為我的班上原本只有一名正式在籍生小暖，開學的第二週，寄讀生小欣加入我們；而後又過了幾週，另一名寄讀生小紘也加入我們的行列。雖然是一年級，原則上只上半天課；不過由於我們的家長大多務農，沒有辦法準時接小孩，或者小朋友回家後沒辦法妥善照顧，因此在取得學校及我的同意之後，我們班上的小朋友一律上整天課。也由於這樣的機會，讓我有加倍的時間可以跟這群孩子相處，實驗一些平時無法證實的理論。

　　有幾次上課鍾聲響了，但我因為有些事情要處理，所以耽誤進教室的時間。回到教室後往往發現小朋友們不知不覺中浪費了一些時間，例如：閒聊、偷看老師、上廁所等。針對這個狀況，我花了一些時間跟他們討論，之後才發現其實這段時間，他們真的不知道該做什麼，加上小朋友也不知道老師要多久才會回來，沒有使用時間的安全感，做什麼事都讓他們提不起興趣。對此我也感到很傷腦筋。

　　在一個偶然的機會，我逛進一家唱片行，發現當時有一些故事卡帶正在促銷，一捲只要 39 元，而且每一捲都有十來個故事，真可謂「俗又大碗」。抱著撿便宜的想法，當下我就買了十捲不同內容的故事，心想帶回學校應該會有用處吧！

　　就這樣，我們班又多了一項娛興節目，每當課堂上我們的進度提前完成，或是下午小朋友午覺剛睡醒還迷迷矇矇，或是我臨時有事要處理時，或……我就會播放一段故事讓小朋友聽，然後簡短的討論一下，發下白紙，再讓小朋友將所聽到的故事挑一個印象最深的畫面畫下來。剛開始實驗時，馬上要小朋友將聽到的故事畫下，的確有動筆上的困難，那也是小朋友最常對我說的：「老師，我不會畫。」或是「老師，我不知道要畫什麼？」於是，我便請該位小朋友再回憶一下故事中印象最深的部分，說一說、或加上肢體動作演一演，然後就畫下剛剛自己表演的部分。

　　就這樣持續了將近一年的練習。其中，我也發現非常有趣的部分，因為每個人聽到的重點不一樣，所以畫出來的圖也會有所不同。而且經過這樣的過程，小朋友對於所聽到的故事往往能記的比之前清楚。就這樣他們都會自己拿紙畫圖，一有空就在那裡塗塗畫畫。而更出乎我預料的，有一天早上，小紜拿了一張紙在自己的位子畫畫，我心裡納悶著，為什麼今天她畫這麼久呢？原先她的速度很快，不用一下子就能將一張圖畫好，然後興致勃勃的跑來跟我討論。是不是她遇到什麼困難了呢？於是我走近瞧一瞧，原來她正在寫故事呢！

圖 3-1-5 小紜的故事畫（六歲）

　　故事裡的小女孩因為貪玩弄濕了衣服，正在跟媽媽解釋，而媽媽也原諒她，要她趕緊將濕衣服換下來，免得感冒了。這其實就是當天早上發生在她自己身上的故事。

　　還有一個例子，也是跟這群孩子一起。當時是生活課，我們剛好有一個「親近大自然」的主題，為了能讓孩子學習拼貼出一棵樹（當然不是卡通裡長得像棒棒糖的那種樹），我猜想如果我直接要求他們完成，至少有一半的小朋友會回答「我不會」，所以一開始我沒有告訴他們我們要做什麼，我打算先「隱瞞」我真正的目的，而只告訴他們我們要去認識大樹。

　　剛開始我把教學的重點擺在樹幹及樹葉拓印，為的是讓小朋友體驗樹皮、樹葉粗糙的質感，跟一般光滑的表面很不一樣。因

此我花了一節課的時間，先跟小朋友介紹樹木各部分的名稱，從最底部的「樹根」、「樹幹」、「樹枝」到「樹葉」，讓小朋友熟悉樹身各部位，以利下一節課到室外講解時方便進行。此外，因為會使用到拓印的技巧，為此我也在出教室之前先做了說明及練習。

　　進一步到室外接觸樹木結構，我請小朋友仔細觀察樹木，樹根跟樹幹是怎麼連接的？樹幹怎麼長出樹枝？樹葉長在哪裡？這棵樹摸起來是不是比那棵樹還粗……討論完了之後，小朋友依照之前所學習的拓印方法，利用不同的顏色拓印下樹皮的質感，並且撿拾了一些地上的落葉，帶回教室，為下一堂課的「樹葉拓印」作準備。

　　回到教室後，我們先在藍色西卡紙上，以撕貼的方式，利用先前拓印下來的樹皮，撕貼出大樹光禿禿的樣子（還沒有貼樹葉）。進行這部分時，因為剛剛在外面已經仔細觀察過樹身各部分的連接，因此可以十分順利進行。之後再將帶進教室的葉子一一拓印，然後剪下來貼在做好的樹身上，這張相似度很高的樹的作品就完成了。而讓我印象最深刻的，是小朋友看著自己的作品，竟然也會發出讚嘆的聲音，覺得自己完成了一幅很棒的畫。至此以後，需要畫「樹」這個主題時，我也不擔心他們會畫出像棒棒糖一樣的樹了！

　　再舉一個關於創作的例子。幾年前，我剛從師院畢業，因為自己美教系的背景，所以有些朋友找我指導他們的孩子畫「水彩畫」。使我一直以來對美術教育的責任感油然而生，總覺得這是個大好機會，要讓我將學校所學的發揚光大。於是我欣然接受這位朋友的提議，開始每個禮拜兩次利用晚間到他家上課。

　　剛開始幾堂課，我試著讓孩子們打破不同媒材的使用界線，我們一會兒拿蠟筆，一會兒加水彩，一會兒又是報紙斯貼，突然又來個紙黏土創作，還伴隨著幾次無產出的論述。所以我的課堂上，總是沒什麼機會讓大家乖乖坐著畫，大部分是「說」或「演」，然後才是各畫各的。而我也從不對家長報告我們到底在畫什麼？或這次我企圖呈現什麼主題？因為連我也不確定，孩子們到底會畫出什麼？幾次課後，家長的疑惑一一浮現出來，開始私底下找我談。後來我才清楚了解，他們只想讓孩子學「水彩畫」，甚至告訴我，其他那些媒材他們已經「都會了」。當時的我，完全不知道要怎麼跟他們溝通，於是幾次後我就以時間有限、學校教學壓力很大等理由，推辭了這個工作。

　　我到現在還一直在思考著：究竟什麼是「水彩畫」？是美學、美術史、美感、水分、顏料、紙張⋯⋯還是水彩筆？

　　一眨眼，好幾年過去了，現在我又有機會重新思考這類問題，究竟我要孩子學會什麼？應該不是「標準答案」吧！

　　去年暑假中，我讓班上兩位即將升上六年級的男生──小豪跟阿聰，以及一位升上三年級的女生──暖暖，利用每個星期五回學校上課。當時讓他們回學校的用意，一方面是藉機檢查作業（我對自己班上學生繳交作業部分非常沒信心），另一方面希望能多提供一點閱讀的機會給他們，彌補平時總是以趕課為前提的教學。為了讓家長願意送孩子過來，我包吃、包喝又包接送。在其中一次載他們到麥當勞吃午餐的路上，我便利用「山經過一片雲」（這是小學生造句，在網路上也引起熱烈的討論），進行了一個詩的創作活動。

　　我首先發問：「你們覺得『一片雲經過山』跟『山經過一片雲』有什麼不一樣？」可能是他們已經很習慣我這種隨車提問的作法，當我拋出這樣的問題時，他們不約而同的看往窗外的山。一會兒，阿聰首先發言，他說：「這兩句裡移動的東西不一樣，『一片雲經過山』是雲在動，而『山經過一片雲』則是山在動。」我一一詢問其他兩位的意見，大同小異。接著我請他們選自己喜歡的一句，他們還是很有默契的都選了「一片雲經過山」。於是我又請他們說一說原因。這次換暖暖先說：「因為山不可能經過雲啊！山又不會動，雲經過山才是對的。」其他人也同意她的說法。眼看著他們即將達成共識，我又想要攪亂他們了！

　　我先舉了地殼變動、造山運動等例子，加上他們之前都上過學校本位課程，對利吉惡地及小黃山的形成原因也有概念，最後我再補充說明，在地質學家的研究推論中，總有一天綠島會因為地殼的移動，硬生生跟臺灣本島撞在一起，所以你覺得山會不會動？阿聰跟小豪兩個人猛點頭，而暖暖卻好像還是堅持原來的想法。於是，我又問：「好吧！現在這兩個句子都是對的了，如果你要選一句當一首詩的開頭，你會選哪一句？」這回終於有不同的答案。阿聰選了「山經過一片雲」，小豪跟暖暖則選了「一片雲經過山」。

　　我很好奇阿聰的選擇，不過我還是先問暖暖她的原因是什麼？暖暖說：「兩句都可以，可是我還是比較接受『一片雲經過山』的講法。」接著問阿聰，他說：「雖然這兩句是一樣的，不過『山經過一片雲』比較特別，這樣寫出來的詩才會不一樣。」而小豪則說不出原因。事實上，我還蠻高興聽到孩子有不同於別人意見的看法呢！

　　接著我們便以「山 經過一片雲」為開頭，先一個人說一句，再加以討論、修改，最後一起創作了這首詩。

無題

山　經過一片雲

雲　游過一片海

雲　在海裡戲水

我　在天空中飛翔

我一直都喜歡車上討論的這種方式，把小朋友「困」在車上，逼著他們想事情，既然沒別的事可做，也無法「逃走」，只好乖乖思考老師問的問題。那天一路上的討論，更是讓我收穫匪淺，更應證了我在美術教學上的理念，我要教孩子的應該不只是技巧，而是給他更多空間思考，使他們的思想得以悠游於作品之中。

　　我舉了自己教學現場發生的這三個例子，其實是想用來說明一個新的創作觀念。往往，我們受限於所謂的「標準」，而將許多創意抹滅。最後只是指導出一群互相學習仿效的學生，創造出毫無新意的作品罷了。

　　前一陣子周慶華老師出版了一本名為《我沒有話要說……給成人看的童詩》的詩集，他請我幫忙寫詩集評論。詩集中他還特地請女兒幫忙畫插圖，而因為我是先讀完「文字」，才看到「圖畫」的，因此更可以與自己閱讀時想像的畫面作比較。總覺得畫者輕描淡寫的筆法，好像刻意跟文字作品保持一段距離，也因此形成「文字──圖畫」中的另一段想像空間。我很欣賞這樣的表現風格，就像我在前章所論述的，如果文字與圖畫之間可以建構出一段差距，更能擴大彰顯字面上的涵義。以下便舉書中的例子說明：

猴子要改運

這就對了
總要有一張這樣溫馨的照片
證明我們猴子並不是吃飽沒事幹
你看那隻流浪狗涎著口沫　癡情的
望著阿丹手中的半塊麵包
世界從此靜止不動似的
咬一口留給明天無常的飢餓
再舔一下代替先前少給的掌聲
我們猴子已經計算好了牠會成為新聞
忍耐點　阿丹
記者先生按下快門就會走人

圖 3-1-6 猴子要改運插圖

附記：報載印度波帕耳的街頭有一隻猴子把麵包分給一隻小狗吃，
　　　像極了做母親的在哺乳，有感而作。（周慶華，2007a：15）

　　相較於我的聯想，畫者在這個主題下，透過小孩與狗的互動，
就傳遞了不同物種間的關懷之情，雖然畫面與文字間沒有完全的
聯結（例如圖畫中並沒有出現猴子、記者、相機……），卻反而更
能顯出文字背後的涵義，凸顯最原始的惻隱之心。看著圖又讓我
引發更多的想法，或許報紙上刊載的猴子是真的同情小狗，才分
享麵包給牠的，卻因為記者的「報導」，使得這個美麗分享變成單
純作秀。
　　此外，也有異曲同工之妙的是詩集中的另一首詩：

東狗吠雷

今年夏天第一道響雷
震開了乾癟的雲氣

天空開始哭了
那興奮的淚水傾洩在焚焦的土地上
換來一條河連聲的歡呼
看著急竄的閃電
四處欽點被雷聲驚爆的汽車防盜鈴
我一隻剛嚇醒的臺灣邊陲的狗
到底要幹什麼　才能計算出
剎那間活著的長度

圖 3-1-7　東狗吠雷插圖

哦　對了
我要像「蜀犬吠日」一樣
面向還在轟隆轟隆的地方瘋狂的叫它幾聲（周慶華，2007a：
44-45）

　　畫者在這裡竟然畫了一隻張著大嘴的河馬（既沒有狗、也沒
有雷），對應這個「吠」字，我似乎看出了狗嘴是不足以比擬詩人
想要瘋狂叫它幾聲的氣勢的，而河馬這種原本看來溫馴的動物，
實際上蘊含了更深厚的內功，在張嘴哼哈之間，或許就能將雷聲
逼退，還給大地一個清、靜。比起直接以狗、雷做為繪畫的素材，
此刻想來，河馬更具代言的張力。

黃本蕊在《插畫散步——從臺北到紐約》中這樣自述創作《狂人日記》（2000）及《馬褲先生》（2000）的過程：

> 在這兩本書中我盡情的大量使用實物拼貼配合各種繪畫媒材，根據兩個故事的特有個性而給了它們非常強烈的風格。我以極誇張的手法、或直接的方式、或多重隱喻的手段，配合它們各自的節奏來創作。突破了過去的風格，毫無限制，甚至毫無章法的創作這兩本書。我覺得自己像個放暑假的小頑童，玩得又野又盡興……（黃本蕊，2005：44）

基於此，我強調無論是「創作」圖畫或是「欣賞」圖畫，都應該「突破過去的風格」。

第二節　接受回饋向度的改變

在探討本節主題之前，我先將本論述的重點加以區分。本研究中關心三個面向的問題，即：圖畫書成品、圖畫書製作以及圖畫書接收，這就一定會涉及「作品」（製作、成品）與「閱讀對象」兩個層面。因此本節將先針對「作品」（製作、成品）的部分，闡述接受回饋向度上的改變；然後再就「閱讀對象」部分再加以說明，俾使整個論述不會有重心偏移的情形。

以下先來看一個故事：

從前有一個美麗的費歐納公主被皇后拘禁在高塔上，必須等待有人獻上真情的一吻，才能破解惡毒皇后的咒詛，並且這個人

還可以娶公主為妻，有機會成為國王。消息很快被傳送到世界各地，各國的王子聽到消息後，都不顧家人反對，紛紛前往搭救；卻因為受阻於沿途的考驗，有人半途而廢，有人身受重傷，甚至有人因此失去了生命……始終沒有人能夠真正見到公主一面，更別說解救她了。就這樣過了好久，直到有一天，某個國家一位英勇的王子騎著白馬呼嘯而過，靠著一身驚人的武藝，擊倒最後一隻噴火龍，徒手攀上荊棘密佈的高塔，一步步向著那個神祕的房間走去。摘下頭盔、搖曳一頭金色捲髮的同時，伸手推開那扇象徵拘禁的木門……躺在床上的竟然是頭戴浴帽的野狼，「費歐納公主呢？」王子驚訝的問。「喔！她去渡蜜月了！」

　　這是美國環球影城夢工廠（DreamWorks Pictures）在 2004 年製作得電影品《史瑞克 2》（Shrek2）的片頭橋段。在第一集（2001年）中費歐納公主受到咒詛，每到黃昏的時候，她就會從美麗的公主變成一個全身綠色的怪物，必須有人真心愛她，並在期限前真心給她一吻，才能破除魔法。誤打誤撞的情形下，同為綠色怪物的史瑞克愛上了公主，幾經波折、突破重圍，史瑞克終於在眾目睽睽下親吻了費歐納。公主的身體隨之起了變化，一道道光束閃過，當煙霧散去後……費歐納還是一個全身綠色的怪物。史瑞克於是上前告訴她，這樣的她才是最美的，也因此贏得芳心，抱得「美人」歸。

　　第一集上演時，我很好奇這會是怎樣的一個故事，於是馬上到電影院欣賞這部影片。電影放映結束時，不只我一個人非常錯愕，連同許多大人、小孩，都感到莫名奇妙，還可以聽到許多媽媽試圖解釋這個結果讓她的孩子明白；不過或許是狀況太突然，媽媽們似乎沒有時間反應，因此也只能就「至少他們從此過著幸

福快樂的日子」這種觀點加以闡述。現在回想起來，發現這之間
（指著我自己對這類作品的接受度）的差異真的很有趣。

　　早期的故事作品中，透過作者形塑的功力，讓我得出一些既
有形象（或稱刻板印象），例如公主美麗大方、王子英俊瀟灑，就
連用來暗喻人類的動物，也只能擁有固定性格，例如狐狸是狡猾
的、狼是兇狠殘暴的、羊是柔順體貼的……一直到現在，創作者
雖然還是經常選用王子、公主或小動物們來當故事題材的主角，
不同的是他們不再受限於過去的刻板印象。同樣是豬，在《三隻
小野狼和大壞豬》（2002）中，豬一躍成為反派的角色，專門欺負
小野狼，使得故事有了驚人意外的結局。而大野狼的自我表白，
在《三隻小豬的真實故事》（1999）中，也有很另類的澄清，直指
其實吃掉小豬的故事不是之前大家知道的那樣。

　　根據陳又凌在《童話的真相》一書中所指出的這些種種轉變，
其中有一個很大的因素就是「閱讀方式」的改變：

> ……這樣的轉變源於多種因素，例如對於傳統價值觀的顛覆、
> 想像空間的開放與創造……等，其中閱讀方式的改變是很大的
> 一個因素。（陳又凌，2007：12）

　　雖然書中她並沒有提及不同文化差異的影響，例如上述所舉
的幾個故事，都是來自西方世界的故事，在原本的東方人系統裡
並不存在。不過她卻點出了「圖畫」在兒童讀物中扮演的角色，
以及圖畫如何影響兒童的閱讀。過去，圖畫純粹是故事的輔助，
通常它會出現在四個時間點上：開頭（簡單人物介紹或即將發生
的事情）、事件發生點、如何解決，以及結尾。不過這一類圖畫，
只是用來加深故事印象，單單透過看圖並沒有辦法了解故事，性

質上屬於之前所論述過的「插圖」。到了十九世紀《愛麗絲夢遊仙境》（Alice's　Adventures in Wonderland），由文字作者自己繪圖，配搭上──刻畫特質的主角，圖畫與故事的想像性密切配合，加強了故事的生動性。及至 1990 年，英國畫家碧翠絲‧波特（Beatrix Potter）創作的《小兔彼得的故事》（Peter the Rabbit），是為兒童讀物的一大革新。書中幾近一半圖畫一半文字的搭配，讓圖畫擺脫搭配者的角色，轉變成閱讀過程中的重要元素，現在我們所稱的「圖畫書」於是產生。

　　簡單來說，讀者透過閱讀「圖畫」這個符號，所獲得的不只是符號的表象（signifier），還有符號的意義（signified）。例如當我們看到蘋果時，我們知道這樣外型、構造的組成叫蘋果；但就意義來講，它還代表好氣色（蘋果臉）、健康（An apple a day, keeps the doctor　away.）、愛情（酸甜的滋味），甚至西方世界裡的引誘。因此繪圖者將文字轉化成圖像，而閱讀者透過觀察、閱讀及理解，反覆推演出圖像所代表的意義，文字與圖像的關係便越緊密，所塑造出來的圖像越無法取代、無法捨去（陳又凌，2007）。

　　珍‧杜南在《觀賞圖畫書書的圖畫》一書的前言裡，提到一段話，讓我感觸良多：

> 閱讀一本圖畫書的整體經驗中，有一環是觀看圖畫時的愉悅感受，以及在其間經歷挑戰和得到回饋，這本書就是為此目的而寫。任何有經驗的讀者對於閱讀文字都信心滿滿，但對許多人來說，圖像如何傳情達意卻是陌生的領域。雖然這一點並不影響我們閱讀圖畫書的樂趣，不過，卻侷限了我們對圖畫書的整體理解……（珍‧杜南，2006：10）

　　書中她當然還提出圖畫書中「圖畫」的多數觀點，例如：透過色彩給予眼睛愉悅的感受、傳遞強而有力的視覺經驗、輔助文字和語言的發展，不過很明顯的她更在乎讀者感受的部分，因此她還提出一個較不普遍，側重於美感經驗的觀點：

> ……圖畫所擁有的表現力量，可將圖畫書轉化成一件藝術作品，所謂藝術品就是能將意念用具體的形象呈現，而觀賞者也能把自己的意念依附其上……這本書的主要目的是帶領讀者跨越圖畫的表面意義與描繪功能，進而了解圖畫的表達力，以及圖畫如何運用暗喻手法表現出意念、情緒、抽象概念和格調等等這些無法直接傳達的東西。（同上，2006：11）

　　這說明了要能夠充分解讀圖畫，就需要留意畫面上的每個小細節。雖然讀者在觀賞圖畫時，往往無法馬上就明白畫家的真正意涵，不過如果一但了解了這些線條、色彩、構圖所傳遞的訊息，就可以開始探索圖畫表象之外的更深層涵義，藉著圖畫與畫家、甚至與整件作品產生鏈結。因此，讀者們都應該在圖畫的閱讀上下功夫，以求更完整全面的接受圖畫書內容。

　　以這樣的觀點，再回過頭來看上述幾個童話故事中的「新例」，公主不再美麗大方、王子也不須英俊瀟灑、狼可以溫柔體貼、羊當然也可以兇狠殘暴……爾後又可再就文字部分或圖畫部分創造出更新一層的屬性，層層疊疊互相交織出的創意美感，才能讓文本（泛指各類文本）意義有不斷延異的空間，甚至讓「文字」與「圖畫」衍生出互不相干的可能性〔這部分待第四至第七章針對「圖文互計（兩者互相交會）模式」再作探討〕。

　　此外論及「閱讀對象」，承續先前在第二章第一節「圖畫書的定義」（有關圖畫書的作用）以及第三節「圖畫書的接受與創作」（有關圖畫書的讀者）部分所論述的，圖畫書的讀者應該有更廣泛的定義。關於這一點，我發現日本人執行得非常徹底，他們也經常將如何閱讀圖畫書這件事融入到生活中，尤其是針對生與死這種不容易被大人、小孩接受的話題。

> 繪本的可貴，在於死者的靈魂不單能在作品世界裡永不消失，也就是說，常駐故事裡生者的心中，它甚至影響到受故事感動的孩子和大人們在現實生活中的生活態度，並從而創造出新的故事。在這個新的故事裡，死者的靈魂更加膨脹起來，最後變的永不消失。（柳田邦男，2006：41）

　　對他們來說，圖畫書已經擺脫一開始的「兒童專屬的讀物」層次，變成可以大人小孩共賞的對象。《1000把大提琴的合奏》、《馬頭琴》（1995）……都是這類生命議題的代表作。柳田邦男的這一段話，也擴充了圖畫書的可能性。又如的圖文作者大衛‧麥基（David McKee）他的創作理念，他常感慨於圖畫書經常被貼上「兒童專屬」的標籤，他希望自己的作品可以同時為大人與小孩創作，因此他的作品通常都老少咸宜，《六個男人》（2001）就是這種理念的代表。

　　近日受到國外的影響，國內也漸漸興起了親子共讀這部分的意識。記得我的幼稚園、國小時期，由於家裡正是以「賺錢」為目的的時代，忙碌於看店與照顧孩子的媽媽，縱使有再多的教育理念，也只能將我跟姊姊、妹妹往補習班送，數學、作文、書法、鋼琴……所幸當時媽媽很捨得在教育孩子上花錢，我們家裡不乏錄音帶、故事套書、科學叢書等，這些兒時讀書的回憶也佔據我

童年裡的大多時光。我還經常笑說我是「本省人生的外省小孩」，因為爸爸、媽媽的國語說得不是很溜，而我這一口還算標準的國語，算是拜錄音帶之賜了。甚至許多我現在跟孩子分享的故事，都是源自這些小時候的記憶。現在我自己也當媽媽了，陪孩子看書成了我每天最愉快的時光，尤其是當孩子隔幾天之後再複述我所說過的東西時，我是既興奮又感動。這也是讓我相信越來越多家長加入陪讀行列的原因之一。

此外，國內圖畫書讀書會的興起，也間接帶動閱讀圖畫書的風氣。例如張素椿帶領的誠品會本讀書會、林貞美的小大讀書會、毛毛蟲基金會的故事媽媽、貓頭鷹協會的故事媽媽……從原本的結合同好，共同閱讀動人的圖畫書，進而到校園服務，甚至開始自己創作圖畫書。加上網路世界的發達也加速圖畫書資訊的流通，大家都可以針對自己的需求上網收尋資料、發表意見，漸漸的圖畫書不再只是個「被接受」的對象，也是一種「可紓發」的管道。

圖畫書《1000 把大提琴的合奏》的封底上有一段話：

> ……多數的大人都以為繪本是小孩的「專利」，卻忘了自己也可以是繪本的終身讀者。我們對繪本的感知，其實可以因為人生的歷練而有不同的解讀，尤其，在經歷世事風霜雨露之後，還可以因著一本小小的繪本，到達不須言說就能「醍醐灌頂」的清明境界呢！當我們在看待繪本時，實有必要打破那既有的「小孩專屬、爸媽陪讀」的疆界。不分年齡、不分時地，繪本既可以拿來共讀，也可以讓人獨自悠遊、或細細品味。而不論是「三讀繪本」或是「再三讀繪本」，都會是一種難得的幸福！（林貞美，2005）

　　以往，圖畫書被視為層次較低的閱讀，文字加上圖片的敘述方式，僅等同於電視卡通漫畫吸引讀者閱讀的效果，最終還是希望透過這樣的形式，讓孩子喜歡閱讀，進而能夠讀更高層次的讀物，例如小說、文學名著等。不過現在看來，圖畫書的接受者已有了轉變，從過去為小孩，轉而為所有的人服務；從過去單純接受訊息，轉變為創造新文本意涵。上述這一段話同樣出現在許多由林貞美翻譯的圖畫書作品的封底上，例如：《莎莉，你洗好了沒？》（2003）、《窗外》（2003）……每當我閱讀完這些作品，又翻至封底再看見這段話時，鼓勵所有人加入閱讀圖畫書的動機就越發增加。

　　總結來說，觀看圖畫書在作品呈現、讀者取向的轉變上，可以發現圖畫書發展已經進入一個新時代的脈絡。處處求新、求變、求創意的現代，不論是創作者或閱讀者，在接受資訊、處理資訊及反應資訊的時候，都應該更仔細去思考這本「圖畫書」可以擁有的價值。

第三節　相關傳播與教學水準的提升

　　上述兩節中，從全新的角度談過圖畫書創作者與讀者角度的問題，當創作者有了新的創作觀，讀者也能從讀者創發的角度閱讀作品時，另一個有關圖畫書值得關心的課題，便落在「傳播」與「教學」上。

　　本論述在第一章第二節中，曾針對臺灣圖畫書的發展史分期，從 1945 年至 2004 年分為三期，分別為：1945-1969 年的依隨醞釀期、1970-1987 年的譯介創作萌芽期，以及 1988-2004 年的交

流開創期（洪文瓊，2004），這是針對圖畫書引進、創作而言。如果從圖畫書的讀者角度切入，不難發現臺灣圖畫書作品的發展，還深受印刷技術的影響。

歐洲的「插畫」藝術發展，很早就在歷史的舞臺上登場，但相較於主流的繪畫，卻只能站在配角的地位，無論就藝術等級，或其屬性而言，均被視為是一種次要元素。

> 插畫或多或少必須受限於文本的敘述架構，而版畫這種間接媒材又使藝術家必須將自己的概念交由製版師傅執行，因此，插畫多半被歸類為受學院訓練出身的「正統」藝術家不宜從事的工藝等級……他們的插圖目的仍以表現文字敘述的內容為主……直到十九世紀「藝術家之書」的出現，插畫才真正脫離了文字束縛，獲得自身的獨立意義。（郭書瑄，2007：6-7）

19 世紀之所以是歐洲插畫史上的巨變時期，和它的社會、經濟因素息息相關。版畫與印刷技術的提升，新技術顛覆傳統製版觀念；大量印刷的機械複製使閱讀人口激增；工業革命帶來的社會階層變遷，使閱讀不再是貴族階級的特權。

回過頭來觀看今日臺灣的閱讀風氣：教育理念使得閱讀人口增加；豐富色彩加上文字不多的書籍，增加閱讀的信心與樂趣；國外精美圖畫書的引進，促使圖畫書市場機制的發展；隨購買者的需求而因應的不同設計，也激發圖畫書作者的創意思考……一時間，臺灣圖畫書市場已充滿蓬勃的朝氣。近年來還深受電子媒介的影響，有聲、有色的畫面更近一步超越了純平面的印刷作品；加上網路時代的來臨，透過網路無遠弗屆的傳播，21 世紀的生活形態已經顛覆了人類過去的閱讀習慣。以網路使用者的閱讀方式

為例，可以在桌面上瀏覽眾多資訊，點選不同畫面中的按鍵又能再次開啟其他視窗，同時進行多類文本的閱讀並不是不可能的事。

下午了　我可以出去玩嗎？
好　那順便幫爸爸買一斤雞蛋
媽媽今天加班　不煮飯
爸爸晚上做蛋炒飯

下了樓
小魚　把銅板放進　裙子右邊的口袋
因為　這個口袋沒有破洞
然後　跟著影子貓　走在屋頂上……（陳致元，2001）

　　這段文字節錄自陳致元的圖畫書作品《小魚散步》（2001）。不同於一般圖畫書的敘述方式，它的文字呈現比較像詩，但是文字中還是擁有明確的故事線，透過文字讀者可以知道小魚沿途還學狗叫、撿到藍色的彈珠、帶起別人的眼鏡、最後順利買到雞蛋，然後回家吃蛋炒飯。不過內文的敘述方式，一下子是以小魚為第一人稱描述，一下子又變成旁觀者的第三人稱觀點，就像電影鏡頭隨著劇情需要，搭配不同角度取景；也像在網路上進行資料檢索，透過一筆筆看似不相干的訊息的重組，讀者自然能拼湊出最符合的文本意涵。

　　除此之外，以動物形象來諧擬真實的人物，如臺灣麥克出版改寫自馬克‧吐溫（Mark Twin）的《生死之謎》（2000），或者拼貼上亮片以製造形式差異的《和事佬彩虹魚》（2000），又或者以自由選取故事片段來建構新故事意義的《1001 說不完的故事》（2006）……這樣創造新意的現代式文本，運用拼貼、諧擬或解

構的後現代式作品，也不知不覺已存在讀者的閱讀範圍裡，養成新一代的閱讀習慣，這也是深受傳播機制改變的影響。現今研究圖畫書的人，不能只就既有的模式，而忽略了這部分可能性的探討。

　　再回過頭來看有關閱讀習慣的另一個問題。延續先前我曾提到自己班上學生的例子，六年級的孩子，如果在不加限制的情形下，讓他自行到圖書室挑選書籍借閱，挑的多是之前看過的或圖多字少的書籍。張子樟在 2007 年《文訊》雜誌〈圖像與文字孰輕孰重──中文文本繪本化的回顧〉一文中，也提出他的看法：

> 或許有人會樂觀地認為，這些小時候熱中閱讀繪本的孩子，將來長大後也會翻開原典，閱讀一番，沉迷其中，但這種想法令人質疑……
>
> 對初學者來說……借助繪本的朗讀方式，家長與師長可把孩子帶到文學殿堂大門前，但是否能放步邁入，一窺文學之美，有待觀察，但就學子的終身學習而言，繪本並非萬能，而且似乎稍嫌不足……
>
> 無字繪本……老師藉放聲朗讀的方式來介紹不同畫面呈現的故事，滿足了孩子的好奇心和求知慾，下一步當然得回到圖文並茂的有字繪本。但有字繪本依舊以圖為主，有限的文字只是擔任「旁白」角色，能否發揮多少學習功效有待檢視……
> 當然，我們也相信專家學者對於圖文並茂的繪本與純粹抽象文字的文本對腦部不同部位激發作用的說法……（張子樟，2007）

　　從這段文字中可以發現，張子樟認為一般圖畫書的階段性任務能否延續，尤其在幫助孩子養成閱讀習慣以跨越到更高層次的閱讀時，目前似乎沒有證據證明這兩者能直接相關。再者圖畫書

中的圖畫與文字，應該怎樣互相配合以達成更多的學習功效，也是應該思考的重點。此外，他也強調圖像與抽象文字會對腦部產生不同的刺激。總括來說，圖文搭配合宜（互相印證、互相詮釋、互相補充或互相排斥）以刺激腦部思考，增進學習功效，這些除了涉及圖畫書的製作問題，也關係到教學策略的應用。至於圖畫書閱讀是否能幫助純文字文學作品的閱讀，由於所涉及的讀者對象及文本類型，均不在本論述的討論範圍中，因此就先讓它存而不論。

　　針對教學部分，我以現行國小教科書中的課文為例，來說明圖畫如何在教學中被應用以增進學習效果。選定的版本為 2007 年南一版第八冊第四課課文：

蒲公英

　　蒲公英，一朵朵，
　　像金黃色的小太陽，
　　開在綠色的草原上。

　　蒲公英，小小的種子，
　　告別生長的故鄉，
　　乘著輕風去流浪。

　　飄哇飄，
　　像白色輕盈的羽毛，
　　在風中盡情的舞蹈。

　　飛呀飛，
　　像點燃的仙女棒，
　　閃著亮麗的光芒。

飄哇飄，飛呀飛，
轉動輕巧的螺旋槳，
尋找歇息的地方。

當溫暖的春天來訪，
高高低低的土地上，
彎彎曲曲的道路旁，
將會有朵朵的
黃花綻放，
像金黃色的小太陽，
開在綠色的草原上。（楊明純、黃郁仁、黃卿如、王春鳳、黃安志　責任編輯，2007：28-31）

　　乍看課文中兩跨頁的插圖，我馬上萌生一種莫名奇妙的感覺，奇怪！主角不是蒲公英嗎？為什麼還要畫出小朋友呢？小朋友會不會搶去蒲公英的光彩，而佔據其重要性呢……這些問題或許會很容易讓第一線讀者（也就是教學者）認為這張圖「不好」，進而忽略它存在的價值；不過我卻以為有這樣的疑惑是好的，因為那將可以使讀者在閱讀時停留較長的時間在畫面上，透過疑惑的辨析以從中獲取更多資訊，因而也更能體會畫中的涵義。

　　當人們在閱讀圖畫時，視覺上的第一眼印象會促使讀者從圖畫的線條、顏色、空間、紋理、色彩等構圖要素上著手，我稱之為「第一層次的圖像閱讀」。在這個階段，讀者還沒辦法清楚辨析圖像所要傳達的意義，只是針對構圖要素有了第一眼印象。好比說當我們在欣賞美食節目時，廚師將所需用的食材一一展現，縱使是這樣，在他下鍋完成最後成品之前，我們仍然不知道他要做出什麼菜色。

　　接著讀者會透過繪者的構圖與設計原則，進一步透析出畫面的整體效果，我稱之為「第二層次的圖像閱讀」。尤其當畫面中特別強調的、造型比較誇張強烈的，讀者會自然知道「那」就是主角或重點。而繪者對於人物與景物的安排、景深空間的佈局，也透過畫面的韻律與動態呈現出來。儘管如此，在這個階段讀者仍無法完全掌握圖像所要傳達的意義，就像之前提到的美食佳餚，隔著電視螢幕，就算它已經熱騰騰的呈現在眼前，我們依舊無法知道真正吃在嘴裡的感覺，究竟是酸？是甜？還是辣？於是「第三層次的圖像閱讀」就很重要，這個部分強調的是個人感受。想要知道食物的味道，最好的方法就是吃一口。這時候讀者可能會問自己（用在教學上，就是老師問學生）：這個東西為什麼在這裡？它跟別的有什麼不一樣？它還可能會代表什麼意義？與課文主題鏈結，想到了什麼……這些問題也間接指出一個在閱讀圖像時的重要觀點：感受會因人而異。吃東西時也是這樣，就像臭豆腐、麻辣鍋、香雞排……喜歡的人趨之若鶩，不喜歡的人避之唯恐不及，並沒有絕對的對錯，更不須要強迫別人接受自己的觀點。以這樣的觀點來欣賞繪畫，圖畫才能擁有更大的可能性。

　　這個地方我會特別提出三個圖像閱讀的層次，目的並不是說圖像的分析不重要，相反的教師如果能在教學之前，對於該文本提供的圖像進行仔細的分析，對教學的進行的確會有很大的幫助。縱使是在語文課程中使用，圖像也可以是引發創意、激起聯想的媒介，端看教師以怎樣開放性的角度去引導學生。當我們在面對一個文本對象時，會經歷描述、詮釋及評價三個歷程，而太早讓評價性質的話語出現（例如：這個畫的比例不對、構圖很差、動線不流暢……），都會因此阻斷彼此對該文本的感受。

　　以下便就本文中兩張圖所呈現出的視覺要素予以分析，而礙於版權尚未取得，只能將其中第一頁的圖稱為圖一，第二頁的圖稱為圖二。

　　從圖一的視覺要素講起。第一個映入眼簾的部分，是左邊比例明顯偏大的白色蒲公英，而且繪者採用實物入畫的技巧，將真實的蒲公英以電腦繪圖的方式，與手繪圖案融合在一起，應該也是為了凸顯它在整個畫面中的特殊性及重要性。此外這朵白色蒲公英的旁邊，還伴著一朵手工繪製的黃花，比例上來說雖然較前者小，但是在色彩、造型均不相同的情況下，也可以幫助讀者區分蒲公英不同時期的樣子。

　　再順著視線右移，可以看到一朵造型上比較奇特的蒲公英，只剩下兩、三支細小的種子還附著在上頭；視線再往上帶，順著蒲公英種子飛行的動線，配合兩個連跑帶跳的小朋友，將整張圖的動線順利帶向下一頁（圖二）。

　　圖二比圖一在色彩上更豐富，而且物件的種類也較多，例如樹、小鳥、房子這些圖一沒有的東西；並且使用許多圓弧曲線，應該是為了使畫面更為溫暖、友善。就動線上而言，小朋友的姿態、眼睛觀看的方向，以及小狗的動作，引導讀者發現並將視線停留在黃花上，然後遍及滿地的花。與圖一中的黃花在處理手法上不同，這裡採用電腦繪圖的方法，將蒲公英黃花的真實形象融入手繪圖片之中。

　　從圖一到圖二整體觀看，讀者可以很明顯發現色調上的差異，圖一用色上多為綠色比較單純，而圖二卻在原本的綠色中加入對比色紅色的成分，以及較多的黃色，使得整個畫面變得更為活潑、熱鬧。當我從圖一翻頁到圖二時，就可以明顯感受到畫面中呈現情緒的不同，應該也是暗指著蒲公英成長過程中心情的變化。

　　這裡還有一個有趣的部分，小朋友為什麼要出現在圖畫中呢？如果與文字文本作對照，文字中並沒有描寫任何小朋友的存在。難道只是繪者的繪圖習慣，加上一些人物好讓畫面看起來比較豐富而已嗎？如果站在這樣的角度看，的確會覺得那些人物搶了主角蒲公英的丰采。

　　但若從另一個角度想想，一朵朵的蒲公英黃花孕育著尚未成熟的種子，就像爸爸媽媽對孩子的呵護一樣。有一天，種子成熟了，到了它該展翅飛翔的時候，有些勇於嘗試的種子，順著風就飛走了，開始展開它的驚奇冒險旅程；不過卻有些種子害怕面對改變，死命的緊抓著不放。這樣的情形，跟一個小朋友的成長過程是不是也有某程度上的契合呢？彩虹兒童文化 2004 年出版的《1.2.3 飛吧！》也是就這個角度的蒲公英成長歷程，來讓小朋友進行生命成長的探索。

　　類似這樣的圖文關係，就是我先前所提到的「互補模式」。透過圖畫的呈現，將文字中「可能」蘊含而未明確說出的其他意涵表現出來。這裡之所以要將「可能」兩字特別以引號標出，是因為之前我曾闡述過，面對各類文本，讀者的解讀都可能會有因人而異的情形。因此在本段論述中，也只是就我個人對文字的詮釋以發現其中的意涵，至於是不是完全符合作者原來的意思，也不是那麼重要。這其中或許有我個人過度解讀的可能性，也或許會產生與他人認知解讀上的差異，無論如何，那都不影響文本原本就該不斷「延異」的特性。

　　總結來說，圖畫書在傳播機制上已有明顯的改變，讀者對文本表意的需求與接受，也已展開全新的面向。而在教學上，重新思考圖文互相搭配的關係，才能讓「圖畫」在書中更有自己的地位。

第四節　文化產製理念的突破

　　延續前一節中有關圖畫書「傳播」方式的論述，這一節中，我還要就「生產製作」的部分再深入探討，幫助讀者更加了解圖畫書的製作（創作與傳播）在整個消費型態中佔有的地位。所以會將本節定名為「文化產製理念的突破」，是因為我也將圖畫書視為一種文化產業。

　　在談論文化產業之前，要先認識什麼是「文化」？英文「文化」（culture）一詞最原始的意義是指「土地的耕作」，到了十六世紀，才變成「心智的培育」，例如指稱一個精於文藝、有教養的人會用「cultured 或 cultivated」來形容。到了十九世紀初，「文化」有了更廣的意義，用來描述人類文明整體心智能力與精神的發展，甚至包括了人類社會全部的生活方式。在大衛·索羅斯比（David Throsby）的《文化經濟學》（Economics and Culture）一書中，對「文化」下了兩個定義：

> 第一個定義是在人類學及社會學架構下經常用到的，即是用來描述任何群體（group）所共有的態度、信仰、習慣、風俗、價值、規範等……其應具備下列具體形式：符號、象徵、文字、語言、產品、成文與不成文的傳統，及其他形式……

> 第二個定義是比較實用導向的，它標示著人類從事的某種活動，而這些活動的產物與人類生活的知識、道德與藝術層面有關……如此在用法上，「文化」一詞像是形容詞，而非名詞，例如「文化商品」、「文化機構」、「文化產業」或是「文化部門」。（大衛·索羅斯比，2003：5-6）

　　依循上述兩個對「文化」的詮釋，若從「圖畫書」的角度解讀，我們可以將圖文的表現內涵視為第一定義的指涉範圍，即創作者與接受者的生活態度、信仰、規範、價值觀等認知，透過圖畫書為媒介互相傳遞、激盪；而有關圖畫書相關知識、道德、藝術層面的活動，例如創作、傳播、消費等行為，則為第二意義的範圍。這樣也可以說明我將圖畫書視為「文化產業」的合理性。

　　文化評論家南方朔在《文化經濟學》的序言中對「文化產業」這樣闡述：這個概念首先出現在阿多諾（Theodor W. Adorno）及霍克海默（Max Horkheimer）的《啟蒙的辯證》（1947）中，原先是用來指稱文化借著生產消費而成為一種意識形態宰制的工具，被當成一種否定性的概念使用。不過，經過半個世紀的演變，它的批判性已經一層層被剝除，到了今日，「文化產業」不但是一個主流概念，甚至還是多數國家追求經濟發展的目標及策略。（大衛‧索羅斯比，2003：iii）

　　因此，進一步要了解「文化價值」該如何決定呢？英國文化部秘書長 Tessa Jowell 在其文章〈政府與文化價值〉（Government and the Value of Culture）中談論到：

> 某些藝術活動被迫以一切代價去刺激票房，因而失去了某些向上提升的整體特徵。在此同時雖然有過人才華的藝術家仍然能展現其優秀與創新的特質，但可欣賞性與卓越性的分歧卻愈加嚴重。精緻藝術變得與觀眾更不可親近……（何康國，2005：40）

　　就作者原文的原意，這段文字雖然是針對「教育」在藝術活動中所扮演的角色加以批判，卻不免讓我聯想到價值層面的問題。以現階段藝術消費市場而言，在「全球化」的影響下，國外

進口或作者為外國人的圖畫書作品，似乎更能促使讀者掏出荷包
（其他類的藝術形式也是，例如國外的交響樂團就比國內的交響
樂團吸引觀眾）。有一種可能當然是這一類的作品比較有「新意」，
無論用在刺激讀者思考，或者純粹欣賞上，都比我們所熟悉的題
材更具吸引力。而為了迎合市場上的需求，往往也使得創作者先
考慮讀者的口味，更勝於純藝術的表現，所謂「拿人錢財，唯人
是從」，這樣的考量是否因此造成品質的下降，值得深思。

　　在劉瑋婷的〈臺灣兒童圖畫書出版業之困境與願景：從插畫
創作者之角度檢視〉一文中還提及消費市場偏向外文譯介書籍的
另一個可能性，她指出目前臺灣圖畫書市場狹小導致自製圖畫書
風險太高，出版社不得不引進外國圖畫書作為銷售主力，因此又
更加減低了國內自製圖畫書的可能性，這樣的問題在現有的消費
市場中，也只能像滾雪球一樣的越滾越大。不過，在本土作品消
費市場窄小、政府又缺乏具體有效的政策之時，她還是對插畫家
有如下的建議：「不斷提升專業知識技能與態度，發揚個人與文化
的獨特性，以及建立經紀人制度。」（劉瑋婷，2007）從這三項具
體的建議中，仍然可以發現創作時應以提升個人專業為最主要考
量，也就是身為圖畫書的創作者，都必須先思考一個問題：我究
竟能給讀者什麼？

　　我先前有個機會，聆聽一場由東方出版社舉辦的少年小說講
座。主講人李黨也不諱言，現在的消費市場是由讀者需求決定一
切的，如果新書上架一個月，在銷售量上沒有很好的成績，那它
可能面臨被下架的命運。因此出版社在與創作者簽約的同時，除
了需要考量該作品本身的價值外，還得視讀者喜好、創作者魅力、
創作者後續發展力等諸多方面加以考量。就拿 J.K.羅琳（J.K.

Rowling）來說，當初誰也沒想到她的《哈利波特》（Harry Potter）系列小說會賣得這麼好，她在推出該系列的第一本作品時，還曾被許多出版社拒絕，後來才由一間小出版社勉強答應出版，結果竟然一炮而紅，一夕之間就成了世界上最有錢的女人之一。不過也不是所有作品都有這麼好的際遇，畢竟銷售量是很現實的。

　　所幸，主講人在提及圖畫書與小說類作品的差異時，特別也針對「消費對象」不同的觀點加以說明，指出圖畫書一般都是家長買給小孩看，或是有經濟能力的成人買來自己閱讀的，加上圖畫書使用上比起其他文類，更容易被賦予教育意義而加以推廣，因此它的市場需求反應不會那麼立即顯現，有時甚至要過上一年半載才能看出差異，與其他書籍相較，有更多的時間等待被讀者發掘。不過儘管這樣，圖畫書的創作者還是得面對銷售成績的壓力，並為自己日後的工作留後路，因此在面對消費者的需求及出版者的壓力下，要能將自己獨特的「美感嗅覺」展現出來，的確不太容易。

　　這裡其實也點出在圖畫書產業生態中，彼此互相牽制、影響（正向影響及負向影響）之間的關係，其中包含了創作者、傳播者以及消費者（教學者、接收者），以及這三者之間附帶的產業，如：創作者經理人、創作媒材製造與銷售商、印刷業、傳播媒體、書店、藝術教育等與圖畫書相關的各項活動。

　　所謂的正向影響，以圖畫書為例，如果圖畫書的創作者，能努力的提升創作水準，使讀者在知識、能力上也獲得刺激，自然可以增加消費人口；而當消費大眾的鑑賞能力提高，也可以進一步要求創作者提供精緻的作品，無形中促使了創作的專業化。加上傳播者所扮演橋樑角色，將創作者的心血順利帶給消費者，也

將消費者的回饋反映給創作者，促使擴大消費市場機制。創作者沒有銷售壓力的負擔、消費者願意花費以閱讀更好的作品、傳播者也從中獲取足夠的利潤……在這個循環底下的圖畫書產業會蒸蒸日上；相反的，當創作者受到限制、讀者不願消費，縱使傳播者再傾全力，也無法將作品推銷出去。我援引何康國的「交響樂團產業示意圖」（何康國，2005：39、76）加以修改，以底下的「圖畫書產業示意圖」來說明，粗實線部分是圖畫書產業的現況，虛線則是它發展的前景：

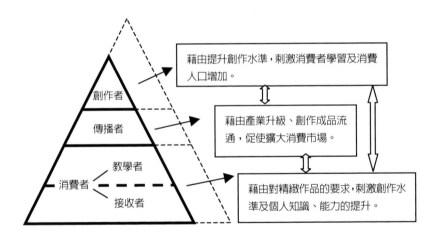

圖 3-4-1　**圖畫書產業示意圖**

　　基於上述觀點，金字塔頂端的創作者，還是整個圖畫書產業中最重要的核心人物。我很喜歡約翰・羅斯金（John Ruskin）的一段話：

　　很抱歉我必須這麼說：不論你給藝術家多少酬勞，他們永遠都會嫉妒別的藝術家；若想刺激他們努力創作，相信我，這世界

上沒有一件好的藝術作品是因為金錢而生，而任何關於金錢的
些微想法也不會影響畫家的腦袋。當藝術家創作時，一但想到
任何關於錢的東西，就會削弱他的創造力。（大衛‧索羅斯比，
2003：117）

　　這段話說得很直接，也讓我想到自己很喜歡的一位藝術家──
印象派畫家文生‧梵谷（Vincent van Gogh，1853-1890）。梵谷生
於布拉邦省（Brabant）的小鎮赫崙桑得（Groot -Zundert），從小深
受父親的影響，也深受法國藝術氣息薰陶。有人形容梵谷是一位
悲劇性的畫家，他曾在畫廊做事，當過傳教士、也到藝術學校學
畫，但都因志趣不投就離開。年輕的他充滿對生命的熱愛與理想。
他也發現繪畫最能表現自己的想法，因此奮發向上，感情豐富、
敏銳是梵谷創作的原動力，不過這卻也讓他精神衝動，導致後來
在精神方面出現嚴重的問題。
　　本著他曾傳教、熱心助人的情懷，就算在自己窮途潦倒的時
候，他還是盡力幫助比他更落魄的人，也收留了當時帶著孩子、
無家可歸的妓女；不過這些被他幫助的人，似乎都沒能給他太多
安慰，妓女甚至一有機會就將梵谷唯一僅剩的顏料變賣，然後搬
空他的住處離去。就在好友離開（當時與畫家高更起了誤會，高
更因此搬離梵谷住處）、被親人背叛（他視妓女為親人）等諸多
壓力的煩擾下，梵谷還因此割下自己的左耳，似乎也宣告他的精
神狀況真的出現問題了。
　　梵谷的作品最被人稱道的，就是他對於光線與顏色的處理。
由於他的筆觸相當的重，因此也常常在畫布上留下一層厚厚的顏
料，透露出作品厚重、樸質的質感。在短短的十年內，他的創作
透過大膽的用色、粗獷的筆觸以及精神上憤怒的情緒，造成了風

潮。但是他一生卻從來沒因為他的作品而致富，傳說他唯一賣出
的一幅畫，還是弟弟假借別人的名義出錢買的。西元 1888 年，梵
谷搬到亞耳城（Arles）以後，藉著作畫來紓解他內心的矛盾，以
平衡他在真實生活中所遭受到的挫折，此時的畫作產量也漸漸增
多。梵谷在畫了〈麥田群鴉〉後不久，就舉槍結束自己的生命。
畫中充滿恐怖與不祥，亮麗的麥田隨風搖擺，描寫生命奔騰、狂
歡，深藍的天空和亂飛的烏鴉，描寫生命的終極，似乎在訴說誰
也逃不過人間的煉獄。梵谷死於 1890 年，享年只有 37 歲。（何恭
上主編，2001）

　　在他給弟弟的信中這樣說：

> 雖然我們不覺得我就要死亡，可是卻能體會一種真理，人類實
> 在微不足道，為了在藝術領域佔有一席之地，我正付出高額的
> 代價——健康、青春……而到最後，我一無所有。（何恭上主
> 編，2001：269）

　　他的畫作是在死後很久才被世人所重視。　很難想像 1903 年
時，梵谷的作品在布雷達市場（Breda Market）一幅只能賣到 5 分
到 10 分錢；但是現在這些畫卻是以數百萬元計的。

　　我舉了梵谷的例子，並不是說創作者一定得站在精神崩裂的
邊緣、如痴如醉的沉醉在自己的作品中，而是當自己有機會成為
「訊息的提供者」時，除了自身的利益之外，應該還有更重要的
使命。本論述中也不斷提示有關圖畫書成品（文字與圖畫）、圖畫
書製作（創作與傳播）及圖畫書接收（接受者與教學者）方面的
問題，無非是想提醒創作者、傳播者及消費者，思考如何在個人
創作理念、啟發讀者認知及刺激市場需求之間取得平衡（創作

者)；協助傳遞市場訊息、建立創作者及讀者間溝通機制(傳播者)；以及提升本身鑑賞能力、要求更精緻的閱讀作品(消費者)。

　　總結上述各章節，在圖畫書這個領域中，針對圖、文轉換互計間的研究，相關的課題包含了創作觀念上的更新、閱讀習慣上的改變、傳播及教學水準的提升，以及文化產業理念的突破，在本章中均已論述。而對圖畫書創作及圖文轉換的相關文獻進行檢視、探討後，我發現在圖、文互計的關係模式上，除了既有較為熟悉的「互證模式」(相互印證)、「互釋模式」(相互詮釋)之外，創作時應該還可增添上「互補模式」(互相補充)與「互斥模式」(互相排斥)，以補圖文二者互計可能性上的不足，使圖畫書更具可閱讀性。以下便自第四章到第七章分項論述，並於第八章中針對四種模式間的關係作圖解及價值評估。

第四章　互證模式的圖文關係

第一節　概說

　　所謂「互證」,就是「相互印證」,這是就圖、文二者印證關係的程度來分辨。從圖的角度來說,此一模式是站在「寫實」的觀點,以畫出「對象」為依歸,本章中依二者相互印證的程度不同分為高度互證、中度互證及低度互證。這裡既然涉及「寫實」與「對象」之間的關係,就必須先將探討的焦點轉向各文化系統間對「寫實」認知的差異比對,以方便以下各節論述。因此本節概說中,首先要談論三大文化系統(創造觀型文化／氣化觀型文化／緣起觀型文化)間的差異問題;之後再將焦點轉回相互印證的圖文關係中加以解說。

　　創造觀型文化,大體而言是指信仰上帝的西方世界,它的相關知識的建構,源自於相信宇宙中有一個至高無上的主宰支配著大家,而這個至高的地方,也就是眾人期待有一天能夠回歸的天國,因此大家汲汲營營的都響往著這個目標努力。氣化觀型文化,則以受中國儒、道思想所影響的東方世界為主,它的相關知識的建構,源自於相信宇宙萬物自然氣化而成,是自然而然形成的,因此當人在其中便會出現「資質」上的差異,不必刻意強求。緣起觀型文化,以印度佛教為主,它的相關知識的建構,源自於相

信宇宙萬物為因緣和合而成，了解因緣和合道理不受限於「它」（泛指宇宙萬事、萬物），解脫而就地成佛。（周慶華，2007b：185）

　　就是因為有這樣文化背景上的差異，從西方的科學、文學等各方面的表現中，便能夠嗅出他們始終精益求精、不斷創新的味道。西洋藝術史中，早期的美術作品主要在為教會服務，大多以宗教故事為題材，目的在榮耀上帝。十五、十六世紀間，歐洲發生了拜占庭帝國沒落、土耳其人征服歐洲東南部國家、西班牙及英國的海外殖民等幾件大事，使得人們開始正視自己的存在，不單以神的宗教思想為基準，因而發展出「文藝復興」。此一時期的典型作品，可以舉米開朗基羅在西斯汀教堂（La Cappella Sistina）的壁畫〈最後審判〉為例。張心龍在其《從名畫了解藝術史》一書中對這件作品如此解釋：

> 我們從〈最後審判〉中可看出這種孤絕惶恐的情緒，畫中的人像被他們的罪惡拖向絕望無緣的境地，上帝憤怒地譴責世人，而在上帝腳下的一位使徒手裡握著一張剝下來的人皮，代表向神贖罪的殉道者。這張人皮的臉還可以辨認出就是米開朗基羅自己，這種冷酷悲慘的描繪正顯示出畫家本人的罪惡感。（張心龍，2000：61）

　　由此可以看出，即便是在思想自己的同時，上帝這個至高的力量依然支配著他的子民，人們仍舊惶恐自己會向上提升或向下沉淪的問題。及至「巴洛克藝術」（以誇張的肢體造形，強烈刺激觀眾感情反應）、「浪漫古典主義」（強調復古、回歸古希臘羅馬時期的激昂壯烈，又企圖回歸自由、紛爭、愛情和權力）、「寫實主義」（對民主渴求、爭取個人自由，轉而以自然實物為描繪對向）、

「印象派」（以客觀、科學的精神來記錄自然和人類的生活形式）、「象徵主義」（為理念披上感性的外衣，以暗示象徵的手法，建立神秘、富想像力的幻想世界）、「野獸派」（尋求色彩及造型上的大膽解放）、「表現主義」（透過繪畫強調人物極度神經質的敏銳特性）、「立體派」（打破傳統透視、空間、構圖的法則）、「構成主義」（以抽象甚至平面的幾何，取代體積、深度、空間等的表達）、「超現實主義」（透過夢魘、幻想來表達潛意識）……若從寫實的觀點觀看，西方世界這一波又一波的創新中，不難看出藝術家尋求自我表現，「像」就要非常像，「特殊」就要極盡所能的凸出，企圖媲美造物主、在人與上帝間拉鋸抗衡。

　　另一方面，東方受氣化觀型文化的影響，對於萬事萬物則是朝向能者多勞、諧和自然的方向籌劃，藝術表現上也是如此，從中國歷代的畫論中可以看出。在葛路的《中國古代繪畫理論發展史》一書中，提出春秋兩漢時期美術理論的共同之處為「諸子論美術」，這當中有兩個特點，其一評論者不是專門的美術家，大部分是哲學家；其二諸子的論述本意都不在美術本身，而是以美術為例子說明他的學說或觀點。例如《左傳》的「使民知神奸論」，就是透過鑄鼎象物教育人們區別善惡。又如孔子在《論語・鄉黨》中說「紅紫不以為褻服」，紅色、紫色是官服的顏色，必須嚴格區別。因此畫史上也記載，明初戴進想入宮廷畫院，他畫了一個穿著紅衣的漁夫，就有人評論說紅色的官服怎能穿在漁人身上？一句話就將他否定了，終其一生進不了畫院。及至魏晉南北朝王延壽的〈魯靈光殿賦〉從殿內壁畫中的人物畫內容得出「惡以誡世，善以示後」、唐五代曹植的《中國畫論類編》的見解「存乎鑒戒者圖畫也」，都明顯是出於孔子的儒家思想。（葛路，1987）此外，

崇尚自然的道家，本意在反對五音、五色的藝術創作，但這種不受世俗理法束縛的思想卻道出藝術創作的特殊性，就是藝術家創作時應有的精神狀態──任自然。

　　由此可知，中國傳統繪畫所要傳達的目的不在「畫」本身，而是畫所內含的文人氣質，以及客觀現象的內在精神本質；或者是「將無項，女無肩」、「坐看五，立量七」等的標準比例原則；又或者「氣韻生動，骨法用筆，應物象形，隨類賦彩，經營位置，傳移摹寫」的鑑賞品評準則。要求作品中的「神似」更重於「形似」，因此也才會有歐陽修的「得意忘形」，蘇軾的「觀士人畫，如閱天下馬，取其意氣所到」，都是這種觀點。如果從寫實的觀點來看，強調的就不是外形上的像，而是韻味、神情上的似。（葛路，1987；郭因，1987）這一類以國畫畫法為主要表現型式的圖畫書，可以參見林海音的《寓言（一）》（2001）、《寓言（二）》（2001）、《寓言（三）》（2001）、《寓言（四）》（2001）、管家琪的《傳說（一）》（2001）、《傳說（二）》（2001）、《傳說（三）》（2001）、《傳說（四）》（2001）、薇薇夫人的《神話（一）》（2001）、《神話（二）》（2001）、《神話（三）》（2001）、《神話（四）》（2001）。

　　另外，相較於西方創造觀型文化對於各學科的影響，跟氣化觀型文化相鄰的緣起觀型文化，在乎的是「因緣」對所有事物的決定性力量，因此就不會將重心放在塵世的福分，或者費心經營人間的網絡。（周慶華，2007b：187）不過再仔細比較，緣起觀型文化更是為超脫萬事萬物之上，強調絕對境界的解脫，也就沒有「像」與「不像」的分別。因此在藝術表現上，以印度為主的佛教文化，從古至今都沒有什麼明顯差異。

　　針對三大文化系統對「寫實」的差異，可以引底下這段話統攝：

在這裡，世界現存三大文化系統所原有各自的「寫實」（模象）
表現，名稱雖然相同，內涵卻互有「質別」。換句話說，創造
觀型文化中的寫實主要是在模寫人／神衝突的形象的「敘事寫
實」；氣化觀型文化中的寫實主要是在模寫內感外應的形象的
「抒情寫實」；緣起觀型文化中的寫實主要是在模寫種種逆緣
起的形象的「解離寫實」。（周慶華，2007c：124-125）

　　綜合上面的論述，我將三大文化系統對於「寫實」認知上的
差異，是為了用來說明兩個面向的問題，以及彼此間相互影響的
關係。首先，以印度佛教為主的緣起觀型文化系統，因為受不戀
棧今世的解脫觀影響，加上圖畫書成品在目前消費市場上的能見
度不高，這一部分的「圖像」表現，對圖畫書創作並不會產生太
大影響，因此在本章論述中，尤其在畫「像」的程度上，不特別
針對它提出見解；不過在第七章中的「互斥模式」，還是會將此一
觀點引入，以說明有關「禪宗式互斥」的相關論述。其次，以現
有在臺灣市面上可以看到的圖畫書中的「圖像」而言，純粹就「中
國傳統」繪畫表現形式繪製的，比例上來講偏低，綜合之前的論
述，可以得出幾個理由：一方面，以中國傳統氣化觀型文化的創
作觀點而言，臺灣本土的創作仍然處於「內感外應」的抒情模象
寫實形式，無法與西方作品的強烈吸引力相較，加上國內創作圖
畫書的人口比例偏低，沒有進一步創新變革的結果，使得本土圖
畫書產業在圖畫書市場中的需求被擠壓；另一方面，臺灣圖畫書
引進的時間約在二次世界大戰後，而且早期還以國外譯介作品為
主，這也使圖畫書產業深受西方文化的影響。所幸，在我的研究
中發現，氣化觀型文化底下的創作成品（特指臺灣），在深受西化
的影響的同時，表現出來的多是形式上的類似，例如圖畫書的精

裝本樣式、色彩套印製版的技術等等，而在實際內容（文字／圖
像）的呈現上，與西方創造觀型文化系統中所創作的成品，還是
有實質上的差異。

　　事實上本論述中透過對圖畫書圖文關係的探索，也是要發現
既有成品中的問題，進一步解決問題，以對讀者傳授相關的知識
取向的經驗、規範取向的經驗及審美取向的經驗。而這其中所涉
及到的「知識」著重在「產生新知識」上；「規範」則屬於「昇華
道德」的層次；「審美」則在於「深化美感」。因此圖畫如何在圖
畫書中被運用以製造更大的差異、激發更多的創意，應是所有圖
畫書創作者、教學者及讀者共同追求的目標。我個人也認為視覺
的觸感是很細膩的，我將視覺的對象視為一項可以被觸摸的物
件，仔細思索圖畫書中的圖文關係，它可以「觸摸」大腦、刺激
大腦，鏈結舊經驗，判斷是非善惡，還可以感動人心，這一點其
實也同時透露出臺灣圖畫書的轉機，如果我們能針對東方傳統繪
畫特色這部分加以運用發揮，或者也可以為臺灣圖畫書市場帶來
新氣象。

　　行文至此，再將焦點帶回「互證模式」本身加以論述。本節
概說一開始，我便以「圖、文相互印證的程度」來解釋「互證模
式」代表的意義。在圖文互計的關係中，有一個最明顯的判斷方
式，就是圖畫與文字的扣合程度。換句話說，就是檢視圖畫是否
將文字中所提到的「元素」表現出來？當圖畫將越多元素以直接
或間接方式呈現出來時，我就稱它為高度互證；反之，則稱為低
度互證；而介於二者（高度及低度）間的模糊地帶，則屬於中度
互證的範圍。底下我將以〈國王的新衣〉這個故事為文字文本故
事線，再透過我所繪製的圖，來說明所謂圖、文二者相互印證的

程度。左方欄位是這個故事的五個分鏡鏡頭，以（一）、（二）、（三）……表示出場的順序先後，在圖示上我以實線標示圖畫中直接畫出的故事元素，虛線則表示圖畫中以間接或暗示方式呈現的故事元素，並配合右邊欄位的畫者詮釋，期望透過這樣的說明，幫助讀者了解互證模式中各個不同程度間的相互關係及差異。這個故事的內容是參考原著後加以簡化改寫，先將故事的文字文本敲定，再根據故事中所展現的情節畫面繪製成圖，創作方式屬於「先文而圖」。

分鏡鏡頭	畫者詮釋
 圖 4-1-1 互證模式版的國王的新衣（一）	在這張圖裡，我採用了幾條水平線及接近垂直、穩重的國王，讓畫面呈現靜止的狀態，就情緒而言，傾向於平靜無起伏。刻意讓國王的臉背向觀眾，由讀者自行想像他的表情；另一方面從心理學的角度，他所看向的方向，還隱含著他心中的渴望，因為在他所在的這邊空間裡，沒有符合他需求的對象。身上的衣服仿照中世紀歐洲帝王的長袍，上頭沒有明顯的裝飾，也是用來暗示這些衣服都沒辦法滿足他。

消息傳出去後，有兩個騙子來到城裡。他們自詡，自己能織出最華麗的布料，縫出最美麗的衣服。而且不聰明的人根本看不到這層特別的衣服。

圖4-1-2 互證模式版的國王的新衣（二）

這兩個人朝向圖（一）中的國王九十度角成鞠躬的姿勢，明顯誇張的動作，是為了凸顯他們騙子的身分，以及他們天花亂墜的胡說功力，隱喻著「他們自詡，自己能織出最華麗的布料，縫出最美麗的衣服」這段文字的涵義。後方高低起伏的建築，與圖（一）中水平、垂直的構圖形成對比，暗示著故事即將要有不同的發展。

國王心動了，便出了一大筆錢，請兩個騙子來皇宮製作衣服。兩個騙子每天都裝模作樣的工作，其實織布機上什麼都沒有。國王派了他忠實的老臣去看看新衣的進度。老臣只見空空的織布機，其他一無所有，但他又不想被笑不聰明的人，於是他說：「美極了！」

圖4-1-3 互證模式版的國王的新衣（三）

這段文字中有幾個主角及動作，首先國王（心動了），其次兩個騙子（什麼事都沒做），再其次老臣（不想被笑不聰明，所以說：「美極了！」）。我在圖畫中沒有將國王這個角色畫出，因為以下兩個人的動作就已經明示了國王心動的部分，這部分的文字說明，在圖像上屬於不重要的元素。至於騙子及老臣，我沒有安排他們做任何動作，只是以眼神暗示他們心裡的想法。門後兩個騙子看著老臣驚訝的神情而偷笑，老臣偷偷看向後方，彷彿在偵查有沒有人窺視他，這些都是我用來暗示、刻畫人物心理的方式。我也企圖以這樣的手法，貫穿整段文字的說明，以達到高度互證的效果。

圖 4-1-4　互證模式版的國王的新衣（四）

這段文字中，其實包含了不同兩個時空的故事發展，其一是在皇宮中國王看不見美麗的衣服，仍然讓騙子幫他穿上；其二是國王到大街上遊行。因此在繪圖時，我有幾個考慮方向：（一）表現第一或第二部分；（二）兩個部分在同一個畫中呈現；（三）表現第三部分（畫出不在文字說明中的元素）。基於用來引出下一張圖的考量，我選擇第一種可能，只畫出國王穿著「透明衣」的樣子，以及在一旁奉承的臣子。

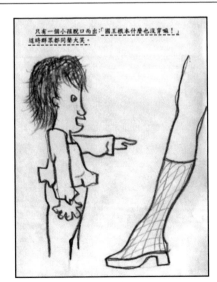

圖 4-1-5　互證模式版的國王的新衣（五）

如果就故事情節的開展來說，這一段文字就是整個故事的高潮點。圖中我以一個小孩指著一隻腿，來說明國王沒穿衣服的事實。如果讀者注意，會發現這隻腿在圖四中已經出現過，是國王身體的局部，在這裡又出現來暗示國王真的只穿著鞋子，而群眾的大笑就停留在讀者的想像中。這是一種以局部帶出整體的手法。

　　從我對「互證模式」的界定，透過「圖畫與文字扣合」這項指標的檢視，基本上這五張圖都是屬於「互證模式」。好比說文字當中提到「國王」，圖畫就畫了一位「國王」；文字中提到「有兩個騙子來到城裡」，便畫出兩個彎腰九十度大鞠躬的人。雖然文字中並沒有針對騙子提到他們的動作，不過透過這樣的畫面暗示，讀者還是可以很明顯的與「他們自誇……」這段文字鏈結，並且從誇張的動作裡，嗅出「騙子」的意味。繪者盡力將文字中所提及的對象，以各項分述或綜合說明的方式，呈現在圖像當中，就是典型的互證模式。而圖畫中出現越多文字沒有直接說出的元素，這種方式又會帶出圖文關係中的其他模式，就如同先前所提到的，當我在繪製圖（四）這張圖時，有幾個思考方向：單獨表現國王正在穿看不見的衣服，或國王上街遊行的畫面；或者兩個部分在同一個畫中同時呈現；又或者我還可以表現第三部分，例如：竊竊私語的宮女（互釋）、帶著大批珠寶離開的騙子（互補）、心中極度恐懼的國王（互補）、穿著華麗大衣走在遊行隊伍中的國王（互斥），也就是畫出不在文字說明中的元素，如果以上述這幾種互證模式之外的其他模式來表現圖像，那便可是為互釋模式、互補模式或互斥模式，這也是各個模式間相互過渡、交集的部分，在以下各章節中再作說明。

　　總結來說，畫圖的人透過對文字的解讀，在圖畫呈現的同時多少都會加入個人的詮釋，這是為什麼當我們在閱讀一本圖畫書時，不能只以單一標準，就「像」或「不像」來論斷圖畫的成功與否。例如先前所提及不同文化系統的差異，創造觀型文化（寫實）影響下，使得繪者以凸顯人物特質、個性為主；而氣化觀型文化（表意）下重視情節鋪陳的表現，寫其「意」勝過描其「形」，二者間沒有絕對的好壞，端看讀者如何看待以及再詮釋。此外，因為繪圖者個人的詮釋，也使得他在圖像創作的表現上會有不同

派別、類型的差異，基本上就算是同一本圖畫書作品，都無法將它其中的每一頁完全歸類在某一種模式之中。透過我所繪製的〈國王的新衣〉，由不同互證程度所帶出的整體及局部／具體及抽象的概念，還可以用光譜儀來表示每一張圖所在的位置。

就寫實的程度而言：

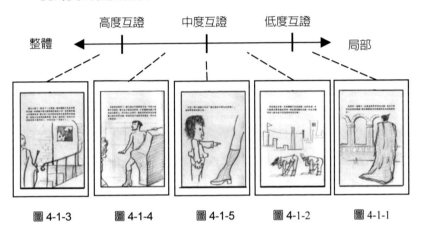

就表意的程度而言：

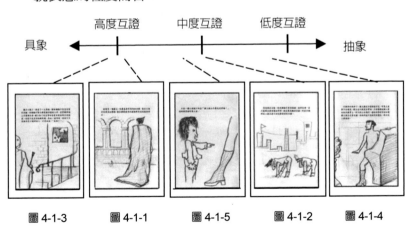

　　從上面圖示「就寫實的程度而言」的角度來看，即便是屬於「互證」的作品，也不太需要從第一頁至最後一頁都是高度互證，這是用來說明我區分不同印證程度的目的，不在於將圖文關係作明確分類，而是點出圖文互計關係所能有的可能性。因此，以下第二節至第四節的論述中，我將舉例以為輔助來說明三種印證程度，為了方便論述及使讀者更加了解不同印證程度間的差異及作用，有時也會以單幅作品為例。

第二節　高度互證：絕配

　　接續前一節概說中所提及有關不同文化系統的描述，大體而言創造觀型文化是指以信仰上帝為主的西方世界，寫實觀點屬於「敘事寫實」（寫實）；氣化觀型文化則以東方世界為主，受中國儒、道思想所影響，寫實觀點在「抒情寫實」（表意）。這也顯示了中西方在藝術表現上的差異，西方向來重視人物性格、心理特徵的刻畫；而東方的作品則著重整體的感覺，相對的作品中的角色特性顯得較為模糊。這可以從文學作品中看出：

致羞怯的情人　安德魯‧馬維爾（Andrew Marvell）

……

我會用一百年的時間讚美

你的眼睛，凝視你的額眉；

花兩百年愛慕你的每個乳房，

三萬年才讚賞完其他的地方；

每個部位至少花上一個世代，

在最後一世代才把你的心秀出來。

因為，小姐，你值得這樣的禮遇，

我也不願用更低的格調愛你……（節錄自陳黎、張芬齡譯著，
2005：93）

月夜　杜甫

今夜鄜州月，

閨中只獨看。

遙憐小兒女，

未解憶長安。

香霧雲鬟濕，

清輝玉臂寒。

何時倚虛幌，雙照淚痕乾。（清盛祖編，1974：1304）

　　馬維爾為了表達自己對情人的愛意，用一百年、兩百年甚至三萬年這種誇張的時間，來讚美他的情人，情感明確、強烈且大膽。而杜甫在想念家人的時候，卻不直接說出自己的想法，反而將情景描寫成家人在想念他，使得作品傳達出婉約的情感。二者的表現手法不同，卻同樣讓人感動。

　　除此之外，在凱特·狄卡密歐（Kate DiCamillo）的圖像小說《愛德華的神奇旅行》（2007）一書中，劉清彥以「重視角色的真實性情，在創作中與故事的主角對話，仔細聆聽角色內在的聲音，把潛藏在內的情感、思維全掏出來，角色因此鮮活，故事也格外動人」（凱特·狄卡密歐，2007）這樣的文字，讚賞作者將角色特質以文字呈現的功力，當然書中還搭配貝格朗·伊巴圖林（Bagram Ibatoulline）所繪製

的細緻插圖，使主角愛德華的人物特質更為生動。相較於這一類西方作品的表現手法，東方（臺灣）的作品則朝另一個不同的方向發展。

　　信誼基金會於 2006 年，從已絕版的《中華幼兒童書》中精選五本重新編排、印製、再出版，分別是：《小紅鞋》（2006）、《你會我也會》（2006）、《太平年》（2006）、《顛倒歌》（2006）以及《小蝌蚪找媽媽》（2006），並且有機會訪問這些擁有三十多年書齡的圖畫書的原作者及繪者，其中趙國宗針對自己在《小紅鞋》及《你會我也會》兩本書中使用的蠟染技巧作了這樣的說明：

> 「冰紋」是蠟染最大的特色，它是在布上的蠟乾燥後，再搓揉布的程序時所產生的……在這（《小紅鞋》）本書裡，冰紋就像裝飾畫面的圖案。小紅鞋沒有被好好保護的時候，畫面比較暗沉，冰紋比較密，其中有下雨天的畫面，也有小紅鞋掉眼淚的畫面，這種水的感覺，用冰紋來表現，很搭調……由於布有吸水和容易暈染的特性，所以在布上面畫出來的人和物，無法很精緻……方家瑜等，2006：18）

> ……（《你會我也會》）那個時候使用的工具，無法做得很仔細、很精緻，所以你們看到的無論是線條或造型，都是圓圓鈍鈍的，就像兒童畫有一份童真和童趣。（同上，2006：22）

　　從上面兩段自述，或許無法直接類推成為所有圖畫創作者的共識，但至少可以說明趙國宗本人自己在創作時，比較注重畫面感覺的整體呈現。這個系列中的另一本作品《顛倒歌》的繪圖者廖未林是湖南人，從小學業成績不是很好，但很喜歡畫圖。十五歲時為了理想，隻身到重慶就讀國立藝專，主修西畫，擅長油畫，因此深受西畫思想影響，喜歡濃郁、強烈亮麗的色彩感覺，因此他的作品也呈現出不同於中國傳統的味道。創作《顛倒歌》的時

代，壓克力這種顏料發明不過十年，它的特性正符合廖未林的喜好，屬於水性、易乾、顏色濃，並可以在顏色上再重疊畫上其他色彩。當時美國的商人為了推廣這種材料，就針對畫家們作宣傳，《顛倒歌》的圖於是以壓克力媒材繪製。針對自己的創作過程，他這樣說：

> 我在畫圖的時候，一定要「實實在在」、「有根據」，所以就找了一個小傢伙來當模特兒……書裡出現許多動物的動作，我也是偏向寫實的畫法，讓人一看就知道是什麼動物。（方家瑜等，2006：36）

> 雖然我不大喜歡中國畫灰灰沉沉的顏色，但是我把中國畫「留白」的方法，運用到我的畫中……留白的目的，是調和與其他頁面的節奏感，也是為了讓讀者有喘息的空間。我畫兒童插畫，經常會天馬行空的想像，怎麼好玩就怎麼畫，作畫工具也不受限制，只要能夠表達意境的都可以……由於國外的畫表現得比中國畫來得強烈，所以也會受國外畫風的影響。（同上，2006：37）

這段話也表現出他創作時的觀點，就繪畫技巧上，他講究寫實畫法（要實實在在、有根據）、站在讀者的角度（讓讀者有喘息的空間）；但卻也不忽視畫面的整體主題效果（表達意境）。將這樣的創作角度帶回到現成的圖畫書中來看「圖文相互印證」的模式，正可以用來說明圖畫創作時有關繪畫技巧（寫實）及主題呈現（表意）這兩個部分。雖然東西方文化差異各有所重視的焦點，但我們仍舊能將這兩個部分收納在一起討論，畢竟寫實的目的是為了表現主題，表意的前提也需要運用畫家的繪畫技巧，二者實際上是圖畫創作一體的兩面。

　　有了上述這樣的讀圖認識後，再將欣賞的焦點帶回圖畫書作品本身，進一步探討圖文之間的關係。先前在本論述第二章第四節中，我曾經提及圖畫書創作的三種可能性：先文而圖、先圖而文，以及圖文同時。這裡所指的「文」，也就代表繪圖者在創作圖畫之前，就已經要先有的「故事概念」，也就是說凡是圖畫書的內容，都會牽涉到兩條主軸的發展關係：故事線及圖畫本身。故事未必真正以文字呈現出來，文字較少或甚至沒有文字這一類的圖畫書，稱為「無字圖畫書」；圖片配合文字在圖畫書中展開對話的，也就是我們一般最為常見的圖畫書形式；如果書中主要是文字在說故事，圖畫比例明顯較少只為「插畫」作用的，這類書就傾向於插畫書或圖像小說這一類的作品。而所謂的「高度互證」，就是指故事線與圖畫相互間擁有高度的印證關係。如同一對偶然邂逅的男女，在仔細認識對方之後，發現彼此十分契合並擁有許多類似特質時的感動，就是一般人說的絕配，好像這個世界上再也找不到另一個機會可以跟對方如此密合。當然需要特別強調的是，這裡所指的圖畫與故事二者，在位階上是平行、不分高低的，圖畫與故事線是可以互相穿插、交互影響的，不必特別將圖畫劃歸在故事之下。例如我曾經模仿梅林‧葛絲（Melanie Gerth）的《十隻小瓢蟲》（2004）加以修改，成為架構類似的故事《數貝殼》。在《數貝殼》仿作的圖畫書作品中，我以這樣的文字呈現：

　　　　沙灘上有 4 個貝殼在曬太陽，
　　　　一隻梅花鹿走過來，於是……

　　　　沙灘上有 3 個貝殼在曬太陽，
　　　　一隻犀牛走過來，於是……

沙灘上有 2 個貝殼在曬太陽，
一隻長頸鹿走過來，於是……

沙灘上有 1 個貝殼在曬太陽，
一隻斑馬走過來，於是……

沙灘上什麼都沒有了！

　　當故事需要「貝殼」、或故事中描述了「長頸鹿」，圖畫中就有貝殼、長頸鹿；而空盪沒有東西的沙灘，除了呼應真實「文字」中所提到的「什麼都沒了」，也帶出故事線裡要呈現的落寞感。如果從這個角度對圖畫及文字作詮釋，那麼前者（指貝殼、長頸鹿）屬於「圖與文字互證」，後者（指落寞的感覺）則為「圖與故事線互證」的情形。它的圖畫與文字配合呈現如下：

圖 4-2-1 數貝殼圖文創作（一）

圖 4-2-2　數貝殼圖文創作（二）

圖 4-2-3　數貝殼圖文創作（三）

圖 4-2-4　數貝殼圖文創作（四）

圖 4-2-5　數貝殼圖文創作（五）

　　這個故事的原始創意來自 Melanie Gerth 的 *Ten Little Ladybugs*（十隻小瓢蟲）。《十隻小瓢蟲》這本圖畫書我用來教自己的孩子從十數到一，內容簡單易懂，適合學齡前的孩子閱讀，故事也很單純，隨著故事中──出現的角色，瓢蟲數量慢慢減少，最後的結局是十隻小瓢蟲都回家了。我覺得這個故事的創意很特別，每翻一頁就少一隻瓢蟲，透過圖片及文字的搭配，幫助年紀較小的孩子學習認識數字遞減的概念，以及瓢蟲、蝴蝶、毛毛蟲等小動物，孩子的學習效果也不錯，於是我仿效它的呈現架構，創作了《數貝殼》這本簡單的圖畫書。

　　《數貝殼》的故事文字引導，到最後「沙灘上什麼都沒了」，其實是我企圖表現除了數數、認識動物外，還應該在兒童讀物中加入的環境保護意識。從圖 4-2-1、圖 4-2-2 到圖 4-2-3，讀者首先可能知覺到的，很明顯是介入不同的動物以及貝殼數量的改變；貝殼慢慢減少，到最後沒有貝殼，當然沙灘就變得不好玩，所以空蕩蕩的什麼也沒有了！這樣的故事概念（如果每個到沙灘上的人都帶走一個貝殼，最後就什麼也沒有了），我並沒有完全以文字說明出來，而是期望讀者經由閱讀，讀出它的意涵來。

　　透過《數貝殼》這個故事，我想帶給讀者三個創作上的觀念。其一，在我自己從事圖畫書教學的經驗中，我發現越是年紀小的孩子，越需要相互印證程度高的作品，尤其在物件的描寫性上，越逼近寫實的作品，越能幫助孩子鏈結既有的知識經驗。這也可以用來說明，一般適合較小年紀閱讀的圖畫書，其中的想像空間（審美性經驗）偏低的原因。因此揭示出高度互證模式的用意，也是希望帶給創作者一個思考的方向，從引發讀者產生新知的角度，創作者如何為它「加料」以製造其中的差異。

其二，當然是為了說明我對「高度互證」的指涉意涵，因此我刻意以實際海灘場景、動物畫像等入畫，就是要提高畫「像」的程度。而坊間實際可見的圖畫書成品中，這一類的表現作品其實也不少，經由繪圖者的描繪，將實物轉畫在畫紙上，例如由安東尼‧布朗（Anthony Browne）創作的《大猩猩》（1994）、《穿過隧道》（1997）、《威利的畫》（2000）；林明子繪圖的《小根和小秋》（2000）、《第一次上街買東西》（筒井賴子，1988）；楊翠玉繪圖的《兒子的大玩偶》（黃春明，2000）……都因為具有高度寫實的功力，因此可以視為高度互證的作品。這其中值得一提的，以《大猩猩》為例，這個故事描寫主角安娜一直希望爸爸可以抽空帶她到動物園去看猩猩，因為這個強烈的欲望，也使得畫面中的景物被「鑲進」許多大猩猩的形象，掛圖、路樹、爸爸口袋中的香蕉等；後來安娜做了一個介乎現實與超現實的夢，夢中安娜與大猩猩一同遊歷動物園、欣賞電影、共進大餐，與孤單的現實生活形成對比；夢醒後，爸爸突然問安娜「你想不想去動物園」，因此讓整個故事有了完美的結局。就故事的架構而言，這是個以超現實手法呈現的故事，至少在現實生活中不會真實發生，透過安東尼也是超現實的繪圖技巧，圖與文還是有高度相互印證的表現。這也是我很推崇在圖畫書作品中，無論圖畫或文字，應該帶給讀者更多視覺及想像啟發的例證，大衛‧威斯那（David Wiesner）的《瘋狂星期二》（1994）也可以屬於這類型的作品。

　　此外，想要帶給讀者創作上的第三個觀念，以《數貝殼》中的圖（五）為例，從互證的角度來看，無庸置疑的是高度互證，沙灘上空無一物，對應的是文字的「什麼都沒有了」。不過正如我先前提到的，除了文字中所提到的「沒有了」，我還想帶入環保的

觀念，希望大家正視珍惜大自然資源的重要性，像這樣的故事解讀，就得透過讀者對文字及圖畫的再詮釋，而無法單純直接就畫面上的圖文搭配看出來，這種圖與文（故事線）的關係，就屬於於「互釋模式」中「圖文互為主體」的形式。因此，不同圖文關係模式間彼此重疊交集的情形，在本論述中是必然會存在的。

第三節　中度互證：有點曖昧

　　從我帶孩子讀圖畫書的經驗中，我發現越小的孩子越需要寫實度高的圖畫；相對的，隨著年齡的增長，孩子對漸趨抽象的圖畫的接受度也越高。以我兩歲的孩子為例，有一次我拿著她的玩具手寫板，隨意的畫了一些日常生活中常見的物件造型，讓她說說看我畫了什麼？她的回答幫助我對於兒童欣賞繪畫時的反應有所了解。

圖 4-3-1 手寫板創作　　　　　圖 4-3-2 手寫板創作
　　　（手）　　　　　　　　　　　（腳）

圖 4-3-3 手寫板創作　圖 4-3-4 手寫板創作　圖 4-3-5 手寫板創作
　　（頑皮豹）　　　　　（香菇）　　　　　　（長頸鹿）

　　上述這些圖形她都可以很快速的回答出它是什麼，其中我覺得很有趣的是「長頸鹿」，因為我畫的長頸鹿，除了脖子長了一點以外，其他部分跟一般的貓、狗類動物其實沒有很大的差別。不過，或許是因為我的孩子非常偏愛長頸鹿，因此當她看到脖子長長的動物，自然就會聯想到長頸鹿吧！

　　畫了一些比較具像的物件後，我開始嘗試稍為抽象一點的東西，於是我畫了下面這個圖型：

圖 4-3-6 手寫板創作帽子

　　她一看到就說這是「蝸牛」，當下我還蠻吃驚的，雖然我故意表現得並不是非常寫實，不過應該看得出來是「帽子」，而且在她的生活中，尤其是外出時都會帶上帽子，帽子這個東西對她來說

應該是很有意義的，怎麼她會覺得是蝸牛？於是我開始思考，這個圖形先讓她聯想到的是什麼？

　　後來我回想起幾個月前她有機會「飼養」一隻蝸牛，那是奶奶早上到鯉魚山運動時撿到的，後來說要讓她養並藉機觀察蝸牛的動態，於是便拿了一個透明的盒子把蝸牛養在家裡面。雖然說是飼養加觀察，但對我來說卻好像是孩子在虐待牠，因為她不時會伸出小手去碰蝸牛的觸角，或是戳牠柔軟的身體。深怕孩子有一天把蝸牛玩死了，也為了減輕我的心理負擔，於是我們便找一個晚上，帶著蝸牛去森林公園「找媽媽」，然後把牠放掉。之後，每當我再提起問她「蝸牛呢」，孩子都會很開心的回答我「牠去找媽媽了」。或許我畫的半圓形帽子讓她想到蝸牛的殼，底下那條弧線讓她想到蝸牛的觸角吧！

　　由於這個有趣的發現，我決定找出我們家裡生活中現有的長頸鹿形象，一一把它們拍下來，再根據每個圖形描寫「長頸鹿」的寫實程度，搭配本章概說中的光譜做標示，將文字「長頸鹿」與圖畫「長頸鹿」的相互印證程度加以比較，結果如下：

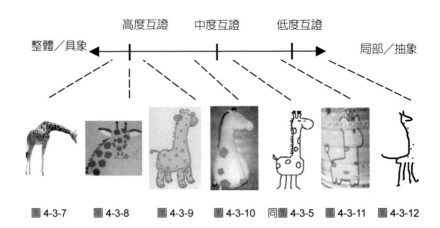

圖 4-3-7　　　圖 4-3-8　　　圖 4-3-9　　　圖 4-3-10　　同圖 4-3-5　　圖 4-3-11　圖 4-3-12

　　其中圖 4-3-7 是長頸鹿的真實照片，一般出現在自然科知識類書籍或幫助孩子認識動物的圖卡中；圖 4-3-8 出自於瀨名惠子的作品《紅蘿蔔》（2005），故事以「誰喜歡吃紅蘿蔔？」這個問題開始，接著描述許多動物都喜歡吃紅蘿蔔，例如馬、長頸鹿、猴子、豬、河馬等，小根的紅蘿蔔給老鼠吃，大根的紅蘿蔔給大象吃，最後引導出小朋友也喜歡吃紅蘿蔔；圖 4-3-9 出自賴美伶策劃的《快樂寶寶成長系列 8──你也做做看！》（2003）一書的封面，書中描繪各種不同小動物的動作，例如貓咪在地上走、蛇在地上爬、青蛙在地上跳……之後要小朋友跟著做出動物的動作，由於圖 4-3-9 出現在封面上，因此只具有插圖功能而沒有特殊涵義；圖 4-3-10 是我孩子的玩具布偶，頭部至長長的脖子，以及身上幾塊咖啡色色塊，明顯是長頸鹿的特徵，不過創作者只幫它設計了一隻腳，或許基於功能上是「抱枕」的考量，不適合有太多隻腳；圖 4-3-5 是先前我畫給孩子猜的長頸鹿，雖然造型類似圖 4-3-9，但是卻沒有顏色，四隻腳也是簡化後的腳；圖 4-3-11 出現在孩子的奶粉罐上，一般來說由於沖泡牛奶是我的工作，根據我的觀察經驗，在我沒有特別提醒請孩子看之前，她並沒有發現罐子上有一隻長頸鹿；圖 4-3-12 則是我仿製運動品牌「Mizuno」的商標圖形（類似袋鼠的形象），刻意極度簡化長頸鹿的造型，只留下幾項例如頭、脖子、斑點、四條腿特徵的作品。當我出示圖 4-3-12 給孩子看時，她無法說出那是什麼。

　　透過這個比較分析的排序，除了可以再次彰顯高度互證的作品，比較適合年紀小的孩子閱讀（例如圖 4-3-7 到圖 4-3-10，它們被設計的目的都是為了提供三歲以下孩童使用）外，以下的圖 4-3-5、圖 4-3-11 及圖 4-3-12，尤其是後兩者，已經不是為低齡兒

童設計的，因此它們的「可被閱讀性」就相對減低（圖 4-3-11 屬於意義減省）或相對提高（圖 4-3-12 屬於意義內蘊），有關這個部分，將在下一節「低度互證」中說明。

　　此外，「中度互證」的圖文表現關係，還可以根據「寫實」的程度作區分，例如韓國作家趙浩相的作品《豆粥婆婆》（2005）一書中，所有物件的形象帶有點抽象意味，卻又不至於讓讀者無法辨識出物件所代表的意義，因此可以將它劃歸為中度互證的作品；另一方面，如果以「表意」的程度為區分指標，也就是在圖文相互印證的關係中，圖畫與文字不一定完全的扣合，而這其中的差距是為了帶出更多的文本意涵，或者為故事「特殊」的結尾作預備，這一類的作品也屬於中度互證的指涉範疇，例如崔永孆的《地震王國》（2001）。以下便針對這兩本作品作詳細的解說介紹。

　　《豆粥婆婆》的故事描寫了一位老婆婆，她在山谷中種植紅豆。有一天山谷裡來了一隻老虎，並且揚言要吃掉老婆婆，經過老婆婆苦苦的哀求，老虎答應等到秋天收成之後再來吃掉老婆婆。時間很快的到了秋天，老婆婆收成後在爐灶邊一邊熬煮紅豆湯一邊掉下眼淚，這時雞蛋、烏龜、大便、錐子、石磨、草蓆及木背架，紛紛跳出來詢問老婆婆哭泣的原因，並且在吃下老婆婆的紅豆湯之後，承諾會幫老婆婆解決被老虎吃掉的危機。根據書末曹俊彥的導讀，上述這些物件（大便、錐子、石磨、草蓆及木背架等）都是韓國農村中不可或缺的農忙工具。就在它們各就各位之後，老虎也跟著出現了。首先老虎先翻找爐灶，企圖找出可能躲在其中的老婆婆，沒想到「啪」的一聲被雞蛋砸中眼睛，烏龜也出現咬一口牠的尾巴、大便讓牠滑一跤、錐子刺中牠的屁股，後來石磨重重的壓在牠的身上，接著被草蓆捲起來、由木背架載著丟到大江中。故事於是有了完美的結局，皆大歡喜。

　　如果從文字故事的部分了解這本圖畫書，會發現它的架構很類似「中華兒童叢書」中的《老婆婆與黑猩猩》，透過其他「人物」的幫忙，讓老婆婆的危機解除，很適合用來教育孩子「好心有好報」的觀念。除此之外，我更欣賞的是這本圖畫書中的圖畫表現方式。這本書中所有的主要角色，例如老虎，牠的表情、體態處處可見繪者的創意及想像，並不像動物園中真正「亞洲虎」的形象，甚至為了因應某些需要，老虎可以做出開門、窺視甚至嚇人的動作，就描寫的真實性而言，線條及整體造型抽象化了，只留下故事中老虎應有的特質，例如懾人的大眼、血盆大口或是象徵老虎的黃黑色條紋，其他配角物件的處理手法也是如此，甚至作者還為它們畫上眼睛、嘴巴，並賦予人物的表情，手法介在實務寫實與漫畫表意之間。尤其是那一坨黃色的大便，當我有機會帶班上的學生讀這本書時，有些人就覺得它像「鼻涕」，我想是因為它不像我們一般畫大便類似「霜淇淋」的形象，反而是散成一片，或者更像是一灘溶化的奶油，因此給了孩子這樣的聯想空間。

　　這樣的想像空間不見得不好，我總不認為孩子只是跟著故事的劇情、內容甚至圖畫走，就代表這本書是很好的兒童讀物；相對的，我更期待聽到孩子從書中能發現或創造其他新的意義及詮釋。就拿這坨大便來說，當孩子有「鼻涕」或「奶油」的聯想時，相對的也可以帶給孩子一個觀念：原來大便不一定要像霜淇淋一樣，它也是可以有其它畫法的。或許當下次孩子有機會畫其他東西時，能主動改變原本的造型，或是想像出更多可能的形象也說不定，這樣以圖畫書的圖畫引導小朋友創意的發展，才是更有價值意義的。另一方面，當孩子視故事中的「大便」為「鼻涕」時，

他已經開始賦予故事另一個可能的新文本，再創造一個不同的故事進行方式，或許這灘鼻涕會類似迪士尼 1997 年由羅賓威廉斯（Robin Williams）主演的電影《飛天法寶》（Flubber）中的「飛寶」一樣，具有超強彈力，可以變換任何造型，在故事中狠狠教訓那隻欺人太甚的壞老虎。

上述《豆粥婆婆》這本圖畫書，我是根據「造型」來談論，屬於寫實程度上的差異，故事中物件的描寫性介於寫實與抽象之間，並不是完全、絕對的對應。就好比一對偶然邂逅的男女，或許因為含蓄，所以選擇以不同的方式對彼此表達情意，這時送花、微笑、撐傘……這些普通的動作，就都充滿了待詮釋的空間，也就是有點曖昧，因此視為「中度互證」。此外，在另一本圖畫書《地震王國》中，作者雖然畫出寫實程度較高的圖畫，卻沒有將文字文本中的元素完全表現出來，也就是只呈現故事線中的局部，也可以視為「中度互證」的另一種表現方式。

這個故事描寫一個隨時有地震發生的地方，生活在其中的居民雖然無奈，但是因為這裡的好處「天上總是會掉些食物下來」，因此寧願住在這個危險而陰暗的地方，也不願意相信這個世界上還有更適合居住的家園。於是主角暗暗便決定往光線比較充足的森林去探險，希望能在森林裡發現什麼。果真在森林中，她看到一隻從沒看過的大瓢蟲，大瓢蟲說牠迷路了，而牠來的地方根本不知道什麼是「地震」，這個發現讓暗暗極為興奮，那證明了這個世界上真的有個沒地震的地方，於是她要幫瓢蟲找到回家的路。一路上，接連不斷的地震雖然讓暗暗受傷了，但是她還是堅持要繼續前進，後來，就在他們碰到一片透出亮亮光線的牆時，他們決定往上爬，看看能不能看到什麼。

　　故事的文字文本到這裡：暗暗和點點決定爬到牆上，試試能不能看到些什麼……就停止「發言」了。接下來兩個跨頁的圖，為故事帶來大逆轉的結局。第一個跨頁中，暗暗和點點攀附在畫面的右下角，眼前看到的是一片與她的家鄉截然不同的景象，有青山、綠樹和小河，遠處幾棟成群的房子煙囪還冒著煙，綠色的草地上開滿鮮豔的點狀花朵。必須仔細的看，才會發現草地上有一個不太清楚的巨大人形陰影。再翻過下一個跨頁，首先映入眼中的是在畫面正中央，約佔有總畫面二分之一比例的紅色系衣服，這一片強烈朱紅色與前一頁畫面中的綠草形成強烈對比，加上它所佔據的畫面比例很大，更加暗示了它的擁有者的「巨大性」，與前一頁畫面中的巨大陰影產生鏈結，進而發現那是一個大巨人。再仔細找一找，原來暗暗跟點點攀附在巨人的口袋上緣，與巨人對照，相形之下他們不過一丁點大。

　　到這裡，整個故事便結束了。當我第一次看這個故事時，說實在的我看不懂，或者應該說我無法完整掌握故事所要傳達的完整訊息。於是我便翻回前面，從頭再將故事看一遍，我相信一定是我遺漏了什麼「重要訊息」。就在再次欣賞故事的同時，我發現我一直沒注意特別留意在畫面中經常出現的一個元素，一個造型類似口袋開口的雲。當然當我讀圖畫的時候，其實我曾經注意到它，因為它的造型實在很奇怪，扁扁的，而且每次就只出現一「條」（一般雲的單位量詞應該是「朵」，不過這裡的形狀是長條狀），不是原本天空中該有的一大片或一朵又一朵，加上它存在的背景，明顯是一個封閉空間，一條雲就像是「鑲」在那裡，怎麼看都有點怪怪的。不過當時我還猜不出它的用意，只是覺得它特別，所以就先略過不注意。後來我才發現，它的確不屬於這個空間，

因為它就是巨人上衣口袋的開口，透過它，我們看到的其實是「外面」的天空。

圖畫書閱讀推廣者余治瑩在《地震王國》這本書的推薦詞中這樣說道：

> 這本書最有趣的地方，在於結局，原來地震王國，竟然是巨人的口袋，這讓原本帶著嚴肅及有些傷感的故事，灌進了一些「笑果」，淡化了整本書的悲情，讓故事有點嚴肅，也有點想像，更有點幽默。希望大家能以輕鬆的心情去面對嚴肅的主題，而激發出無限的想像空間。（崔永嬿，2001）

的確，如果故事一開始便以文字明示或暗示暗暗所生活的空間，其實就是大巨人的口袋，這樣這個故事就少一些想像空間了。而我之所以會將這本書的圖文關係視為「中度互證」，它的原因也在這裡，就圖畫而言就不在「寫實」，反倒是以「表意」為主要訴求。刻意省略或簡化故事中的元素，形成圖畫與文字不完全相互印證，其中的落差是為了與讀者的「預設想像」製造更大的差異。好比說當我讀這個故事時，很自然的只認為暗暗跟點點最後會找到一個適合居住的地方，然後把村裡的人都帶領到新的樂園去，成為民族英雄之類的人物，根本不會把故事的結局想像成最後的樣子。當然這還關係到作者對整個故事概念的設計，由於這本書的圖、文作者是同一個人，文字與圖畫的鋪陳搭配自然就能完全依照創作者的想法呈現。如果圖、文不同作者，為了要營造這一類的圖文關係效果，還是可以靠創作時彼此間的溝通來完成。

綜合上述所提到的兩個故事，透過閱讀圖畫與文字可以產生不少「意外收穫」，這也就是我在本章概說中已提示過的「製造差

異」的結果，無論是知識（產生新知識）經驗、規範（昇華道德）經驗或是審美（深化美感）經驗，圖畫能在圖畫書中被運用以製造更大的差異、激發更多的創意，那麼圖畫才會更有價值。此外，圖畫中的元素沒有直接對應到文字上，例如《地震王國》中的那條開口，在文字中完全沒有出現過，但它卻「釋義」了上衣口袋的開口，正是「互釋模式」中的「以圖為主的互釋」，必須透過圖的詮釋才能得到完整的意義；另一方面，條狀開口也「補充」說明了文字中沒出現的另一個世界，屬於「互補模式」中的「知識衍生性互補」。有關此部分將在後兩章中說明。

第四節　低度互證：得想像

> 曾經有三個人一起欣賞掛在牆上的一幅畫。
>
> 甲說：「畫是動的。」
>
> 乙說：「胡說，畫在牆上，怎麼是動的？」
>
> 甲說：「畫中的色彩、造型是筆曾經運動過的痕跡。」
>
> 乙說：「這沒道理，它現在是靜的。」
>
> 丙說：「兩位說的都對，畫是動的；也是靜的。但是我要告訴二位，不管畫是動是靜，你是動的。」（劉思量，1992：2）

　　這一段對話很有趣，也是經常我在帶學生看畫時可以發現的讀者迷思。很明顯的對話中的乙只把畫當成一個觀賞的「對象」，也就是「眼見」為憑，看到什麼就是什麼，這是絕大多數學生欣賞繪畫時的方式，極盡所能的要看出畫的是「什麼」？畫得「像

不像」？相對的，甲看到的就不只是在作品最後呈現的部分，還
包括它被創造的過程中留下的所有痕跡，甚至還可能看到創作前
的作者的想法。而丙的說法，雖然沒有明確的指出他贊同的是甲
或是乙，卻也點出「觀賞者」本身對觀賞對象所採的觀賞角度，
將會影響觀賞的結果的結論。

　　劉思量在其《藝術心理學──藝術與創造》一書中，針對宋
代羅大經曾在論畫時說「繪雪者，不能繪其清；繪月者，不能繪
其明；繪花者，不能繪其馨；繪泉者，不能繪其聲；繪人者，不
能繪其情……」這一段話，提出他的見解：

> 羅大經的說法和以上這些疑問，都犯了同樣思考上的錯誤：把
> 不同類別或範疇的事物加以比較。正如人與西瓜是不能比的，
> 畫中雪、月、花、泉等，當然不是實際的雪、月、花、泉，因
> 此不能有清、明、馨、聲的特性。要知道畫是畫家用以表達思
> 想、感情的方式，與真實物自然不同。藝術家之作品一旦完成，
> 作品中形成一個自我完滿的畫中世界，其存在已不因為是否具
> 備所描繪之實物的所有特性，來決定它的價值。（劉思量，
> 1992：20）

　　由此可知，作畫的人所要傳達的其實是一種內心的思想和情
感，而描繪的對象只是藉以抒發思想的「工具」，所以創作出來的
成品當然與真實存在的事物不同。此外，在這本書中，劉思量也
舉出心理分析學家席格蒙・佛洛伊德（Sigmud Freud）、人文主義
學家亞伯拉罕・馬斯洛（Abraham Maslow）以及行為主義論者對
「創作之動機」的闡述及缺失，用以說明他自己的對於藝術為什
麼存在的看法。

　　佛洛伊德曾經剖析過達文西的〈蒙娜麗莎〉這幅圖，他認為這個神祕的微笑來自於達文西對他母親的愛戀，也就是戀母情結。小男生對母親的愛戀，產生對父親的嫉妒，但又不容於超自我的道德規範，於是這種愛戀便被壓抑在潛意識中，形成未滿足的需求。原慾無法獲得紓解，轉而表現在被社會容許接受的高貴藝術中，長大之後，達文西終於藉著藝術把戀母的情愫表現在〈蒙娜麗莎〉這幅作品之中。另一方面，馬斯洛則是將人類行為的動機分為五種需求：生理、安全、歸屬感（belongingness）、尊敬的需求（esteem need）以及自我實現的需求（self-actualization），其中藝術創作的動機就是來自於自我實現的需求。而行為主義論者卻認為人類行為有三個基本要素：刺激—個體—反應，也就是刺激引起個體產生反應，因此形成整個行為的連鎖反應。

　　不過，劉思量卻認為佛洛伊德的說法過度簡化藝術行為，馬斯洛則過度簡化動機的性質，至於行為主義論者的說法，到現在也還沒有辦法提出一種具有說服力的動機理論，來說明複雜的藝術動機。因而他有「藝術是個體延續生命，在以有限突破無限，在以人性追求神性之突破，藝術為創作而生」的說法（劉思量，1992：286-291）。

　　雖然劉思量已經盡力的想把藝術創作的動機標示清楚，但是我還是覺得不足，主要的原因是在於他沒有正視「創作者」本身的動機（也就是目的）。

　　有關於「目的」，在形上學裡，目的因被認為是事物得以存在的真正的因。曾仰如在《形上學》一書中對「目的」這樣描述：

　　　　目的因的最好及最科學化的定義，是亞里斯多德所下的「動者　　　　因之而動」或多瑪斯所下的「動的行動所朝向的目標」。任何

物在行動前必有個目的；沒有目的，無物能動，所以目的因是一切行動的根源及所行動的第一推動者。因此，多瑪斯說「目的在行動的過程中是最後達到的，但首先存在於行動者的意念中，所以是真正的因」。（曾仰如，1987：263-264）

　　因此，目的還可以區分出「行動本身的目的」以及「行動者的目的」（周慶華，2001：35-37）。如果回到圖畫書中圖畫創作的角度，行動本身（即作品）的目的可以是在片面的翻譯文字故事線或表現創作者的技巧，也就是先前所提及的有關知識經驗、規範經驗及審美經驗；另一方面，行動者（即作者）的目的，其實還包含了「樹立權威」、「謀取利益」和「行使教化」等權力意志變項，而行使教化更是這三者的恆久性效果（周慶華，2007b：15-16）。換句話說，創作者在創作圖畫作品時，除了以自身的繪圖技術呈現故事中的故事概念外，不可或缺的，必定期望透過自己的作品能讓讀者產生意義，以彰顯自己作品的價值。

　　綜合來說，我在這裡順便帶出這個觀念，從接受者讀圖的角度，以及創作者創作目的的角度，是為了提醒圖畫書的接受者及創作者，針對圖畫的「可被閱讀性」多下功夫。

　　在上一節中，我曾以七種不同的長頸鹿呈現方式來說明圖畫與文字指涉意涵的相關性，並用以說明互證模式中三種不同程度：高度互證、中度互證及低度互證間的差異，其中也談論到有關圖畫「可被閱讀性」的相對減低或相對提高的問題。以下便以上一節中的圖 4-3-11、圖 4-3-12 為例，針對圖畫的可被閱讀性部分闡述「低度互證」的意義，之後再舉圖畫例子以為佐證來說明「低度互證」模式在圖畫書中如何被利用。

同圖 4-3-11 　　　　　同圖 4-3-12

　　正如先前所提過的，圖 4-3-11 出現在孩子的奶粉罐上，因此這個作品的目的便不是為了提供孩子閱讀以產生新意義，而只具有美化的作用。若應用在閱讀作品上，也比較類似插畫，就圖畫的閱讀性而言，它的意義是可以被減省掉的，好比說我的孩子就一直沒注意到罐子上有這個圖案，我稱為「意義減省」。當然這一類的圖也不是完全沒有價值，還需要視其中的圖、文互動關係，才能加以批判。

　　這讓我想到康軒版國語課本第十冊中的一課〈動物的尾巴〉，我曾經因為這一課文中的圖，與一些朋友有過不同的意見。

　　這一課的內容非常明顯的是在介紹動物的尾巴。一開始開宗明義，就說不管天上飛的、海裡游的或是地上跑的，大部分的動物都有尾巴。接著舉了猴子、松鼠、魟魚、孔雀及蜥蜴的尾巴為例子，分別說明它們的形狀與作用。課文中也搭配了猴子、松鼠、孔雀及蜥蜴的插圖，以及幾隻課文中沒有提及的動物尾巴（開頭是斑馬、最後還有五隻分別是鱷魚、魚、燕子、豹和獅子的）。

　　依照教學指引這一課是屬於說明文，因此我的朋友們有些意見，首先就覺得課文中的圖畫沒有完全扣合文字文本。例如開頭

的斑馬，文章當中並沒有提到牠，畫出來是很奇怪的事情。又如文字中描述松鼠時，針對的是牠尾巴能平衡、像降落傘的特性，另外天冷的時候，還可以像條大圍巾把自己裹起來；不過畫裡的松鼠只是一般的吃著堅果、在樹上走動，並沒有畫出文字描述的現象。此外，根據文字中的說明，孔雀尾羽上的眼狀斑紋，具有迷惑敵人的作用，朋友們卻覺得畫圖的人沒有把迷惑敵人的部分表現出來。這其中被批評最多的，是第二段談論到的猴子，文章說「尾巴是猴王權力的象徵，只有猴王才可以將尾巴高高的豎起來」，許多人都覺得畫中的那隻猴子不像猴王，牠既不勇猛也不威武，只像個探查兵，根本沒有猴王的氣質。

　　其實我總覺得，當我們在閱讀圖畫與文字時，不要太早讓評價性的話語進來，一開始就認定它「好」或「不好」，都會限制了閱讀在意義創發上的可能性。上述這些朋友們的意見，其實也沒有絕對的對錯，可以看出他們很認真的斟酌在「圖畫是否有達成說明的目的」這個點上，因為這一課是說明文，以科學觀點來說，必須要實事求是、馬虎不得的。不過，如果將賞析的觀點轉回到一般圖畫書中圖畫與文字的閱讀，以比較輕鬆的角度來看這一課的圖文關係，我倒是覺得它們的搭配雖然不是高度互證，卻也在低度互證中帶出更多涵意。

　　我對斑馬尾巴出現在這裡有不同的詮釋，我並不認為它純粹只是個意義減省的插圖。前年當我任教五年級時，碰巧上過這一課，當時我的學生曾經針對「孔雀尾羽上的眼狀斑紋」這部分問我它要如何迷惑敵人？我馬上聯想到非洲草原上的斑馬，如何運用一身的黑白條紋形成保護自己的顏色。記憶中，曾經在電視頻道中看過報導，原來斑馬在快速奔跑時，隨著行進速度及一蹦一

跳的動態，會製造出另人眼花撩亂的效果，使得後方追趕的猛獸沒辦法順利補捉到牠。於是，我先跟小朋友分享了斑馬的故事，再請小朋友拿著課本在自己眼前晃動，看看自己是不是被孔雀迷惑了。當然，我不是這一課的圖畫作者，無法證實作者將斑馬放在開頭是否是這個用意，但如果用這個原理來解釋孔雀迷惑敵人的本事，圖文關係不是比較有趣了嗎？至於猴王的部分，在這裡出現的這隻猴子的確不太像猴王，至少沒有猴王的氣焰，不過如果能把那隻猴子當成是個「羨慕」猴王或「遠望」猴王的小角色，而真正的猴王就在這隻猴子眼光望向的某處，雖然畫面上沒有實際的把猴王畫出，不也多了更多的想像空間，而能對文字文本有所延伸嗎？

　　再回過頭來看長頸鹿圖 4-3-12 與圖 4-3-11，這二者相類似的地方，都在於它們不像真正的長頸鹿，圖 4-3-11 與一般貓、狗的形象沒有很大差異，圖 4-3-12 則簡化得只剩幾項長頸鹿的特徵。當時我是仿製運動品牌「Mizuno」的商標圖形創作的，果真當我拿給孩子看時，她無法說出那是什麼，不過當我出示給先生看時，他一眼就看出那是長頸鹿。依照本章概說中對於互證模式的詮釋，相互印證大體而言是以畫出「對象」為依歸，雖然圖 4-3-12 的寫實性不高，但是卻還是能示意，我想那是因為在簡化的過程中，長頸鹿的意義被內藏起來的緣故，我稱為「意義內蘊」，例如上述課文中的孔雀及猴王，就可以視為意義被內藏在圖畫中的例證。相較之下，圖 4-3-12 這一類的圖畫就擁有更多意義了。

　　這也可以用來說明許多大企業都要有自己的商標 Mark 的緣故，好比說國泰世華銀行，它的商標是一棵大樹，極度精簡的造型及單純的綠色，讓人家聯想到的是精緻但又不失穩重；相對的

安泰人壽的商標，一隻蹲踞在地的獅子，線條雖然繁複許多，卻也能讓人有安定的感覺；流行時尚界的精緻品牌 LOUIS VITTON，金色的 LV 標誌，展現的又是氣質、典雅的路線；而一般運動品牌，例如先期提過的 Mizuno 及 Nike、new balance 等，因為它們訴求輕鬆、速度感，因此造型上也顯得簡單且活潑。每個企業或品牌，都期望能在這個小圖形上豐富並彰顯自己的特色，不須把商標 Mark 設計得太過繁複，就能達到宣傳的效果。這又讓我想到最初與先生交往時的情形，由於當時我們的戀情還沒有公開，所以對外行事刻意保持低調。有一回我與同事一起道先生家作客，我們盡可能保持距離，不搭同一輛車、不主動跟對方交談，在相互印證的程度上來說，我們是十分的「低度」的。但是這種充滿想像空間的詭異舉動，反而更引起旁人的注意，當然也因此達到「宣傳」的效果了。

　　總結來說，圖文關係越偏向高度互證的圖畫，彼此的說明性越高，所傳達的越是知識性經驗，比較適合年紀小的讀者。如果圖文關係漸漸偏向中度互證，以抽象形式或特寫局部時，圖畫的作用會開始提高，越適合年紀較長或用於培養訓練孩子的想像力及創意。而透過我對〈動物的尾巴〉中圖文的詮釋，我也想建立「低度互證」圖文關係的地位，無論是畫得沒那麼像的角色，或是只抽出文字中的某些訊息來畫，它都能帶出更多的訊息，更具有審美經驗的價值。

第五章　互釋模式的圖文關係

第一節　概說

　　所謂「互釋」，就是「相互解釋」，這是依讀者的解釋觀感對圖、文二者的詮釋來分辨，因此它也涉及到「創作者 ←→ 作品 ←→ 接受者」這三者彼此間相互影響的關係，從作品（此處特指圖畫書中的圖與文）的角度來說，此一模式站在「表意」的觀點，探究讀者透過對圖、文二者的詮釋，以建構意義或主題的過程。本章中也根據二者相互解釋的主體性，分三方面論述，是為：以文為主體的互釋、以圖為主體的互釋，以及圖文互為主體的互釋。這裡既然關涉到「作者表意」與「讀者詮釋」間的關係，就必須對作品的表現內容有所了解，以方便以下各節論述。因此本節概說中，首先要談論傳統東西方看待繪畫內容的觀點；之後再針對相互解釋的圖文關係加以解說。

　　先說兩個關於「詮釋」的小故事。據說當愛迪生找到最適合做燈泡的方法之前，他曾經失敗了兩千次，於是就有人訪問他對失敗有什麼感想？愛迪生卻回答：「我沒有失敗，而是找到兩千種不能做燈泡的途徑，我只需要再找到一個可行的方法。」另一個故事則是個實驗，有人在桌上擺了一個杯子，裡面裝上半杯水，分別讓一個個性悲觀的人和一個樂觀的人說一說自己的感受。個

性悲觀的人看著半杯水，嘆了一口氣說：「唉！只有半杯水。」個性樂觀的人卻說：「哇！還有半杯水。」說穿了，這兩個故事講的是同一個觀念，人們眼中看的事物決定在自己的信念，也就是來自個人的詮釋觀點，同一件事，有人覺得了無生趣，有人卻覺得充滿希望，因此也建構出不同的意義。

　　這又讓我想到一個關於以繪畫詮釋世界的故事，它是這樣說的：

> 有一個畫家，告訴他的兩個學生：你們的繪畫技術成熟了，我要看你們如何詮釋世界，就畫一幅「寧靜」的圖畫吧！甲生畫好了，拿出畫作給老師看：畫紙上是一幅平靜的湖水，連一絲微風都沒有，柳葉輕垂，太陽靜謐斜掛在西方。湖中有一條小船，有個人躺在船上休息，臉上還蓋著頂帽子。這是何等安詳的畫面。老師看了圖畫，輕輕點點頭，表示不錯……
>
> ……乙要交出圖畫了。畫紙上，大雨滂沱的下著，柳枝被狂風吹彎了腰，還有一條湍急的小溪，暴漲的溪水不斷流入湖裡。在湍急的溪流旁邊，有一根小樹枝，彎得快碰到水面了，卻被一小片岩石遮擋了風雨。樹枝上有一個搖搖欲墜的鳥巢，眼看再壓低一點兒，就要被溪流沖走了。鳥巢裡面，有兩隻小鳥，交著頸子，安穩香甜的睡著。
>
> 畫家說：「這是更高層次的寧靜。」（李崇建，2006：47-48）

　　很顯然的，故事中這兩個學生的繪畫功夫應該都很紮實，單純根據作品的技巧表現或許無法分出高下，所不同的只是在於他們詮釋「寧靜」的方法上的差異。依故事的陳述，甲生的方式比較類似「直譯」，直接將寧靜所代表的「安靜無聲的樣子」描繪出來，表現出平靜的湖水、沒有一絲微風、柳葉、夕陽、小船及休息中的船夫，畫面中聽不見一點聲音，看不到任何動作，這樣的

確寧靜。然而乙生作品中的寧靜，卻不是呈現畫面上立即可以看見的元素，相對於甲生的直譯式寧靜，乙生將寧靜的本質精神抽離了，只以「意譯」的方式描寫寧靜。在風雨交加，連鳥巢都快被溪水沖走的危急情勢中，兩隻交著頸子入睡的雛鳥，形成外在惡劣環境與鳥兒們內心寧靜世界的強烈對比，這一對比，更是將寧靜的層次上推一層，熟睡中的鳥就是最佳例證，難怪畫家也稱讚它的境界更高。

就上述兩位學生對「寧靜」的不同表現方式，如果把它們帶入傳統中西方對繪畫內容的詮釋觀點中對照，就如同上一章概說中所提過的，對「寫實」表現的不同觀點（創造觀型文化屬於「敘事寫實」，是詳盡描述、精細刻畫所要表達的對象的方式；氣化觀型文化屬於「抒情寫實」，透過畫家本身對描寫對象的內在感受，將其中的意味反映在筆墨之間；而緣起觀型文化則屬於「解離寫實」，不執意在所欲描寫的對象，畫者本身才能超脫物外。這是各文化系統的基礎），由此可以知道，甲生的繪畫比較傾向於西方世界創造觀型文化的詮釋角度，是為「寫實」；而乙生的繪畫則比較接近東方氣化觀型文化的詮釋方式，是為「寫意」。

照這樣看來，或許讀者會認為我有褒獎東方貶抑西方的意味，因為「寫意」究竟是比「寫實」的作品更具有可閱讀性，用在圖畫書中的圖畫創作上，更是如此。然而事實上我的用意並不是這樣，或者說我更希望身在氣化觀型文化影響下的創作者們（例如臺灣），能夠更進一步了解自己的創作類型，在實際創作上更求新求變。因為西方的「敘事寫實」呈現在作品上的方式並不是一成不變的，對獨一神的崇拜信仰，讓屬於創造觀型文化的西方世界創作者，無論在作品表現的內容或形式上，都能不斷推陳出新、

精益求精。有學者就用幾個單字區分 19 世紀末至今不同藝術風格表現的現象，他將 19 世紀末、20 世紀初的人對所處的前衛的藝術現象稱為「modern art」，二次大戰後為了區別，以「contemporary art」標示現代藝術，而現今最流行的又是後現代「postmodern art」，他還因此提出疑問：21 世紀的人們到底要用什麼術語來稱此時的藝術現象……〔約翰‧亞奧希姆‧溫克爾曼（Johann Joachim Winckelmemn），2002：11 譯者序〕。這裡雖然點出的是面對不同藝術形式，尤其從 20 世紀末的近幾十年來，在命名標示上的困惑，卻也能讓其他讀者體會西方世界藝術「求表現」的不斷變異特性。相較之下，東方世界的繪畫表現內容及形式，就顯得沒有那麼精采可期了，也難怪在碰上西方文化思想後，很難保有自己傳統的特色，只能一味與西方媒合。

　　以上是就「創作者詮釋描繪對象以產生作品」的方式予以分析論述，再從另一個角度，既然圖畫與文字在解讀上會涉及到創作者／作品／接受者這三者彼此間相互影響的關係，如果將接受者也考慮進來，來試著想像一下，這個有關詮釋「寧靜」故事裡的三種角色：創作者（即甲生與乙生）、作品（甲乙生各自的圖畫）、接受者（也就是描述、說出故事的人）之間的關係。

　　簡單來說，「寧靜」是創作者的描繪對象（文本 1），透過創作者對它的理解詮釋，以圖畫方式呈現出來（文本 2）；接著接受者觀看作品，再透過自己對畫面的理解詮釋，產生對作品的感受及評價（文本 3）。如果這位接受者再以語言文字陳述，例如在演說中說出這個故事，或發表文章到刊物中，他的次接受者又會再產生新的感受及評價（文本 4）……文本得以不斷延異。

　　談論到這裡，我要再將焦點帶回「互釋模式」加以論述。本節一開始，除了提示讀者關注創作者、作品以及接受者三者的關

係，根據圖文二者相互解釋的主體性，我還另外發展出三個方向為論述的基礎，是為：以文為主體的互釋、以圖為主體的互釋，以及以圖文互為主體的互釋，其主要原因還是不離所謂的被創作作品的「主題與內容」，也就是繪圖者在創作圖畫之前，就已經要先有的「故事概念」，無論他所創作的類型是屬於先文而圖、先圖而文，或是圖文同時，圖畫書的內容，都會牽涉到故事線及圖畫本身兩條主軸的發展。當故事線的主導性強過圖畫的敘事性，也就是在這個圖畫書故事中，缺少了故事線的陳述就失去、無法掌握故事的整體，就可以稱為「以文為主體」的互釋模式；相對的，圖畫的主導性勝過故事本身的敘事性，也就是在閱讀圖畫書時，圖畫必須同時發聲，甚至比文字更具說明性，否則整個故事便不具完整的意義，這樣就稱為「以圖為主體」的互釋模式；而介乎這二者之間，必須由圖畫及文字故事相互搭配以建構出完整故事的圖文關係類別，則稱為「圖文互為主體」的互釋模式。

　　總括來說，這三種不同方向的表現形式，還是關係到創作者／接受者對故事文本的詮釋。底下我將以〈國王的新衣〉（互釋模式版）這個故事為文字文本故事線，再透過我所繪製的圖，來說明所謂圖、文二者相互解釋的關係。在這個地方，我一方面是文字故事的接受者，另一方面是圖畫創作的詮釋者（依此類推，讀者你就是我的圖像作品的接受者，也期望你能有你自己的詮釋）。依照欄位的排列順序，首先我先列出每一個跨頁中的文字故事，透過其下欄位的接受者（針對文字故事線）解讀，讓讀者看到我對文字故事的解析，以及我個人從中篩選出的重點（這將會關係到往後的圖畫創作），接著是這個故事的分鏡鏡頭，以第一部分、第二部分及第三部分表示出場的順序先後，配合最後創作者（針對圖像創作）的詮釋，完成我自己在創作這個故事的圖像時的自

我表白。期望透過這樣的說明，幫助讀者更加了解互釋模式在圖畫書中的運用。

第一部分：

文字故事	從前有一個國王，他最喜歡穿漂亮的衣服，甚至不惜付出很高的價錢，請全國最優秀的裁縫師來為他縫製新衣。消息傳出去後，有兩個騙子來到城裡，他們自誇，自己能織出最華麗的布料，縫出最美觀的衣服。而且不聰明的人根本看不到這麼特別的衣服。
接受者解讀	首先我區分出這個故事裡的各個角色，分別是國王、騙子，以及周遭環境中的其他人（這個部分在文字中沒有明顯指出，只是以「不聰明的人」影射故事中還有其他人的存在）。 　　其次，我針對個人的特質予以分析：國王是個愛慕虛榮的人；騙子是外來者，目的在騙吃騙喝；其餘那些周遭環境中的人，可以如同文字文本中述說的，具有「不聰明的人」容易受騙的特質。
分鏡鏡頭	 圖 5-1-1　互釋模式版國王的新衣（一）
創作者詮釋	我利用高飽和度的色彩黃色來代表國王、橘色代表外來的騙子，藍色小點則是分散在周圍環境中的其他人。 　　愛慕虛榮的黃色，恣意遊走在整幅跨頁中，時常被群眾包圍（左頁）。到了跨頁的右半邊，兩個橘色加入畫面之中，黃色的線條變得更加流暢且擴大，將原本包圍的藍色遠遠甩開。

第二部分：

文字 故事	國王心動了，便出了一大筆錢，請兩個騙子來皇宮製作衣服。兩個騙子每天都裝模作樣的工作，其實織布機上什麼都沒有。國王派了他忠實的老臣去看看新衣的進度，老臣只見空空的織布機，其他一無所有，但他又不想被笑是不聰明的人，於是他說：「美極了！」 　　衣服終於做好了，國王根本什麼都看不見，可是大臣都不住讚美，國王也不敢說出實話，只有讓那兩個人幫他把衣服穿上，到大街上去遊行。道路兩旁的百姓知道國王根本沒穿衣服，但他們並不想被笑是傻瓜，所以沒人敢說話。
接受者 解讀	在這一段文字中，所陳述的動作很多，包括：國王心動、騙子在裝模作樣、老臣的訪視及謊言、騙子幫國王穿上「新衣」、到街上遊行，以及百姓不敢說實話。 　　我認為這些陳述中，重點應該還是要維繫在國王與騙子中間，老臣及道路旁的百姓只是這個鬧劇的陪襯角色，用來增強騙局的荒謬程度罷了。因此我又從中抓出幾個主軸，以作為貫串這段文字的精神，分別是：（一）國王興奮期待他的新衣做好（這一點雖然文字文本中沒有描述，卻是我身為讀者可以感知到的）；（二）騙子什麼都沒做；（三）騙子為國王穿好衣服準備遊行。
分鏡 鏡頭	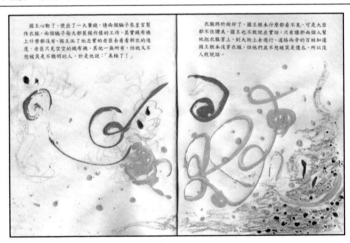 圖 5-1-2　互釋模式版國王的新衣（二）
創作者 詮釋	我在這個畫面中也運用了大量的黃色，並且刻意將它安排成點狀及不規則線條的交錯，讓它給人的感受是雀躍（點狀）又無法掌控（不規則線

	條）的，用來表達國王既期待又怕受傷害的心情。粉紅色是兩個騙子放的迷煙，綠色是大臣「想像」自己看到的衣服。到了畫面右下角，黃色又再次被點點的藍色包圍。 　　其實長久以來我對這個故事中的「騙子」角色都是很同情的，不是說我贊同他們行騙的行為，而是基本上他們算是依著「國王的虛榮」以及「大臣、百姓的無知」才存在的。事實上，讓國王最後光著身子上街遊行的，是國王自己（當然還有些成分來自一旁不敢說實話、怕自己無知的大臣），無關乎兩個騙子的騙人技巧。 　　因此我在這個地方的詮釋，儘可能保持兩個橘色的樣貌，無論在什麼地方出現，他們都還是原來的樣子，就算到了畫面右下方即將上街遊行的時候，粉紅色的迷煙還是圍著橘色的騙子，這也是用來暗示騙術就是這樣，怎麼大家會看不出來呢？

第三部分：

文字 故事	只有一個小孩脫口而出：「國王根本什麼也沒穿嘛！」這時群眾都同聲大笑。
接受者 解讀	這段話雖然很短，卻有較多的想像空間。當小孩喊出這句話時，國王立刻出現被眾人以及自己糗態包圍的局面，眾人的狂笑聲更是讓國王無地自容。而這時，那兩個騙子早就已經不知去向了。
分鏡 鏡頭	 圖 5-1-3 互釋模式版國王的新衣（三）

創作者詮釋	之前佔據較大面積的黃色，只剩下一小點被其他深色系的點狀、線狀色彩包圍。混亂的色彩中出現的白色光點，象徵著說出實話的小男孩，他的話好像尖刺一樣的刺進觀眾的耳裡，大家都蜂擁而上想來看看那個沒穿衣服的國王。而點點的藍色，則散退在一旁，代表騙子的橘色也不見蹤影，只留下左上角的國王自己面對他出糗的事實。

　　進一步說明，這個地方我所採用來表示圖 5-1-1 的方式便是「以文為主體」的互釋模式，也就是需要配合文字故事的提點，才能建構出完整的圖文搭配內容。它的原因來自於兩個部分。首先，這樣的表現方式大不同於讀者以往的經驗，先從文字故事中尋找線索，是讀出這部分圖文關係的較理想途徑。其次，我刻意簡化了畫中人物的形象，只以簡單的色彩線條作搭配，以圖文相互印證的程度來說，是屬於「低度互證」中的「局部且抽象」，因此讀者是無法在第一時間馬上作判讀的。

　　至於圖 5-1-2，我所採用的方式便是「圖文互為主體」的互釋模式。文字中沒有交代出來的部分，我以圖畫取代；相對的文字中也有一些元素，我沒有展現在圖畫中，而需要靠讀者從文字中取得。文字故事由圖畫取代，最直接的證明，就來自於我在解釋圖 5-1-2 時所陳述的「創作者詮釋」，一直以來我都覺得騙子做的是「好事」，因為國王自己的虛榮，加上不敢說實話的大臣，才造成最後這樣的結果，騙子只是讓大家都看清這一點迷思罷了。因此我才會在圖 5-1-2 這個地方，儘量不讓兩個橘色混入其他人、與別人發生太多互動，想製造「個人造的業個人擔」的效果。此外，由於圖 5-1-2 我只抓出幾個主要的點表現在圖畫中，遺缺的部分勢必要靠文字予以補足，因此這部分的圖文關係我視為圖文互為主體的互釋模式。

　　「以圖為主體」的互釋模式，我則用圖 5-1-3 來作說明。誠如先前所提過的，以圖為主的互釋，指的是圖畫的主導性勝過故事本身的敘事性，也就是在閱讀圖畫書時，圖畫必須同時發聲，甚至比文字更具有說明性。按照我對圖 5-1-3 中這段文字的解讀：只有一個小孩脫口而出：「國王根本什麼也沒穿嘛！」這時群眾都同聲大笑。它所傳遞的訊息比較精簡，就有很大的填補空間，可以靠圖畫來加強說明。因此我把文字中沒提到的大臣、騙子（實際上在畫面上是沒有出現的，因為他們早已逃之夭夭了，不過這樣的想法在創作者的詮釋中的確存在過，因此我將它特別標示出來讓讀者更加了解）也加進來，以凸顯國王最後尷尬的遭遇。

　　不過，畢竟這個故事不是我自己原創的故事，而我相信絕大多數的讀者也都熟悉故事的內容，因此要讓它發展成一個「以圖為主體」的圖畫書，就得要再另外給它一個新創的故事架構（例如同樣的故事但發生在一個大家都不穿衣服的世界），或者更加增強圖畫本身的敘事性（畫出文字故事中沒有說明清楚、讀者也不易猜想到的部分，例如時空背景）。

　　此外，互釋模式的三種不同方向的表現，還可以分成表層觀感及深層觀感兩部分來判斷。所謂的表層觀感，就是在第一時間、第一眼就能判斷，例如圖畫書中的圖文搭配比例，如果以一個跨頁為單位，其中文字佔的比例多過圖畫，文字的說明性相對就比較高，屬於「以文為主體的互釋模式」；相反的，當圖畫的比例大過文字時，圖畫的敘事性就高，屬於「以圖為主體的互釋模式」；而當圖畫與文字二者比例相當時，因為敘事成分各半，因此就屬於「圖文互為主體的互釋模式」。以上這種判斷方法，因為所涉及的圖文指涉內涵比較少，因此只能算是粗淺的表層觀感。如果再

就深層觀感方面探究，就必須進一步理解、比對、研讀及判斷圖畫與文字的示意，究竟是文統攝圖（以文為主體）、圖統攝文（以圖為主體）或圖文各有表達（圖文互為主體）。

如此看來，辨析出互釋模式的主要用意及價值是什麼？

事實上，無論就創作者或接受者來說，閱讀圖畫書都不出幾個目的：傳授／獲得相關的知識取向的經驗、規範取向的經驗及審美取向的經驗。其中「知識」著重在「產生新知識」上；「規範」則屬於「昇華道德」的層次；「審美」則在於「深化美感」。我相信故事概念在被創作的同時，他的創作者其實都含有上述這三個層面的期待，因此當圖畫創作者要將故事概念轉化成圖畫時，也需要將知識、規範及審美的可能性滲入作品中，透過明示、暗示或隱喻、再詮釋的方法，讓接受者從中獲得閱讀的樂趣。而互釋模式的圖文關係，在這個目標上便可以是一種發揮的途徑。

第二節　以文為主體的互釋：解抽象

如果把一元美金鈔票背面金字塔上的眼睛、十元美金鈔票背面的船名夏綠蒂（Charlotte）、獨立宣言、聖殿騎士團、美國總統等這些元素串起來，會變成怎樣的一個故事？我想用這個例子來說明為什麼創作者在創作時，還必須同時思考到接受者，究竟自己要帶給讀者的是什麼？

迪士尼在 2004 年有一部劇情結構類似小說《達文西密碼》的電影，片名叫做《國家寶藏》（National Treasure），它的題材是藉

由骨董文件〈獨立宣言〉背面的符號及謎語來進行解密，主角人物在片中為了守護寶藏不落入不法人士手中，因此展開冒險尋寶的旅程。

傳說三千多年前流傳下一筆價值連城、從古埃及時代所羅門王聖殿發掘的巨額寶藏，隨著十字軍東征，一路輾轉來到美國。美國開國之初，這筆寶藏成了當時的「國安基金」。之後由於獨立戰爭爆發，華盛頓、富蘭克林為了阻止寶藏落入敵軍之手，便把它藏了起來。經過兩百多年時間的流逝，目前這份寶藏下落不明，唯一的線索就是一張由蓋茲（Gates）家族保存的字條。蓋茲一家從美國開國之初就被授予保護這筆國家寶藏的任務，班•蓋茲（Ben Gates）在爺爺的灌輸之下，不顧父親的反對，堅信這筆國家寶藏的存在。

從小足智多謀的班獲得投資者英國人伊恩•郝（Ian Howe）的金援，經過多年的追查，發現最終的線索就藏在美國開國的獨立宣言的背面。基於保護國家資產的信念，班建議要從別的方面著手尋找寶藏，可是這樣的建議卻引起伊恩的反對，突然反目成仇，想要搶走獨立宣言並且獨吞所有的寶藏。班於是找上建國檔案資料館裡的專家幫忙，但是卻遭到艾碧嘉•茄斯（Abigail Chase）博士的婉拒，因為她認為獨立宣言不可能被偷走，拒絕相信班所說的話。為了保護千年寶藏以及獨立宣言，班決定要把它偷走。而艾碧嘉為了阻止班盜取獨立宣言，卻因此捲入被追殺的行列。兩個人在助手萊理•保（Riley Poole）的陪同下四處奔波，一步步解開國家寶藏的機密，並且找到國家寶藏的藏身之處。最後不僅將壞人伊恩繩之以法，向世人宣告國家寶藏真正存在，也替蓋茲家族守護寶藏的任務畫下完美的句點。

　　當然最後寶藏在主角人物的努力下，也獲得最妥善的處理，將它們分送到世界各地的博物館中收藏。根據影片中的描述，尋獲寶藏的人原先可以獲得其中十分之一作為獎賞的，不過班只要求百分之一購買一棟房子，而電影也在班與艾碧嘉幸福美滿的生活中畫下句點。電影的導演強‧托特陶（Jon Turteltaub）在結束拍攝後的一次訪問機會中，對電影的結尾最後一幕發表了自己的看法及感想，他說：

> 我想每個導演都會同意一部電影最重要的一幕戲，就是電影結局的那一幕。那一幕戲關乎導演在電影結束後，想給予觀眾什麼樣的感受，以及投射何種心態在他們身上，而那也是他們記憶最深刻的。我們原本以為原先拍攝的結局，一定很符合影片的調性，我們也很喜歡，但是它讓觀眾產生了我們不樂見的聯想，觀眾以為我們埋下續集的伏筆。但事實並非如此，我們只是要呈現劇中人物仍然保有他們尋寶的精神，但被解讀的方向似乎不太正確……（節錄自〈國家寶藏〉電影 DVD 的幕後花絮，2004）

　　在這段訪問之後，DVD 中也保留了原先的版本，讓觀眾有機會看到原本設計的電影結局。這個版本的結局算不上是真的「結束」，劇中的主角人物班、艾碧嘉、派區克 （Patrick Gates）以及助手萊理重新回到國家建國檔案資料館，這次他們看的是〈美國憲法〉。

> 派區克：在 1812 年那場戰爭中，傑克遜總統跟珍拉費特，利用船隻撤走價值七百萬元的美金。
>
> 班：送到墨西哥海灣去。

　　派區克：我只是想說……

　　萊理：各位，先聽我說，這次找到的寶藏能不能留下？（同上）

　　看完之後，說實在的我比較喜歡原先版本的結局，相形之下它留下更多想像空間，如果以圖畫書的形式來看，它或者就能讓讀者再發展成另一個故事，而造成文本不斷延異的效果。不過或許就像導演說的，那會讓人誤以為是續集的伏筆，而曲解了原創作者的本意，因此他們在最後決定把結局修正為大家普遍能接受的版本。仔細想想，開放性的聯想其實也沒什麼不妥，當然這其中的抉擇重點，還是取決在創作者想要帶給接受者什麼樣的意義。

　　根據歷史上的記載，真的有聖殿騎士團這個組織，幾任前美國總統是共濟會會員，而且一元美鈔背面金字塔上眼睛、十元美鈔背面有劇中船名夏綠蒂，這些都是事實。美國國家級的歷史文物與建築背後，向來充滿著神秘的色彩，獨立宣言存有密碼的傳說也一直被流傳，但是是否真有電影中所謂的「國家寶藏」?我想那並不重要。這部片中有許多歷史推理的元素，劇情時空背景更是遼闊深遠，遠從古埃及時代的寶藏延伸到近代，尤其是美國開國的重要事件和文獻，透過故事將前述那些元素串聯起來，能夠讓觀眾好像走入美國歷史中見證一般，就足以說明它已經達到某種程度的目的了。而這個目的，就圖畫書中的圖文關係而言，就得看創作者如何運用文字將圖像的意義串聯起來。

圖 5-2-1 神創造

圖 5-2-2 蘋果樹

圖 5-2-3 亞當・夏娃・蘋果樹

圖 5-2-4 思

　　上頁這四張圖，是我以聖經中的章節為文字文本，創作的一系列圖畫中的四張。在圖 5-2-1 裡，讀者可以輕易發現我用了黑、白兩色為基本色調，而且沒有其他造型，只有一個黑色長方型色塊佔去畫面中的大半位置。劉思量在《藝術心理學──藝術與創造》書中介紹了康定斯基的藝術造型理論，提到有關「線的特性」，分別就地平線與垂直線作了說明：

> 地平線（冷型）：也是一個冷而穩的基面，它可以向各個方向平坦的延伸下去（詩意的）。冷而平是這個線的基本調子，是無盡的冷性運動的最簡形式……

> ……垂直線（暖型）：與地平線成直角，伸向高處是暖的，因此，垂直線是無盡暖性運動的最簡形式（戲劇的）。（劉思量，1992：72）

此外，針對「面的特性」有這樣的陳述：

> 基面是指物質的面，用來表現作品的內容。每個基面，基本上有兩條水平、兩條垂直線構成。有四邊，因此基面的音色是：兩個冷而靜的元素，和兩個暖而靜的元素，這種雙重寧靜的聲音，使基面帶有寂寞、客觀的聲音。基面較寬或較高時，這種客觀的音色，會傾向於冷或傾向於暖。（同上，82）

　　由此可以看出，圖 5-2-1 的整體基本感受，應該是傾向於「寧靜而暖的」。不過，我刻意破壞了長方形的完整性，將右邊的垂直線與下面的水平線，以及黑色成分的比例作了減省，目的是讓後面底色的白「滲入」黑色中，營造由黑變白（由暗轉亮）的效果。其次圖 5-2-2 到圖 5-2-4，這三者看起來比較具有連貫性，導致這

樣效果的原因在於這三張圖中都出現相同元素：蘋果。縱使圖 5-2-3
中的蘋果並沒有完整的呈現出來，而只是以男人的動作以及右方
的大樹暗示，不過透過與圖 5-2-2 及圖 5-2-4 的綜合觀看，還是可
以看出其中相關聯的特性。

　　先前在本論述第二章第二節中，我曾經就「蘋果」指涉與示
意作過說明，「指涉」就是一看就知道，好比說〈白雪公主〉故事
中提到的「蘋果」、《好餓的毛毛蟲》中被蟲吃掉的蘋果等，當繪
圖者畫出一顆蘋果，讀者就知道它是蘋果，符號的意義直接在這
個物件本身。而「示意」則得透過再次轉譯的過程（一般來說得
要藉助文字文本的陳述），才能將所要表達的概念、想法及意義顯
示出來。例如這個地方的蘋果，剛才我已經暗示讀者這幾張圖是
我以《聖經》章節為文本所創作的，因此它的意義便不是真正的
蘋果，而代表著夏娃受蛇引誘，連帶也使得亞當吃下善惡樹上果
子的原罪。

　　圖 5-2-2 最明顯可以看出來的，就是紅色的蘋果與綠色的群樹
背景形成了強烈的對比。如果只單看這一張圖，讀者是沒辦法完
整掌握我所要傳達的意思的，或許只能得出「這顆蘋果很特殊，
應該具有特別的涵義」這樣的結論。不過如果我引用舊約《聖經》
創世紀第一章裡的一段文字：耶和華神吩咐他說，園中各樣樹上
的果子，你可以隨意吃。只是分別善惡樹上的果子，你不可吃，
因為你吃的日子必定死（香港聖經公會，1995：2）。將它的文字
文本加註上去之後，整個圖文關係以及創作者所要表達的意義就
清楚可見了：這裡的蘋果的確特殊，就是神所吩咐人不能吃的那
一顆。繪圖者不只傳達了它的獨特性，也同時點出它對以下幾張

圖的影響性。而這同時也是圖文關係中，以文為主體的互釋模式的運用。

　　圖 5-2-5 神創造（含文字）　　　圖 5-2-6 思（含文字）

　　上面圖 5-2-5 及圖 5-2-6，便是圖 5-2-1 與圖 5-2-4 分別加上文字之後的成品，圖 5-2-5 中的文字引自舊約《聖經》創世紀第一章（香港聖經公會，1995：1）；圖 5-2-6 中的文字引自新約《聖經》羅馬書第七章（香港聖經公會，1995：217）。若以接受者的觀感來判斷，圖 5-2-5 比較接近表層觀感，也就是讀者可以比較輕易看出它是以文為主的互釋模式，很簡單的判斷標準就是來自於圖畫的敘事性較低（而同樣這件作品若以互證模式中相互印證的程度來區分，又可以把它歸屬在低度互證）。至於圖 5-2-6 的詮釋解讀，就必須更進一步理解圖畫及文字各自的意涵，加以比對研判後，才會發現是文字統攝圖畫，屬於深層觀感的判斷標準。

首先就我對圖 5-2-6 這段文字的詮釋，「我所願意的善」這句話本身就含有相當程度的矛盾在其中，「善」是大家趨之若鶩的，為什麼還要特別強調「我所願意」？透過底下「我反不作」這句話它有了最好的解釋。因為這個「善」在人的私慾底下，往往被犧牲掉了，就如同《聖經》上所說的：女人把順性的用處，變為逆性的用處，男人也是如此，棄了女人順性的用處，慾火攻心，彼此貪戀，男和男行可羞恥的事（香港聖經公會，1995：210）；他們的喉嚨是敞開的墳墓，他們用舌頭弄詭詐，嘴唇裡有虺蛇的毒氣，滿口是咒罵苦毒，殺人流血他們的腳飛跑，所經過的路，便行殘害暴虐的事（同上，1995：212）……淫亂的、拜偶像的、姦淫的、做孌童的、親男色的、偷竊的、貪婪的、醉酒的、辱罵的、勒索的……（同上，1995：234），難怪有人會下結論，指稱現在是個「邪惡淫亂的世代」。「我所願意的善，我反不作，我所不願意的惡，我到去作」整句，其實也點出所有作為都掌握在人的手中，必須由人自己負責，雖然表面上文字說「我所願意」、「我所不願意」，但是軟弱的人心在分辨善惡的能力上，就像起初伊甸園中，夏娃被蛇引誘而吃下善惡果的同時，隨著永生生命的消失也跟著滅絕了。

因此我在圖畫表現的時候，刻意以自己沉思的鏡頭為畫面的主體，頭頂上由夏娃拿著的蘋果，象徵的就是那個早就深在心中、無法拔除的原罪。透過這張圖，我也想讓讀者有種全新的認識，不只是對邪惡淫亂事件的察覺，更在乎個人內心的反思，「我所願意」、「我所不願意」真的無法由我自己來掌控嗎？

除了我所舉的自己的這一系列作品，在現有圖畫書成品中，也可以看到一些以文為主的互釋模式的運用。例如 1993 年黃春明

的童話作品《小駝背》（1993a）與《我是貓也》（1993b）中，就分別有些例子可以參照。

　　《小駝背》這個故事裡描述了一個駝背孩子的遭遇，因為大家都叫他「小駝背」，到最後連他自己都不記得原來的名字。「小駝背，像烏龜，東奔西跑無家歸……」，在小鎮裡時常可以聽到其他孩子唱著自己編的歌謠來嘲笑他。我所要舉的例子在書中的一個跨頁，右頁是它的文字文本，左頁是與文字相搭配的圖畫，文字中有一段這樣的敘述：他們把小駝背絆倒在地上，然後圍著他興高采烈的大聲嚷叫著：「快來看哪！看大烏龜翻身。」（黃春明，1993a：2）黃春明在左頁的圖畫中，以撕貼的方式呈現出一個光頭小孩舉起大腳，將小駝背翻倒在地，另外還有四個小孩，一邊跑過來湊熱鬧還一邊舉手助興的畫面。比較特殊的，這個地方小駝背的造型，與其他畫面中的都不一樣（其餘的可以明顯看出是一個背部隆起的駝背男孩），這裡黃春明真的放了一隻烏龜，一隻有著小駝背面貌的烏龜，因為被翻倒在地，所以痛苦的掙扎著。以這樣的圖文呈現方式，如果讀者沒有參照文字文本的描述，或許「烏龜」這個圖示就會顯得有些莫名奇妙了。

　　另一個例子則是來自《我是貓也》的後記中。這個故事描寫一隻名叫黑金的貓，一出生就在富有人家當寵物，得寵到牠根本不知道自己是一隻貓，不需要自己捕捉獵物，犯了錯也是下人替牠受罪，後來被挾怨報復的下人丟棄到大街上，從此展開牠冒險尋找自我的旅程。故事的最後黑金終於學會捉老鼠，還成為村子裡有名的貓，因為牠捉到了鼠王。黃春明在故事的後記中，放上一張「尋貓啟事」，紅色的告示單上，有著黑金的畫像，畫中還以文字說明懸賞的目的：有一隻純黑的貓走失了，女兒為了這隻貓

走失害了一場大病，拾獲此貓者重賞（黃春明，1993b：35）。有趣的是，在這張尋貓啟事底下，黃春明又有一段自我表白的陳述，他說：

> 其實故事已經結束了。假定有一天，黑金可以選擇回去有錢的女主人家，也可以選擇留在這個老鼠很多的村子裡，對這樣的選擇他矛盾了許久，最後他決定留在這個村子。這樣的決定，你以為如何？（同上，35）

這裡很明顯的，黃春明透過圖畫與文字製造了一個對比，尋貓啟事圖畫中的女主人想要找回黑金，而黃春名筆下的黑金選擇留在村子裡繼續捉老鼠。說穿了這二者都是黃春明創造出來的，刻意製造對比最後還詢問大家的意見，讓圖畫與文字在這個地方都作了陳述，頗有現代派文學作品的意味。不過最終從黃春明的自我表白中，已經給故事下了一個結局，黑金會留在村子裡，至於觀眾的想法，就留給觀眾自己決定了。

綜合來說，「以文為主體」的互釋模式，首重在對「文字」的詮釋，雖然透過創作者的轉譯變成圖形畫面，但仍需要配搭上文字才能獲得完整的意義；換句話說，便是以具象的文字解譯抽象的圖畫，沒有文字就失去完整的意義。這也是穿梭在圖畫與文字之間，依個人觀感詮釋作品有趣的地方。

第三節　以圖為主體的互釋：玩味具象

　　針對圖像的形式及作用，我們可以藉由藝術「內在意義和內容」來了解，劉思量在《藝術心理學──藝術與創造》書中這樣說道：

> 找出一個國家、時期、階層、宗教或哲學信念的基本態度，這些都會成為個人潛意識中的特質並且濃縮轉化到一件作品中……這些象徵性價值的發現和解釋（通常藝術家本身並不了解，或者這些價值與藝術家所欲表現者不同），就是我們所謂的深層的圖像：一種綜合的解釋法，而不是分析的……（劉思量，1992：33-34）

　　書中劉思量舉了例子說明藝術作品的價值，例如當我們在觀看達文西的〈最後的晚餐〉這幅圖時，我們可以只分析畫中的特性和性質，也就是解釋它的構成和圖像的特質。但是如果我們把這幅畫當作是達文西的人格的一種文獻記載，或者又從義大利文藝復興的文明，或者另一種特殊的宗教信仰態度去了解，那麼這件藝術作品的象徵意義將會多過畫作本身。又如米開朗基羅的雕刻，他堅持直接以大理石雕成作品，將每一個要表現的對象，從他所在的群像中凸顯出來，賦予每一個雕像強烈的性格，這就不是普通的形式化作品可以取代，因為米開朗基羅已經在其中加入自己的哲學信念。因此作品的創作者，要有詮釋象徵意義的本事，而作品的接受者，也得有賦予意義的詮釋能力，才能看到作品背後更深層的象徵。我再舉以下的兩個例子說明所謂「作品背後的象徵」：

圖 5-3-1 大衛像

圖 5-3-2 奴隸像

　　圖 5-3-1、圖 5-3-2 分別是米開朗基羅不同時期的作品，就技巧形式上的觀點，當米開朗基羅雕刻奴隸像時，其實他的體力及眼力已經不好了，相較於大衛像的完美，這個時期的作品顯得粗糙許多。但如果就主題呈現上來說，挾帶著身體扭曲變形的痛楚，企圖從石頭中掙脫出來的形體，似乎更能彰顯身為奴隸的卑微情感，使得這件作品就這麼「未完成」的被完成了。這一個欣賞作品的觀點與完形心理學家羅度夫·安海姆（Rodulf Arnheim）的「經由完形的動力均衡，以求真實存在的本質」的論點相同。劉思量也引用安海姆對內容的看法，說明「主題或內容」對藝術作品的重要性：

> ……主題或內容更應該與表達之形式合一，而統合在一個動力的完形系統之中。「形式」是知覺的具象表現，是藉形、色、位置、空間、光線的張力特質加以呈現。藝術家在選擇採用這

種知覺形象時，必須考慮與其所欲表達之主題與內容是否相合……因此，安海姆說：「一件藝術作品之知覺的形象，既不是任意的，也不是純粹形色的玩弄。它是此作品所要表現之觀點的一個不可或缺的正確詮釋者。同樣的，主題也不是任意的或無關緊要的，它正好是與形式互相關聯的，以便使得一個抽象的主題得到具體的發揮……」（劉思量，1992：42）

在安海姆的觀點中，形、色、位置、空間、光線等元素都可以用來傳達作者的思想，「抽象」藝術中的形、色、運動與「寫實」藝術中的形、色、運動，在本質上沒有不同，主要差異是在於寫實藝術必須參考自然的物象罷了。這也可以用來說明為什麼在「互釋模式」的圖文關係中，我並不特別把作品「抽象」或「具象」的差異因素考慮進來（在我看來，圖本來就是「具備形象」的），而只就讀者的解釋觀感，依照接受者對圖、文二者呈現形式的詮釋以建構意義或主題的過程進行探討。所以本節當中，是針對圖畫書中圖像的作用部分，以其在「以圖為主體的互釋模式」中的運用加以論述。

所謂「以圖為主體」，按照先前在本章第一節概說中所界定的，是為圖畫本身的主導性勝過故事的敘事性，也就是在閱讀圖畫書時，圖畫必須同時發聲，甚至比文字更具說明性，將文字中沒有交代出來的部分，以圖畫取代，否則整個故事便不具完整的意義；換句話說，這一模式在玩味具象圖形的說明性。在這樣的表現形式中，文字的作用退居第二，但仍不能完全被取代（儘管圖畫能涵蓋空間，卻不容易表達因果、強勢與附屬的關係；而文字擁有涵蓋時間的特性，因此文字中會有一些重要元素，是沒有辦法完全透過圖畫展現的，而是需要靠讀者從文字閱讀中取得）。

在現有圖畫書中有一個明顯「以圖為主體」的例子，是約翰·馬斯坦（John Marsden）的作品《兔子》（2005），由華裔旅澳的圖畫作家陳志勇（Shaun Tan）負責繪圖。為了使讀者方便了解這個故事的大意，我節錄圖畫書中的部分文字：

> 在曾曾曾祖父的時代，那群兔子來到這裡……
>
> 他們和我們長得有點像。人數不多。有些還頗友善……
>
> 後來有越來越多的兔子……
>
> 從南到北，都有兔子的蹤跡。高山、沙漠和河川也阻擋不了他們……
>
> 我們戰敗了……
>
> 他們吃我們的草。砍光我們的樹、嚇跑我們的朋友。還偷走我們的小孩……
>
> 大地乾枯焦黃，風吹過一片片空蕩蕩的平原……
>
> 有誰會從兔子手中救出我們？（約翰·馬斯坦，2005）

第一次看這個故事的文字文本時，我一時無法完整統攝整個故事到底要傳達些什麼，尤其故事中所指的「兔子」，太容易讓我聯想到毛茸茸的布偶了。不過，文字中所使用的字眼，例如：阻擋不了、我們戰敗、吃、砍光、嚇跑、偷走等，都讓故事中的兔子帶有強烈的侵略性格，就像文字中所描述的「從南到北，都有兔子的蹤跡。高山、沙漠和河川也阻擋不了他們」，因此牠們絕對不是小朋友愛不釋手的玩具。儘管如此，從文字中至少我還能掌握一些訊息，就我的理解，不管這裡的「兔子」真正代表「誰」，他們從很久以前就慢慢的侵入另一塊土地，隨著時間的流逝，外來兔子的數量越來越多，侵略的手段也從原先的溫和越來越殘

暴，而且很明顯的是在這塊土地上進行掠奪的工作、毫無建設。最後作者替原來的住民發聲：肥沃濕潤的深褐色泥土？雨水從尤加利樹滴落的氣味？大水潭和那邊棲息的長腿鳥兒？這也道出他們悲慘的心聲。

　　由於文字文本本身無法提供完整的故事訊息，因此我轉而從圖畫部分著手。

　　從圖畫中，我發現繪圖者以類似袋鼠的動物表示我所謂的原住民，穿著英式軍服的白兔子則代表外來入侵者。從第一頁遠方一支象徵船艦的煙囪開始，穿戴紅黑色戰服與軍帽的兔子慢慢進到這塊土地，他們揮舞著旗幟、軍刀，駕著黃色巨型船艦的兔子不斷從海上而來，原本登陸的陸地是一大片生意盎然的金黃色，隨著兔子在陸地上蓋起冒黑煙的工廠和住宅大樓，馬路、電線桿和機器設備一路揚長往內陸邁進，慢慢的畫面的整體色調由亮轉暗，袋鼠們也開始避居到樹上，甚至可以感受到他們的體型越來越小、數量也越來越少。其中一頁令我印象深刻的畫面，有幾隻體型碩大的兔子，穿著黑色西裝還戴上高帽，明顯屬於英國紳士的妝扮，手中卻握著蓋上指紋的文件，另一隻手握著的筆，滴下的是紅色的汁液（或許是血液）而不是墨水，遠方一整列的袋鼠，只能眼睜睜的看著他們的孩子被軍機一箱箱的帶走。巨大冷酷的兔子與渺小無能的袋鼠，形成強烈的對比，畫面上幾個字：還偷走我們的小孩，說明了袋鼠無能為力的無奈。直到最後出現一片人跡罕見的漆黑畫面，剩下一隻兔子與一隻袋鼠面對晨星，誰願意將我們從兔子手中拯救出來？暗示這個地方被掠奪之後，一切都無法回復原狀的悲觀，無論兔子或袋鼠，在這場戰爭中沒有人是贏家。故事就此結束。

　　據說這個故事是根據澳洲的歷史寫出來的，描述的是 1770 年英國的船艦在澳洲的植物彎（Botany Bay）登陸，並就地宣布這個地方隸屬英國的事件。繪者很用心的在圖片中加入大量含有象徵意思的符號，例如表面上文質彬彬的兔子，實際作為卻是侵略；兔子帶進新大陸的外來動物都有一列強而有力的牙齒，就地啃食、行徑囂張；兔子運用先進的大炮類武器攻擊手持斧頭的袋鼠……這些都是以隱喻的方式，來敘述白人進入其他地方土著的世界，然後用自己的觀念掠奪土地與資源，並且破壞原本的生態，創作者的原意應該也是要用來表達出對人類正在破壞地球環境的擔憂吧。

　　因為這本書裡充滿政治隱喻，以及一些令人不太愉悅的畫面，經過媒體報導後，它還在澳洲兒童文學界引起很大爭議。甚至有人質疑：這樣的繪本對兒童來說，會不會太沉重？但似乎也是因為「負面」的宣傳效應，反而吸引了不少青少年與成年讀者的目光（臺灣光華雜誌，2006）。

　　看著陳志勇的圖畫創作，感覺上他的畫中有許多東西在同步發聲，圖畫和文字擁有平行甚至超越的敘述權。一頁畫作裡往往集結成許多元素、融合時空的經驗與體會，加上繪畫是含蓄的語言，要怎麼詮釋，其實還是都得由讀者自由決定。反觀我自己在創作或閱讀作品的經驗中，我也總覺得生命中很多令人印象深刻的記憶，好像都來自「負面資訊」。開心、燦爛的對象，很容易就隨時間淡忘；而悲淒、痛苦的回憶，卻不輕易從記憶中消失。因此，我自己也曾經有過一些作品，表現的手法跟《兔子》這本圖畫書很類似，關注的焦點經常是遺忘失落、孤獨茫然或對現時狀況的無言以對，所要傳達的，是想激起讀者觀感上的波動，透過

作者、作品與讀者間各向度的細微關係，以隱喻帶出宏觀省思的寓言式內涵。

有一陣子，我被新聞中「自殺式」的事件，搞得心情非常的不愉快。後來仔細想想，這些事件好像也具有季節性，好比說夏天到了，就會開始有一些學生因為天氣炎熱，三五好友相約一起到溪邊和海邊戲水，因此被溺斃的消息傳來；又例如每當颱風天時，就會看到所謂第一線的採訪記者，冒著可能被強風吹走的危險，大膽穿越海邊堤防的封鎖線，踩著前進三步後退一步的步伐，為全民知的權利採訪海象及颱風動態，然後還一邊大聲疾呼「這邊實在太危險了，請大家不要到這裡來」，接著鏡頭一轉，通常都可以看到記者附近有許多人在觀浪，甚至還會對鏡頭比出勝利姿勢，似乎對自己英勇的表現感到滿意；此外，夜晚酒醉駕車甚至因為拒絕酒測而大鬧警察局，醜態全被攝影機記錄下來，在新聞中供人欣賞的事件也是層出不窮，看著別人因此發生嚴重車禍，但那樣的警惕效果似乎都沒有親身體驗來的深刻，一定要等到事情發生在自己身上，才會對自己的行為有所覺悟。

大學時期，我曾經參觀過一個攝影展，展出的作品中有一件是系列作品，描述一個「容易被淡忘」的事件。第一張照片，可以看到一隻豬走過馬路，這條馬路上有許多種類的車輛來回穿梭；下一張牠被卡車撞上，當場慘死在車輪底下；下一張，豬的屍體繼續被來來往往的車輛輾過；下一張，豬的屍體因為不斷被輾過而變薄了；下一張，豬的「薄」屍體不見了，馬路上的車輛依舊來回穿梭。這件作品讓我震懾，是因為我們的生活中，有太多類似上述這些事件，每當它發生的時候，或許觀眾的心跟著抽動了一下，但隨著時間過去，這些事件又漸漸被遺忘，等著下一

次又有類似事件發生時，才會重新再被拿出來檢視一次。所以將
它命名為「容易被淡忘」，真的是非常恰當。現在回想起這一系列
的照片，再配搭上作者給這個主題的命名，其實呈現出來的便是
「以圖為主的互釋模式」的運用，作者沒有直接將主題呈現出來，
而是透過連續的幾個畫面，由讀者自己體會，就讀者反應理論而
言，這樣的效果對讀者的影響更大。

　　底下這張圖，就是我仿製這個系列的照片，根據經常在馬路
上可以看見的動物屍體所創作的圖畫。

圖 5-3-3 門外

綜合來說，以圖為主體的互釋模式，圖畫在運用的過程中，意義先是被內藏起來，透過接受者的觀感予以詮釋，整體的圖文搭配才能使文本完整被彰顯出來，例如先前在第四章中提過《地震王國》圖畫書中的那條開口，因為它「釋義」了上衣口袋的開口，少了它整個故事就無法在大巨人的版本下結束了，也就是說缺少「圖」就沒有完整的意義。此外這樣的手法，也經常出現在《中華一番》的卡通動畫中，作者為了形容食物吃在嘴裡的感覺，如果只是以文字說明，會過於呆板，因此每當試吃者吃到好吃的菜餚時，身旁的背景就會出現不同的變化，有時朵朵鮮花飄落、有時好像沐浴在河川當中、有時像食物活生生在口中跳動等，這也是一種以圖畫來代表、象徵文字不容易傳達的意涵的方式，更點出圖畫本身可以擁有的敘事性價值。

第四節　圖文互為主體的互釋：具象抽象競勝

本章中第二節到第三節，分別以「以文為主體」及「以圖為主體」兩方面論述圖畫或文字在圖畫書中的作用。事實上，互釋模式在實際的運用上，還是以「圖文互為主體」的競勝方式最經常可見。它的理由也很容易理解，畢竟圖畫書中圖畫與文字都存在有各自敘述的主體性，而其中的差異只是在於比例上的多寡。能夠單純構成「以文為主體」或「以圖為主體」的互釋模式，多半只是該本圖畫書中的某一個特點或偶爾穿插其中而藉以達成特殊觀感上的效果。因此，在這一節裡，我將針對圖畫的敘事性，尤其著重在色彩的概念上，提出「圖畫」在圖畫書中被運用的另

一種可能性。這裡我仍舊將文字視為已經先存在圖畫創作之前的故事概念，目的也是為了方便論述，而不至於失去焦點。

傳統的中國繪畫中，對於用色的概念很薄弱，雖然在理論上有「墨分六彩」的說法，但事實上並沒有「色彩」的觀念。

> 中國傳統墨分六彩之黑、白、濃、淡、乾、溼，其中黑、白與西方明暗值相似，而濃淡則指的是黑白之濃度，不是色彩之濃淡，乾溼事實上是指形體之塊面水墨濃度，還是與黑白明暗有關。因此，強以六彩區分用墨，不如說是筆墨作用於紙上之六種不同效果罷了。（劉思量，1992：150）

從中國受儒、道思想所影響，發展出來的氣化觀型文化角度理解，便可以想見中國繪畫中不重視色彩的原因。氣化觀型文化系統，它的相關知識建構，源自於相信宇宙萬物為自然氣化而成，是自然而然形成的，因此在繪畫創作上，追求的是氣的靈動、韻的展現，漸漸發展出中國繪畫的六法：氣韻生動，骨法用筆，應物象形，隨類賦彩，經營位置，傳移摹寫。其中首要重視的還是在「氣韻」上，至於「隨類賦彩」中的色彩概念，多半只是為了模擬自然事物而設色，很少將色彩的特性及功能單獨拿來作繪畫研究的主題加以探討。這裡也可以看出，中國傳統水墨畫中，極少見以色彩來表現創作者內在思想的作品的原因。

相形之下，西方受創造觀型文化影響的關係，對於萬事萬物向來喜好剖析、分類並加以歸納，因此也開創出許多繪畫上的理論，有關於造型、形式、空間、線條、色彩等面向的探討，一直在繪畫中被討論著，無論是早期的基督教繪畫、希臘羅馬時代的雕刻、文藝復興時期的個人展現，以至於其後興起的眾多流派，

都在繪畫創作的本質上不斷思考創新。現今當我們重新正視面對色彩及造型在繪畫上的運用時，自然而然的借助西方的理論，也是很理所當然的。

　　有關於色的明暗程度，西方一般把它由白到黑分為十度，中間就是不同程度的灰色。而色彩的表情，傳統上則認為這與「色」的聯想有關，因此把色彩分為「寒」、「暖」不同色系，例如紅色讓人想到熱情、激動，藍色則想到水、冷靜，綠色是和平、清爽等。不過安海姆卻覺得這樣的說法，對色彩特性的解釋是不完整的，為了補救這個缺失，他以完形心理學的角度提出一個假說：

> 色彩之「寒」、「暖」和純粹的色相並沒有什麼關聯。這兩個詞只有當它們用來指涉一個既定的顏色朝向另一色偏離時，才具有獨特的意義。（例如）一個藍調的黃和藍調的紅看來都會是寒冷的，相反的一個紅調的黃或紅調之藍看起來是溫暖的。（劉思量，1992：193）

劉思量也進一步指出：

> 基本的原色都是相當中性的，他們之間的差異，不在於他們具有特別的感情，而在於他們彼此不相並容的特質。因此純粹的紅、黃、藍，在色彩水平上也許是零度的，他們的動力和表情都很微弱。但是具有紅調、黃調和藍調，由於他們把顏色從基本的特性上扯離，會產生一些張力……才能顯示出它表現的特質。（同上）

　　這也可以用來解釋色彩在圖畫書中的運用，除非這本圖畫書的主題在介紹顏色，否則很少只以單一個純色作為表現，而多是

由不同顏色加以混合使用的，這樣的動作，就稱為「色彩的調和」。
理論上來說，當不同的顏色以相同份量混合時，就會產生出灰色，
不過實際在操作上是有困難的。其中有個很關鍵的因素，就在於
色彩給人的觀感，所引發情感表現上的差異。同樣是紅色，當它
被使用在衣服、臉上、天空或血液時，就會受到主題內涵或造型
的影響，而產生不同的解讀效果。因此色彩的理論研究，並不是
要發展出「什麼顏色與什麼顏色調合會產生最美的效果」這樣的
結論，而是在促使創作者考慮「如何使內容有一個適當的形式表
達」，而能在創作的時候作為一個參考。好比說一首完全根據對位
理論設計出來的樂曲，可能不會是真正很好的作品，其中的道理
是一樣的，創作時仍舊需要考慮接受者角度的問題。

歌德在〈論顏色〉中曾經說過這樣一段暗示性的話：

> 表達顏色的多樣性，可以憑藉一份簡圖，這份簡圖詮釋了人類
> 思想和大自然當中的一些最初的關係；所以，我們無法懷疑，
> 當我們想表達一些並非帶著同樣多的力量和可變性而落於意
> 思之下的最初的關係時，在某種程度上像使用語言一樣地使用
> 這些關係是可能的。（韓叢耀，2005：344）

從這段話中可以看出色彩在視覺上是佔有相當重要的地位
的，再加上它被用來搭配使用的方式，使得它本身就可以形成資
訊訊息，從而表達出不同的主題、意義及內容。雖然這樣的理解，
還是得透過接受者起先的先備經驗，例如我們對人、事、物以及
彼此間相互關係的感知，才能建構出完整的意義，這也是為什麼
我將圖文關係視為可以具有各自敘述的主體性，並且可以相互統
攝的原因。當讀者對物象色彩產生的規律有一個大致了解時，對
視覺資訊的造型符號的敏感度及理解性也會相對提高。

　　以下我便針對色彩及造型在圖畫書的使用中，尤其在圖畫與文字文本互相搭配，以便呈現完整故事意涵的部分，分別舉例說明。由於圖畫的使用上，基本上是以明暗、色彩及造型為主要考量，因此在明度方面，我舉查爾斯・蘭姆（Charles Lamb）改寫的莎士比亞（William Shakespeare）名著《馬克白》（2000）為例，說明黑、白兩色營造的明暗對比，彼此之間相互牽引而引發的視覺效果，與文字文本如何呼應；其次色彩方面，我舉傑若姆・胡耶（Jerome Ruillier）的《帽子先生和他的獨木舟》（2001）為例，探討不同色相的改變與接受者觀感上的情感鏈結；最後加入造型改變因素的色彩，除了造成視覺觀感上的刺激，同時也引發音樂節奏般的聽覺律動，我舉艾瑞・卡爾的作品《看得見的歌》（1995）來說明。

　　《馬克白》這個故事中描寫了人性的陰暗面、政治鬥爭，還加上女巫的預言，用來陳述一對夫妻走上自我毀滅的過程。馬克白是蘇格蘭王國的爵士，效忠的對象是敦厚的鄧肯國王。在一次征戰得勝之後回家的路上，遇上三個女巫，馬克白從女巫的預言中知道自己將成為伯爵，並進而成為未來的國王；不過子子孫孫為蘇格蘭國王的，卻是另一名將軍班柯。女巫的話讓馬克白的心被瘋狂佔據，他先是謀殺了鄧肯國王，順利登上王位，接著又暗中刺殺班柯和他的兩個兒子，所幸這兩個兒子趕緊逃到鄰國尋求保護。馬克白雖然當上國王，但是心中的陰影仍舊不斷擴張，越想尋求安全感，卻越讓自己陷入黑暗的深淵，最後他又再次尋求女巫的幫助。女巫召來可怕的靈媒，告訴馬克白不需擔心，凡是女人所生的都不能傷害他，還有他是不會被打敗的，除非勃南的森林挪到鄧西嫩山上。不料勃南的森林真的往鄧西嫩山上移動，

原來馬爾康（班柯的大兒子）的軍隊是以這種方法掩飾他們確實的人數，但想到靈媒說的話「凡是女人所生的都不能傷害他」，於是馬克白勇敢披上戰袍迎戰，他向馬爾康咆嘯並把靈媒告訴他的話說出來，不料原來馬爾康在不足月的時候就從母親的肚中被取出來，馬克白只好任由對方將他的頭砍下。

　　有人說《馬克白》是有史以來最偉大的悲劇之一，要以圖畫表現悲劇，畫面的色調自然不能太活潑，這本圖畫書的繪圖者康斯坦丁諾‧加他根（Constantino Gatagan）運用了黑白的明暗對比，呈現出很不錯的畫面效果。他的圖畫中，所有的物件形象都不是非常清楚，例如在一幅刻畫三個女巫的圖畫中，無法明確看出三個人的樣子，卻可以從畫面營造的氣氛達到陰森的效果。書衣上的畫家簡介對畫家本身的色彩運用能力，也給予很高的讚賞：

> 康斯坦丁諾對如何表達《馬克白》故事中緊張的氣氛，人類內心的不安、矛盾和衝突，以及故事背後的隱喻，有他獨特的看法和方式。如同印象派一般，他善於運用色彩的構成來表現物體在空間裡形成的實體感，因而在顫動的光影和色塊組合而成的畫面中，無論是氣勢壯闊的戰爭場面、女巫出現時的鬼魅氣氛，或是馬克白在野心欲望和道德良心兩邊拉鋸的內心戲，一一刻劃得淋漓盡致，讓讀者直接就能從畫面中得到訊息。（查爾斯‧蘭姆，2000）

　　透過文字文本的說明，接受者可以了解整個故事的始末發展，再加上繪畫中的色彩搭配明暗對比，彼此相互牽引而引發接受者的視覺及心理感受，整個故事更加有生命力。這是單獨從文字故事或單純從圖畫欣賞中無法完全獲得的感受。

　　另一個也是色彩運用的例子，是《帽子先生和他的獨木舟》。這個故事的架構非常簡單，帽子先生因為沒事做，所以乘著獨木舟去逛逛，一路上穿過耀眼的鮮紅、鬧哄哄的灰、惡夢般的黑、光芒四射的金黃，以及像夢一樣美的藍，最後回到他的森林。突然他看見森林中有飛舞的紅、發出窸窣聲響的灰、像噩夢一樣的黑，還將金黃放在手裡摸一摸、跳進藍裡擺動身體，於是他決定讓森林變美麗，拿起畫筆開始不停的畫。

　　如果單從文字文本中，我們能獲得的資訊充其量就是一個冒險故事，故事有一個完美的結局，帽子先生因為一路上的遭遇，體驗了不同生活的美好，於是決定讓他的森林有所不同。看到這裡，讀者會不會對他原本的生活有疑問？究竟帽子先生原先的日子是怎樣，為什麼他對其他的顏色有這麼多不同的新鮮感受？這些答案都在它的圖畫中。

　　回到這本圖畫書的第一頁，文字中說：帽子先生無聊沒事做，只有這麼簡單的一句，但是畫面中提供了更多線索，讓接受者發現原本帽子先生生活在一片只有綠色的森林裡，無論樹、樹上的鳥、河流、河中的魚、變色龍、蝴蝶以及無尾熊，還有一些不仔細觀察就會被忽略掉的小動物，它們全部都是綠色的。生活在這樣的空間裡，的確是無聊透了。接著帽子先生划出他的獨木舟，接觸到第一個新奇的顏色，他穿過一片閃亮耀眼的鮮紅，畫面中是一片生氣盎然的紅，在紅裡面有小朋友在戲水、有人開著車子，還有人架著飛機四處穿梭。接下來是一片鬧哄哄呼的灰，透過畫面可以清楚看到，原來帽子先生進到類似都市或工業區的地方，房子變成一棟棟的高樓，消防車上載著心情不好的工作人員，整個城市呈現出陰暗與不愉快。再次讓他露出笑容，是因為他穿過

像太陽一樣光芒四射的金黃，後來還被藍色鯨魚噴出的水柱衝到天上去，回到原本的綠色森林後，他開始要讓森林有所不同。

事實上，這個故事如果完全以文字陳述，那麼故事就變得不精采了，好比我剛剛以文字方式敘述了帽子先生的居住環境，我已經很盡力的描述了，但是讀者看不到魚探出水面的微笑、看不到蝴蝶飛翔的姿勢、看不到無尾熊偷看帽子先生的表情……實在是非常可惜，這也是為什麼我會將這本圖畫書定為「圖文互為主體」原因。

另外，有關於造型改變而造成視覺、聽覺觀感上的雙重效果，我以《看得見的歌》為例，這是艾瑞・卡爾的作品。

這本書中只有一段文字，它是這樣說的：

> 各位女士，各位先生！
> 我看到一首歌。我畫出音樂。我聽到顏色演奏的聲音。
> 我的筆碰到天上的彩虹，碰到深埋地下的春天。
> 我的音樂會說話。我的顏料會跳舞。
> 來，來聽，用心靈的眼睛，
> 自己看自己的歌。（艾瑞・卡爾，1995）

在這段像是故事的文字文本，又像是創作者的創作表白中，艾瑞・卡爾很有技巧的將「看」與「聽」融合成單一種觀感，就像《繪本之力》中所說的，那是一種可以「存留心底的聲音」（河合隼雄等，2005：45）。以這本書的結構來說，我會將它視為無字圖畫書，因此它的書名《看得見的歌》就別具意義，正如它所傳達的，這是一首可以「看見」的歌，所以看圖這件事，在這本書的閱讀上就顯得更加重要了。

　　書中圖畫的呈現，從一位全身黑色的小提琴演奏家的鞠躬開始，彩色的小點在畫面上飛散開來，變成煙火效果般的色塊，接著藍色調的月亮和紅色調的太陽出現，帶來水中的游物，變成女人落下的眼淚，滋潤大地、長出植物，最後又回到最初的彩色小點，由一位全身彩色的小提琴演奏家的鞠躬結束。閱讀完圖畫之後，如果再次以書名《看得見的歌》統攝整本書中的圖畫，就能達到創作者希望讀者「用心靈的眼睛，自己看自己的歌」的目的了。

　　我用以上這三個例子，分別說明的明暗、色彩及造型，可以帶給接受者觀感上的效果。此外，透過畫面的連續性來陳述故事，在圖文互為主體的互釋模式中也有例子，《地震王國》這個故事可以說明相關的作用。

　　《地震王國》的故事在第四章第三節中，曾經針對故事的文字文本與圖畫相互印證的程度論述過，而這裡主要要探討的是它的書名頁。這兩個畫面都是以小女孩進帳蓬為主要陳述對象，第一個畫面小女孩掀開門簾要進帳蓬，第二個畫面帳蓬垮下來壓住小女孩。配合兩頁的文字排列，形成以下的圖文關係，我以《地震王國》的兩頁書名頁仿作簡圖表示：

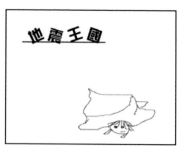

圖 5-4-1 仿作圖（一）　　　　　圖 5-4-2 仿作圖（二）

　　從上面這組圖示，會發現不只圖畫發生改變，圖畫上方的文字也產生不同的變化，「地震王國」四個字的組合從圖 5-4-1 的平整，到圖 5-4-2 字體明顯變大，傾斜的程度也比之前的大，變成歪歪斜斜的，很顯然是因為地震的關係，彷彿真的是被地震給震壞了。圖 5-4-1 到圖 5-4-2，就好像連環故事的畫面一樣，述說著一個剛剛發生的地震事件。透過單一張圖本身的圖文相互解釋，再加上兩張圖文組合相互間的再相互詮釋，讀者對於這個故事的主題意識會變得更加深刻，若單純只呈現圖畫或文字或其中任何一組圖文，效果就大打折扣了。

　　除了以上述所舉的例子，說明了圖畫與文字文本互相搭配以呈現完整故事意涵外，圖畫與文字的配合還能再衍生出其他的意義。好比先前舉過的例子：《數貝殼》故事中的圖 4-2-5（參閱本論述第四章第二節高度互證：絕配）、互釋模式版本《國王的新衣》中的圖 4-1-2（參閱本論述第五章第一節概說），從意義衍生的角度來看，因為圖文的相互幫補，也產生出文字或圖畫單一存在時無法傳達的新訊息，這個角度的運用，類似第六章「互補模式」中的「知識衍生性互補」。科林‧麥克那頓（Colin McNaughton）的《突然！》（1996）以及佩特‧哈群斯的《母雞羅絲去散步》也都可以是這種模式類型的運用。

　　總結來說，以文為主體的互釋模式，文字的說明性高過圖畫，或者以文字統攝圖畫中陳述的元素，幫助接受者了解完整的故事內容；以圖為主體的互釋模式正好相反，圖畫的敘事性高過文字，以圖畫詮釋文字，透過圖畫發聲，同樣是要達到幫助接受者了解整個故事意涵的目的；而在圖文互為主體的互釋模式中，圖畫與文字都具有相當的重要性，無論是透過二者緊密鏈結共同建構出

完整的故事（相互幫補），或者彼此看似不相關聯卻能衍生新意義
（各說各話），對接受者而言都能刺激他的觀感，使他獲得新的經
驗，最終的目的還是希望藉此對讀者傳授相關知識、規範及審美
的經驗。

第六章　互補模式的圖文關係

第一節　概說

　　所謂「互補」，就是「相互補充」，這是依圖文二者相互影響後所能衍生的意義來分辨。當然其中也會涉及到創作者、作品及接受者這三者彼此相互間的關聯，不過與上一章「互釋模式」不同者，在於互補模式中，創作者更像是設計者，構思作品的同時也「設計」接受者。這一類圖畫書作品，以第一眼印象來觀看，其中的圖畫與文字不見得完全相關，但是透過讀者對圖、文二者所傳遞訊息的重新組合，卻能彼此激盪並引發新的意涵，因此本章中主要的重點將擺在作品所能衍生的意義上。

　　周慶華的《語文教學方法》中，將語文經驗做了分類，也就是人所能具備的「知識」性經驗、「規範」性經驗和「審美」性經驗等三大範疇（周慶華，2007b：107）。除此之外，不同文化系統中，人各有追求趨近的目標，例如創造觀型文化積極向上、仿效神的一切（為了重回天父的懷抱）；氣化觀型文化追求人與人之間的絕對和諧（因為精氣化生成人的過程是自然形成的）；緣起觀型文化則追求無念無欲的絕對寂靜境界（為了解脫），而人在自己本身與終極信仰的追求間，雖然「想」卻「不容易」也「不可能」真正碰觸到那個至高的境界，因此在矛盾的掙扎趨向下，反而衍

生出宗教的神聖性。基於此,我便將神聖的意義衍生也加入語文
經驗的類別中,分四個方向來論述,是為:知識衍生性互補、審
美衍生性互補、道德衍生性互補,以及神聖衍生性互補。

　　此外,這裡既然關涉到圖畫與文字間「相互補充」作用的影
響,就必須先對「補充」的意義有所了解,以方便以下各項衍生意
義的論述。是以本節概說中,首先要談論「互補」在本論述中的指
涉意涵;之後再統整說明這種圖文關係在圖畫書運用上的作用。

　　首先提一下最近除了《達文西密碼》一書外,我還迷上另一
本書,書名是《我的名字叫紅》,由諾貝爾文學獎得主奧罕・帕慕
克(Orhan Pamuk)在 1998 年出版的作品,而這本書也獲得 2003
年都柏林文學獎。這兩本書的故事開頭,有異曲同工之妙,都是
一樁命案,慢慢再從作者的刻意佈局,一步一步揭發整件陰謀。
更巧的,兩本書中也都是透過「圖畫」作為解密的關鍵。可以由
《我的名字叫紅》中廖炳惠的導讀看出:

> 整部小說以色彩、景物、圖畫為背景,道出十六世紀鄂圖曼帝
> 國的秘辛。透過一位遭到謀殺的畫家(鍍金師高雅・埃芬迪),
> 去鋪陳各種敘事聲音……帕慕克不斷就謀殺事件的歷史與社
> 會脈絡、個人與國家、藝術與宗教、公共與私人、個別境遇與
> 共同命運,扣緊三本書的插畫(尤其針對蘇丹特別屬意的《慶
> 典之書》及主角正在進行的「一本秘密編纂的書籍」),去「圖」
> 顯政治、愛情、美學信仰的衝突及其暴力。(奧罕・帕慕克,
> 1998:10)

　　值得注意的,這裡提到了「『圖』顯」這個詞。很顯然它是「凸
顯」的雙關詞,在這裡也更加說明「圖」在此書中的作用,而它

也正好可以與我所要闡釋的互補式的圖像的作用相對應。過去大家所熟知的圖文互計關係，多只停留在先前所論述的「互證」及「互釋」這兩種模式，如果請大家閉上眼睛，想像一下，當文字文本以「有一位為情所苦的青年，正在人群中瘋狂找尋他失去的愛人」這樣的故事內容呈現時，腦海中會呈現怎樣的畫面？

　　失魂落魄的男主角，為了等待那個不知何時才會出現的情人，沒時間理會臉上的鬍渣，只能任它恣意生長；凌亂的頭髮、凹陷的眼窩，更凸顯長時間不能入睡的痛苦；此時任何聲音都引不起他的興趣，再吹來陣陣黃沙、飄下兩片落葉，與街道上緊閉的門窗形成強烈對比。鏡頭慢慢淡化、拉開，最後不只是空間，連時間都靜止了……我們或許經常在電影、電視劇裡看到這樣的場景。然而帕慕克對於如何表現這段文字，有著不同的詮釋，可以透過他的文字加以想像。

> 每個人都描繪莫札那為了瘋狂愛戀的莉拉所苦，落魄地在沙漠中遊蕩時，偉大的畢薩德大師則以更巧妙的方法傳達莫札那的孤獨，描繪他漫步於一群試圖升火、煮飯或行走在帳棚間的婦女之中。（奧罕・帕慕克，1998：52）

　　我得承認當我看到帕慕克這段話時，心中的確是很雀躍。彷彿他用文字的形式理解了我的想法一樣。的確在一般比較常見的圖畫中，為了表現情人苦等對方的無奈，通常會把焦點鎖定在主角人物身上，竭盡所能呈現他的痛苦經歷，越是滄桑孤寂，越能顯現他的悲情。但是在帕慕克的小說中，似乎也暗示了我們，這一類的圖文關係還有其他的可能性，如果圖畫是以大多數畫師的表現方法，只將文字裡莫札那找尋莉拉的部分呈現出來，描述他

「落魄地在沙漠中遊蕩」的樣子（即屬於高度互證的模式），這樣的圖畫或許充分展現了莫札那的孤寂，不過感覺上總是太過直接，對於愛情的描寫，不是那麼耐人尋味，畢竟人的感情是很複雜的。不過帕慕克筆下的繪畫大師畢薩德，卻是以平凡的事物取代主角單純的刻畫，就像書中所描述的「漫步於一群試圖升火、煮飯或行走在帳棚間的婦女之中」，莫札那為情所苦，但是身旁的人們還是過著原來的生活，依舊升火、煮飯、穿梭在彼此的帳棚間，絲毫不受莫札那的影響，我想就算莫札那已經在這個世界上消失，那些人們或許並不會發現，因為對他們來說地球還是一樣轉動，日子還是得一天天過下去。從這個角度來看莫札那的感情，是不是更有股孤寂的感覺？

　　因此圖文之間的關係，除了圖畫與文字完全扣合（互證模式），或者圖畫與文字雖然各有所表達，但基本上還是依著故事線加以發展（互釋模式）之外，應該還可以存在一種形式，相較於互釋模式的表意程度，再更加抽象一些，需要讀者透過圖文二者交相作用、相互幫補，才能從中獲得故事的整體意義，我將它稱為「互補模式」。很顯然的在這種模式中，故事線已經被隱藏在文字與圖畫背後，而不是明顯可見的，相對的適合閱讀的年齡就不能太低了。

　　「互補」這兩個字，我們經常可以在日常生活中，聽到有人用它來說明夫妻之間的相處，好比說做先生的喜歡吃甜、太太喜歡吃鹹；先生擅長運動、太太偏好織毛線……這樣的組合就可以稱為互補，因為他們彼此不會爭奪，反而相互填補了彼此的不足。就拿外子與我為例子，我們曾經把喜歡吃的東西羅列出來，發現其中只有少數幾項是同時喜歡的，於是更加印證了前人所說的夫

妻互補理論，想想這也有好處，至少吃東西的時候我們發生搶奪爭吵的機率是很小的。

　　另外還有一個也是經常使用互補來說明的，就是色彩的關係，例如「紅配綠，狗臭屁」這樣的顏色搭配關係，就是使用了互補的觀念。林文昌在《色彩計劃》一書中，針對顏色中的補色對比有這樣的說明：

> 由於人的視覺有接納整個光譜的需求，若具有補色關係的兩種色彩同時映入眼中，就能得到視覺的安定與滿足。補色即色彩的相對色，兩色若處於相對的位置，其性質必須完全相反，但反彼此互為需要，這種情形稱兩色互為補色（互補）。
>
> 若是將紅與綠、黃與紫等具有補色關係的色彩，彼此並排而使兩色相鄰，此時會感覺到彩度增加，色彩更為明艷，這種情形就稱為補色對比。這是由於並排的兩色，會把彼此的殘像加到對方的色彩中，而增加了彼此色彩的飽和度（如圖 6-1-1）⋯⋯
>
> 補色對比的實驗，通常是以灰色誘出殘像來作比較，即以同樣的灰色分別放置於紅色背景與綠色背景中，此時紅色背景中的灰色，看起來會有稍帶一點綠色的感覺；而綠色背景中的灰色，看起來會有稍帶一點紅色的感覺，由此可以看出補色的殘像會使灰色受到影響，所以互補的兩色若是並排在一起，其對比效果就更加豔麗奪目了（如圖 6-1-2）。（林文昌，1994：60）

圖 6-1-1 補色對比（一）

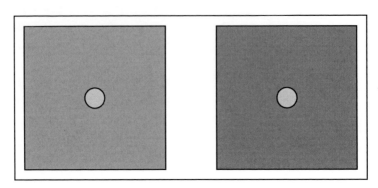

圖 6-1-2　補色對比（二）

　　透過上述這兩個我對於互補字義上的詮釋，從「夫妻」的角度，我得出一個中國傳統中互補的觀念，也就是相互填補以成為一個「圓滿」的狀態，好比陰陽、天地等的配合，就是為了成就一個圓。以圖畫書中的圖畫及文字而言，圖畫可以補足文字敘述上不易表現的，例如空間佈局、色彩色調等；而文字則用來陳述圖畫無法描述的，例如因果關係等。當圖文二者各有表述時，圖畫書中故事的敘事性形成圓滿，在表意的程度上，傾向於上一章中所探討的圖文互為主體的互釋模式。另一方面，如果從「色彩互補」的角度來看，二者間相互的作用就不在於填補對方的不足，而是平衡，或是彼此補充使對方更加出色。對應到圖畫書中的圖文關係上，很顯然的，這種關係底下的圖畫與文字，不是完全相互印證的，表面上看來或許關聯性不大，或者毫無相關，甚至可能完全相對（傾向於下一章中將探討的互斥模式），這樣的圖文關係反而能讓讀者的思緒停留較長時間，仔細思索創作者的佈局創意。相形之下，色彩相互搭配的詮釋角度，所能引發的意義似乎比夫妻關係要來的複雜許多，這也是本章對於圖文關係中的「互補」字義上所採取的角度。

　　不過仔細想想，上述這兩種詮釋方式也不是完全不相關。圖文二者在意義上相互填補以形成一個圓滿，而沒有引發其他附帶意義，理論上可能，但實際上卻不容易做到，某種程度上，圖文二者的搭配或多或少還是會引發讀者的恣意聯想，只是可能這個聯想讀者不自知，或者不在創作者的設想中罷了。許多深具教育意義的故事，都不直接將教訓在故事中呈現出來，而是透過讀者閱讀後，加以思索、討論而能有所領悟，寓言故事就是其中一種形式。如果創作者別有巧思，那麼這一類的圖文關係，便可以用在企圖讓讀者有所自覺，只可意會不可言傳的情形下。

　　將這樣的概念，回推到圖文關係上，我有一個自己創作的例子，那也是我第一次思考如何使用暗示的手法，將我所要傳達的觀念帶給讀者的作品。

　　幾年前我參加了一個為「交通安全」舉辦的漫畫比賽。這個比賽雖然是現場創作，不過在比賽之前，我還是有時間可以先想好構圖，當天再攜帶繪圖工具到場比賽。因為這個機會，我先找了前幾年的得獎作品來參考，從一本本的交通安全比賽得獎作品中，我得到一個結論，我發現這些作品千篇一律，如果主題是汽車，就畫安全帶、酒瓶、超速……主題是機車，就畫安全帽、蛇行、飆車……主題是行人，就畫陸橋、馬路如虎口、紅綠燈……而稱得上特殊的作品（也就是跟前述這幾項歸納不同者），寥寥可數。

　　當時我就想，如果我也是以這樣的作品參賽，那就太沒特色了。於是我開始對「交通安全」這個主題進行分析，試圖找出它最深刻的涵義。首先我所思考的第一個問題，就是「為什麼要重視交通安全？」很顯然的，遵守規則這個觀念大家都有，大家也都知道它的重要性，那「為什麼就是有人不注意交通安全？」此時我腦中閃過的畫面，都類似先前所提過的超速、飆車、蛇行、

闖紅燈、酒駕……但這樣還是不夠深入，畫面中似乎還缺少某個強而有力的論點，那又會是什麼？

　　我發現我在這個地方卡住了，我沒辦法替違規的人找出需要注意交通安全的理由，如果他本身就是個喜歡追求刺激感的青少年，我想再多的勸說都無法阻擋他想追求快感的衝動。那麼可以感動他的，會是什麼？這時不知怎麼的，我的腦中閃過了一個媽媽跪在地上請求商家原諒她那個偷竊兒子的畫面。

　　這樣的畫面，事實上在新聞中經常上演，將這些實際的例子播放出來，或多或少能喚回一些迷惘少年，或者讓尚未犯錯的孩子有所警惕。其中令接受者感動的，十之八、九是這個動作（母親替兒子求饒）背後隱藏著的感情，就是長輩不希望孩子誤入歧途的那種渴望，即便是孩子已經犯了錯，他們仍然希望大家能原諒自己的孩子、再給他一次機會。就像新約《聖經》中說的：要原諒人家七十個七次（香港聖經公會，1995：26），重點不在於究竟是不是一共原諒了四百九十次，而在乎原諒背後的「愛」的動機。因著這樣的想法，我從「為什麼要重視交通安全？」這個主題上，又再往另一個方向延伸：如果這個飆車的人沒機會後悔了？

　　很多時候，就是因為還可以後悔，所以大家並不是那麼珍惜現在所擁有的機會，學校中也常常以勸說的方法教育孩子，但是並沒有很大的功效。不過如果教學現場出現了活生生、血淋淋的「示範」時，師長們還是會趕緊將它當成「活教材」，用來警戒孩子不犯相同的錯。畢竟當真的有人因為不重視交通安全而喪命時，那個教訓才會深刻的烙印在孩子心中。於是我就省略安全帶、酒瓶、超速、蛇行、飆車……等這些交通安全漫畫中的常客，改由「車禍身亡」這個點出發，企圖凸顯車禍發生後，留給家人的痛苦與遺憾。

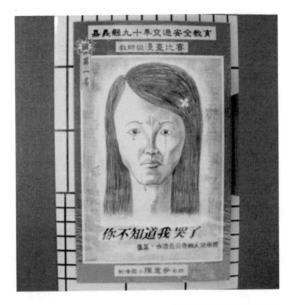

圖 6-1-3 你不知道我哭了——後果，永遠是最愛的人來承擔

　　後來比賽結果出爐，很高興我的這件作品得到當屆的第一名。到現在我都還記得展覽時，曾經有幾個人在我的作品前討論的對話（他們並不知道我就是作者，而我也因為好奇所以偷偷聽了他們的對話）。當時其中一位年紀比較大的男性讀者首先提出疑問，他很好奇交通安全為什麼會跟「一個女生在哭」有關聯？另一位中年的女性讀者馬上回答他：「這個就是你們男人不懂的地方，因為出車禍而喪生的人，他都已經沒知覺了，當然就不知道有人正為他傷心落淚啊！」很顯然她看到了我沒有畫出來的部分，聽到她這樣的回答，感覺自己用心思考後呈現出來的作品，能夠帶給別人與以往不同的感受啟發，說實在的我還蠻驕傲呢！

　　先前在第四章第四節有關於低度互證的論述，我曾舉康軒版第九冊〈動物的尾巴〉一文中的圖畫與文字作說明，我將斑馬尾

巴與孔雀尾羽上的眼狀斑紋，從迷惑敵人的角度予以詮釋；而不太像猴王的猴子，我也認為牠可能正在遠望著真正的猴王。雖然我不是該課的作者，無法知道原創作者的真正用意，不過揭示出這樣的圖文關係，主要還是在說明當圖畫更有可讀性、更有想像空間時，對於整體故事敘事性以及文本的延伸可以有所幫助。如果再加大圖畫與文字間的距離，透過創作者的巧妙安排，讓圖文所佔的位置不是那麼絕對相關，便能引發讀者更多聯想，可以在知識、道德意識以及美感上有所獲得、提升，這也是我認為互補模式在圖文關係運用上更有價值的原因。

　　以下第二節至第五節的論述，我將從作品所能衍生的意義，分為四個方向論述，分別是：知識衍生性互補、審美衍生性互補、道德衍生性互補，以及神聖衍生性互補。其中為了方便論述及使讀者更加了解每個面向的意義及作用，也將以作品搭配說明。

第二節　知識衍生性互補：求真

　　在李崇建的《給長耳兔的 36 封信──成長進行式》一書中，引用了義大利文學家迪諾・布札第（原名未詳）關於「暗示」的一個故事：

> 約翰是個少年，從小就熱愛海的遼闊，一望無垠的藍，以及海
> 的自由美麗。從小他有一個志願，長大要像爸爸一樣，當一名
> 出色的漁夫。有一次，約翰隨爸爸出海捕魚，當他和一條上鉤
> 的魚搏鬥時，不慎從船邊落入海裡。約翰熟悉水性，迅速在海

面上浮了出來，露出燦爛的笑容，因為他和海如此貼近。這時，船上的父親，卻露出驚慌的神色。怎麼回事？原來，一條五彩斑斕的大魚出現在海面上，朝約翰迅速逼近。大魚未靠近約翰之前，約翰的爸爸已迅速將約翰救起，駕船駛回岸邊。五彩大魚似乎選定目標，緊緊尾隨，非要追上漁船才罷休。約翰困惑了，不是要出海捕魚嗎？為什麼被魚追趕？此刻，爸爸驚恐的告訴約翰：「兒子，你這輩子都不能到海上來了。」「為什麼？」約翰驚駭的質問，他熱愛海洋，矢志要成為一名漁夫啊！爸爸說：「孩子，你剛剛落水，遇到了傳說中的五彩大魚，那是漁夫口耳相傳的魚啊！只要落水的人被選定，大魚就會鎖定一輩子，無論你在海洋的何處，牠都會如影隨形追逐，將船撞翻或鑿穿，達到目的才肯罷休。」但是，當漁夫是約翰的願望啊！這下子全泡湯了。約翰帶著遺憾與憤怒，深怕被大魚吃掉，不敢再到海上。有幾次才靠近岸邊，便看見大魚似兇神惡煞般靠近。約翰從此懷著恐懼、詛咒、遺憾，渡過陰鬱的青壯歲月。直到老年，約翰忍不住大海的召喚，決心回到海上，當一次真正的漁夫。傳說中的大魚又出現了。此時的約翰，決心不再逃避，他要盡一個漁夫的本分。終於，約翰將已經垂垂老矣、騷擾他一生美夢的大魚捕獲了。約翰在處死大魚之前，非常生氣的質問：「你這個惡魔，為何是我？為何如影隨形的跟蹤？毀了我的幸福。」大魚痛苦的說：「我的確是不斷的追尋你，但你為何稱我為惡魔？我不了解；那是我身為使者，被賦予的任務啊！一旦落海的人被選定，我就會窮盡一生的精力追尋目標。但是，我不懂你為何要逃？為何要背棄大海的召喚？我身上帶著一顆神奇寶石，將帶給你一輩子的幸福、快樂、財富，

我一心要交到你手上。但是，一切都太晚了，我們都太老了，延誤了寶石的時間。」年邁的約翰失聲尖叫：「怎麼會這樣？為何我得到的訊息不一樣？」（李崇建，2006：21-24）

　　這個故事中，作者花了很大的篇幅描寫約翰的一生，約翰他一輩子都在躲避五彩繽紛大魚的追逐，直到大魚說出追逐他的原因，故事也結束在這個地方。表面上看來，作者陳述了約翰的故事，但事實上作者只是利用故事中的主角發聲，真正要傳達給讀者的「知識」，卻隱含在故事中。故事的結局很令人意外，看到最後，我相信大多數讀者跟我的感受是一樣的，如果約翰可以早一點挑戰原本以為的宿命，或許他就不會在垂垂老矣的時候才知道大魚的用意，或許他有機會可以過著更好的生活，至少不必一生都遠離他所喜愛的海洋……而這些讀者在閱讀後所得出的心得，也暗示讀者本身應該早一點挑戰宿命。這個企圖教育讀者的結論如果放在故事中，直接以文字陳述給讀者，讀者就失去仔細思索的機會，教育作用相對的也會減低許多。

　　以這種期待讀者自覺的故事為例，如果要以圖畫書的形式呈現，它該配合怎樣的圖，才能將作者期望帶給讀者的教訓表達出來？論述到這裡，我想先將焦點轉移，待會再回來看上述這個故事的圖畫可以怎樣表現。我記得曾經看過這樣一段對話：

　　甲：「你兒子如何？」

　　乙：「他不是前段班，但是他很乖。那你兒子如何？」

　　甲：「他很乖，但是他不是前段班。」（出處未詳）

　　我覺得這一段話很有意思，尤其是甲、乙二者對自己兒子的陳述，看起來字面上的差異並不大，不過由於作者的巧妙安排，

使得相同的文字，因為排列的不同而創造出截然不同的意義。從乙的回答「他不是前段班，但是他很乖」中，可以發現他著重的是後者，雖然他並沒有直接說出對孩子課業的重視程度，不過「但是他很乖」強調了兒子的行為，也就相對的表示了他忽略兒子成績不是很好的部分。甲的回答與乙恰好相反，他將「他不是前段班」放在「但是」兩字後頭，加強了與自己期望相違背的地方，因此讀者可以從中讀出他其實不太滿意孩子的成績。這樣的對話，就是個用來說明文字中沒有提出而由讀者自己領悟的例子，算是一種「明顯」的暗示。如果再透過兩人對話的相互比較，讀者還能藉此看出甲乙兩人的個性、嗜好一定也不相同，甚至還有更多想像，這也是個文字與文字相互補充並延異新文本的例子。

此外，透過文字與圖畫相互補充而產生新意的例子，在上一節我舉了自己的漫畫作品〈你不知道我哭了——後果，永遠是最愛的人來承擔〉為例。其中，我讓接受者在第一時間成為故事中的「你」，也就是那個「不知道我（畫中人物）哭了」的人，這樣的「設計」，使得作品與讀者間形成矛盾，因為讀者既然站在作品前面看著圖中的人物哭泣，為什麼作者卻以文字表示讀者「不知道」畫中人物哭了呢？或者畫面故事中的「你」、「我」是其他人？在現實生活中他們究竟是誰？「你」會是「我」嗎？「我」會是「你」嗎……其實我就是要製造這種衝突，好讓讀者藉由這件作品思考：怎樣的情形下「我」會無法知道「別人」在哭？由於這件作品是在交通安全的比賽中出現，讀者應該很快就能與交通事故相互鏈結，因而達到我所期望的效果，也就是引導讀者意識到不遵守交通規則的後果，通常都是由身旁關心自己的人來承擔，

事故的主角已經走了，當然不知道別人為他哭泣，而「我」趁著還有機會時，是不是更應該珍惜自己的生命？

當我構思這件作品時，我也曾思考過接受者年齡的問題。很顯然的這一類交通安全的問題，並不是只有年紀較大的人才需要遵守，尤其比賽在校園中舉辦，當然就是希望能藉此達到宣導的目的，小讀者是不是能夠了解我圖中的涵義，也是一個很重要的關鍵。因此我選擇直接以「死亡」來指涉交通事故的後果，我想無論哪個年齡層的孩子，對於死亡都有經驗，當某個人離世，就代表這個人與其他人永遠沒有機會再接觸了，而不想讓自己提早結束生命，最好的作法當然就是好好的保護自己。不過就算我已經將讀者的接受程度考慮進來，為了讓作品擁有較高的藝術性，還是得有些抽象性的表現，所以在畫面上看不到血腥的車禍現場，俗話說「講破了就不值錢」，要讓讀者透過畫面圖文意義的重組而在認知上有所收穫，當然也是為了彰顯自己的創作能力。

前一章中我還曾經舉崔永嬿《地震王國》中的那條藍色開口為例，說明它「釋義」了上衣口袋的開口，是為「互釋模式」中的「以圖為主的互釋」，也就是故事必須透過圖的詮釋才能得到完整的意義；另一方面，作者刻意把文字中沒出現的元素表現出來，使得讀者在閱讀的時候必須稍作思考，對完整的故事也有所補充，我則把它列為「互補模式」中的「知識衍生性互補」。之所以會以「知識衍生」來指稱這一類的圖畫對圖畫書的作用，很明顯的也是因為在圖畫與文字的表面指涉意義之外，讀者還可以透過二者互動在認知上有所增補，也就是求真。同樣拿《地震王國》中的開口為例，透過圖文相互搭配，讀者認知到它的存在意義，

就是它所扮演的口袋角色，有助於讀者理解故事中另一個大巨人的世界。

針對知識性經驗，周慶華在《語文教學方法》一書中有這樣的描述：

> 它假定語文經驗是一種人類的理性的架構，所以必須合理化；它的目的乃在於求「真」……而這還可以再區分出「抒情／敘事／說理等文體類型」、「高度抽象／中度抽象／低度抽象等抽象類型」、「人文學科／社會學科／自然學科等學科類型」、「前現代／現代／後現代等學派類型」和「創造觀型文化／氣化觀型文化／緣起觀型文化等文化類型」等五個不防「優先」認知的次類型。（周慶華，2007b：108）

從讀者認知上有所增進的角度來看，現成的圖畫書中有幾個例子。科林‧麥克那頓的圖畫書作品《突然！》，以及佩特‧哈群斯的《母雞羅絲去散步》這兩本書，可以算是知識衍生性互補模式的典型作品。

《突然！》是個簡單又有趣的故事，書中的主角是憨厚的豬小弟。從封面、扉頁到書名頁，豬小弟的後頭就一直有個狼形的影子跟著，書名「突然」兩個字也不斷在每一頁中出現，直到正文頁的第一頁終於可以看見野狼的真面目，牠就站在垃圾桶上，等著豬小弟轉過街角時就要將牠吃掉。在這個跨頁的右半頁，出現了斗大的「突然」兩個字，翻往下一頁發現豬小弟突然轉過身去，原來是牠想起媽媽交代要買東西，豬小弟口中說著：「我真傻」，然後繼續牠的行程；而此時大野狼則因為失去重心狠狠的跌到地上。接著豬小弟出現在超級市場裡，推著購物車的豬小弟很

顯然不知道大野狼在架子上正虎視眈眈的看著牠，「突然」兩個字又出現了，下一頁野狼從架子上摔下來，被商家踢出店門，而豬小弟又朝另一個方向走去，因為牠想起購物的錢還放在學校抽屜裡，牠口中再次說著：「我真傻」，然後繼續他的行程。豬小弟回到學校拿錢，大野狼則在屋頂上等著，等豬小弟一出大門就可以將牠吃掉，文字中又出現了「突然」這兩個字，下一頁可想大野狼又摔得鼻青臉腫，因為豬小弟突然決定走後門。接下來也是這樣的模式繼續進行故事，無論是溜滑梯、再回到商店買東西，豬小弟都傻傻的躲過危機，出糗的總是大野狼。故事結束在豬小弟回到家後，牠突然意識到好像有人在跟蹤牠，「突然」身後的大影子轉過身來，原來是媽媽將牠緊緊的摟在懷中。

另一個《母雞蘿絲去散步》的故事，主角則是母雞蘿絲。故事發生在農場裡，有一天母雞蘿絲出門散步，但牠完全不知道自己身後跟著一隻狐狸。當牠走過院子時，背後的狐狸跳了起來，眼看就要撲向蘿絲，翻到下一頁，狐狸踩到放在地上的耙子，被耙子的柄敲個正著。接下來蘿絲準備繞過池塘，狐狸再次採取飛跳的攻勢朝蘿絲撲去，翻到下一頁，狐狸摔到池塘裡。後來蘿絲若無其事的越過乾草堆，狐狸又一次施展詭計，結果跌落在乾草堆中。接下來的故事也都延續這樣的架構，蘿絲又經過磨坊、穿過籬笆、鑽過蜜蜂房，狐狸最後消失在被一大群蜜蜂追趕的畫面中，而故事則結束在蘿絲準時回家吃晚餐。

這兩個故事其實有異曲同工之妙，除了它們故事結構非常類似之外，更在於它們圖文關係的表現手法，文字中所呈現的都只是其中一方的認知想法。好比說《突然！》裡的文字，將豬小弟購物的過程記錄下來，並且配合牠口中一再陳述的「我真傻」，刻

意營造出牠迷糊的個性；《母雞蘿絲去散步》中的文字，只把母雞散步經過的地點描述出來，單就文字來看，整個行程的紀錄很平淡。兩個故事中的壞人角色（大野狼以及狐狸），完全沒有出現在故事文字文本，而是以圖畫取代。刻意營造的迷糊小豬（文字），搭配詭計多端的野狼（圖像）；平淡無奇的散步過程（文字），搭配不懷好意的狐狸（圖像）。簡單來說，閱讀這兩個故事時，如果忽略了圖的解讀，就沒有辦法了解整個故事的主要宗旨。

行文至此，我便以《突然！》的故事內容為例，來談論故事中圖畫與文字所能衍生的知識類型（即文體類型、抽象類型、學科類型、學派類型及文化類型）；其中，由於這個故事的學科類型（為人文學科）與抽象類型（為低度抽象）比較明顯易見，因此我將焦點鎖定在其他三類的類型說明中。

就文體類型而言，《突然！》的行文結構屬於敘事式，透過文字與圖畫，各自對故事作了描述。特別的是，文字與圖畫分別鋪陳出兩條情節線，從文字來看，它交代了豬小弟一路上的行為，而圖畫除了表現出豬小弟的動作外，還凸顯出狐狸連連受阻的糗樣；換句話說，文字中忽略掉的「危機」透過圖畫來補充說明，而圖畫中狐狸的「不順」也透過文字裡豬小弟的「順」來反襯，圖文關係因此緊密結合。其次就學派類型而言，故事中圖、文各說各話的表現手法，以及豬小弟與野狼都各自有所指涉的涵義，在形象的意義上創新，用來預告人的處境危險，同時也暗示歹徒為非作歹的困難，這屬於現代派的表現主義。再次，就文化類型而言，創造觀型文化中，人與人之間的關係是平行的，只對上帝負責。豬小弟一路上毫無畏懼的向前走，絲毫不防備也不擔心背後的敵人，源自於牠對上帝的信任，相信神會保護牠；相反的，

處處受阻的野狼則暗示了神的教訓，加強說明了神庇祐好人的承諾。透過這部分的揭示，我們還可以看出作者構思這件作品的原因，這種人與人互相不信任，甚至連自己都不信任的情形，在其他的文化系統中就不容易出現了。

　　從「表意」的角度來看，要呈現出「危機意識」這類故事的圖文表現，其實也未必一定非要使用這樣的方法。尤其是年紀較小的孩子，在他文字識讀能力不足的時候，其實很需要大人陪伴、甚至讀給他聽，類似《突然！》或《母雞羅絲去散步》這樣的故事，如果只讀出文字而沒有加以指導，提示孩子對圖畫部分也要加以留意，這本書的閱讀價值就大打折扣了。

　　從這裡可以得出兩個結論，可以提供給創作者及教學者作為參考。首先，圖畫書中的圖畫與文字各有陳述，形成圖文相互補充而再衍生出新意義的圖文關係，在閱讀上因為讀者所需要思考的時間較長，而從故事中獲取的知識類型，也因為是來自讀者本身的反思結果，比起直接告訴對方的效果更好，因此它能帶給讀者的幫助也比較大，也就是這種圖文搭配的圖畫書擁有較高的閱讀價值。其次，接續前面所提到的閱讀價值，圖畫文字各有表述的圖文關係，必然會關係到讀者的思考鏈結。如果讀者的年齡比較小，他對於圖畫呈現出文字中沒有的元素的辨識能力，以及該元素別具的特殊意義，在理解上會相對的低於年齡較大的讀者。這當然不表示這類圖畫書不適合低齡孩童閱讀，相反的，它可以用來刺激孩子思考，加速小小讀者對於不同事物間的鏈結，只不過帶領閱讀的人（通常是家長或老師），在導讀時必須針對圖文搭配的特殊性，「有技巧」的加以提示。我之所以會將這一點列出來，是因為很多時候導讀者為了求閱讀的速度以及成效，往往沒有讓

小讀者有較多時間思考，馬上將「答案」告訴他，反而抹煞了孩子自己思考以獲得新知識的機會。

　　上面論述中，主要揭示的就是圖文二者相互幫補，使它們在表面意義外，又再產生出文字或圖畫單一存在時無法傳達的新訊息的概念。回到約翰被五彩繽紛大魚追逐的故事中，從故事中我發現約翰本身的認知與大魚被賦予的使命，其實是兩條平行線。約翰害怕被大魚攻擊，因而選擇遠離大海；大魚為了將寶石交給約翰，終其一生跟隨約翰。約翰使勁逃離，大魚緊緊追隨，二者之間的矛盾衝突越嚴重，越是凸顯故事結局的無奈與悲哀。除此之外，再從讀者接受的角度思考，原先的故事內容（參照本節一開始所引用的故事），讀者與約翰都是到最後才知道大魚的用意，最後才跟著約翰一起後悔，這讓我想到「不聽老人言，吃虧在眼前」這句話。這句話通常使用的情形，是在當甲方已經意識到將會有什麼後果，對乙方提出建議，而乙方卻不接受，導致甲方預設的後果真的發生的情形下。好比說父母經常會對孩子說教，而孩子未必領情，等到事情真的發生，才後悔早知道應該聽父母的勸告，而這個「早知道」所包含的悔恨，會比「早不知道」多好幾倍。

　　因此，如果要將這個故事改編成圖畫書的形式，我會選擇以約翰的認知為故事的文字文本，而在文字陳述的同時，搭配的圖像則是大魚真正的目的。例如當文字描述「牠都會如影隨形追逐，將船撞翻或鑿穿」時，圖像出現先前曾接受大魚寶石幫助過的人；當文字述說「便看見大魚似兇神惡煞般靠近」時，圖中的氣氛溫馴和藹，沒有一點暴戾之氣等。形成圖文二者各說各話，而讀者便是個「旁觀者清」的角色，成為參與故事的第三者，期待讀者

發現故事結局將會擁有的特殊性，並在無形中察覺大魚的用意，卻無法對文字中的約翰提出任何諫言，等到故事最後，看著約翰的悲傷與無奈，說不定讀者還會慶幸自己的先知先覺呢！而這一份的覺察，在圖文關係意義的表現上，就屬於知識的衍生。

第三節　審美衍生性互補：唯美感興

　　現代人拜電腦網路之賜，經常有機會無意中讀到一些很不錯的作品。之前我就曾經在自己的電子信箱中收到一封幾經轉寄的信，雖然我不清楚這封信一開始到底是誰寄的，不過卻可以感受到分送這個訊息的人的用意，應該也是希望有機會接受它的人，都能擁有一份與他相同的「感動」。信的內容是黃春明的作品〈國峻不回來吃飯〉：

> 國峻，
> 我知道你不回來吃晚飯，
> 我就先吃了，
> 媽媽總是說等一下，
> 等久了，她就不吃了，
> 那包米吃了好久了，還是那麼多，
> 還多了一些象鼻蟲。
>
> 媽媽知道你不回來吃飯，她就不想燒飯了，
> 她和大同電鍋也都忘了，到底多少米要加多少水？
> 我到今天才知道，媽媽生下來就是為你燒飯的，

現在你不回來吃飯，媽媽什麼事都沒了，
媽媽什麼事都不想做，連吃飯也不想。

國峻，一年了，你都沒有回來吃飯

我在家炒過幾次米粉請你的好友
來了一些你的好友，但是袁哲生跟你一樣，他也不回家吃飯了
我們知道你不回來吃飯；
就沒有等你，
也故意不談你，
可是你的位子永遠在那裡。

　　黃春明用平淡的語氣，表面上像是透過電話跟國峻抱怨太久沒回家吃飯，讓媽媽也跟著沒心思做飯；細細品味後，卻在發現文中的國峻不會回來時，深受感動。「還多了一些象鼻蟲」，我想除了象鼻蟲之外，還有更多的思念與不捨吧。整首詩看不到一個「痛」字，但是作者的椎心之痛卻依舊能傳遞給我。「美」不一定都是美好、絢麗的，還有許多不同的形式能呈現「美」的感受，優美、崇高、悲壯……也都是美，除了五官的刺激外，更能影響接受者內在的唯美感興思維。我想這首詩能夠感動我的，正是隱含在作品中，淺淺透露出的悲淒，而這份感傷又恰好能與我的經驗產生共鳴。這首短詩我讀了好幾次，幾乎每次它都讓我的眼眶泛著淚水，或許是自己身為兩個孩子的母親，特別能夠感受為人父母者的喪子之痛。「你的位子永遠在那裡」，這個畫面令人看得鼻酸，知道孩子無法再坐在那裡，卻沒辦法忽略這個事實的存在，只能以有形的事物來指涉心中永遠無法被填補的空位。
　　不知道詩中的主角，究竟是承受了怎樣的壓力，為什麼選擇親手結束自己的生命？幾年前我讀了許佑生的《晚安，憂鬱──

我在藍色風暴中》，稱得上是第一次真正的認識了「憂鬱症」這種疾病，也才知道憂鬱並不是可以完全由自己控制的。而我之所以會對這本書感興趣，是因為我懷疑自己得了憂鬱症。從書裡我寫在扉頁上的購書日期看來，那是我大學一年級參加小學同學會後買的。

　　大學一年級對於當時聯考失利，只能就讀中部師範學院的我來說，是相當煎熬的一個開始。或許是高中成績一向優異，使我總是自許非師範大學不讀，沒想到在考場上慘遭滑鐵盧，再加上從小一向不服輸又帶點叛逆的個性，讓我大學一年級幾乎是「躲」在中部不想回家，也不想跟家人連絡。偶爾跟爸媽通電話，說的也都是些報告平安之類的話，如果他們對我的生活再多點關心或稍有意見，通常會被我以極為不好的口氣結束對話。我總認為沒有人懂我，沒有人能夠了解我。幸好，這段時間裡，我並沒有因為鬱悶的浪潮選擇結束自己的生命，反而經常創作，把想法投射在畫布上。

平淡的陳述著我最不想聽的話，幾乎是從出生那刻算起，像要我再一次看清自己，我真是由衷感謝！

圖 6-3-1　眾矢之的

　　這件〈眾矢之的〉畫的就是我自己成為標靶的故事，當時不管是誰說的話，只要是與我有關的，我總會豎起耳朵仔細聆聽，如果是一些關於評價的問題，也總是認為那是對方在挑我的毛病，就算是良心的建議，聽起來也格外刺耳。最近我在李崇建的《給長耳兔的 36 封信──成長進行式》書中，看到他說明自己為什麼會寫作的文字，真是與我心有戚戚焉啊！他說：

> 在功課決定學生命運的年代，我很孤獨，因為容易被老師忽略，也讓父親失望，我對自己逐漸失去信心……少年的孤單心靈，常常感覺一無所有，唯一擁有的，除了憂鬱，就是貧窮。我只好讓文字帶我去旅行，我將孤單寫在日記裡，一本又一本的寫，也在閱讀中找答案。（李崇建，2006：108-109）

　　他提到自己讓父親失望，這也是我一直在追求的目標，希望自己能夠有很好的表現，無非就是要讓父母因我感到光榮。我相信這也是許多人在成長的過程中，遭遇挫折而選擇逃避的原因。

　　我常笑自己有一種「無可救藥的幽默」，無論在什麼情況底下，我總是能找到出路，我想那還是源自於自己不服輸的個性。其實當我繪製〈眾矢之的〉這張圖時，我的心情真的糟透了，我是箭靶，全世界的箭都朝我射過來，我似乎只能等著受傷，沒有能力反擊。但是我心底卻有一個聲音，想證明自己沒這麼容易被擊倒，我想如果我只是將我的想法說出來，或許很多人會覺得是我在鬧脾氣、愛抱怨，這樣便達不到我所想要的效果。於是心裡想著：「好啊！既然大家都不看好我，我卻反而要好給大家看，我要把我的心情畫在畫布上然後展示出來，謝謝大家給我這樣的動力！」最後，我完成這件作品。

　　從審美的角度來看，我要讓我的個性透過書中的圖像與文字相互補充，呈現給讀者，因為我相信這種讀者自覺，會比單純的口述表白更有反擊力。在周慶華的《語文教學方法》一書中，將美的內容依不同的學派類型區分為九種：

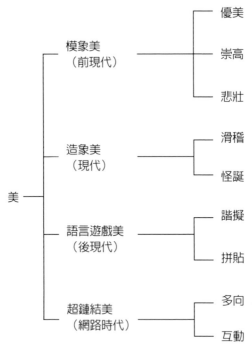

圖 6-3-2　美的內容

　　當中優美，指形式的結構和諧、圓滿，可以使人產生純淨的快感；崇高，指形式的結構龐大、變化劇烈，可以使人的情緒振奮高揚；悲壯，指形式的結構包含有正面或英雄性格的人物遭到不應有卻又無法擺脫的失敗、死亡或痛苦，可以激起人的憐

憫和恐懼等情緒;滑稽,指形式的結構含有違背常理或矛盾衝突的事物,可以引起人的喜悅和發笑;怪誕,指形式的結構盡是異質性事物的併置,可以使人產生荒誕不經、光怪陸離的感覺;諧擬,指形式的結構顯現出諧趣模擬的特色,讓人感覺到顛倒錯亂;拼貼,指形式的結構在於表露高度拼湊異質材料的本事,讓人有如置身在「歧路花園」裡;多向,指形式的結構鏈結著文字、圖形、聲音、影像、動畫等多種媒體,可以引發人無盡的延異情思;互動,指形式的結構留有接受者呼應、省思和批判的空間,可以引發人參與創作的樂趣。(周慶華,2007b:252-253)

當然這裡所提及的美的感受,是指著作品形式對接受者的影響,也就是讀者接受後所引發的內在感受而言,不過其中所說的「滑稽,指形式的結構含有違背常理或矛盾衝突的事物,可以引起人的喜悅和發笑」,正是我構思作品時所採用的方法,我透過自己的畫像與飛射過來的箭組成一個矛盾的畫面,一方面隱含著博取同情的訴求(表示我已經夠可憐了,請大家高抬貴手),另一方面也暗示我對現狀的掌控(我知道箭從哪裡來,它就無法傷害我),至於讀者是否能完全接受到我所要傳達的訊息,這個部分就見仁見智了。總是現在回過頭來看過去的許多作品,無論是文字敘述或圖畫呈現的,細細品味這段歲月留下的痕跡,雖然覺得有點好笑,不過卻也很慶幸我為自己的成長留下紀錄,因為這些作品是我人生的一部分。

我在約翰·柏林罕(John Burningham)的作品《莎莉,洗好澡了沒》(2003)及《莎莉,離水遠一點》(2004)看到類似我這種另有所指的圖文關係。

　　這兩件作品描寫的都是小女孩莎莉的故事。《莎莉，洗好澡了沒》從封面及扉頁開始就很引人注意。試想包著浴巾的小女孩與中古世紀的騎士，究竟會有怎樣的關聯？這兩個不同時代的角色，一同乘坐在馬匹上，書名雖然提示讀者故事將與小女孩「洗澡」有關，卻不容易從這個畫面中看出端倪。扉頁中呈現的同樣也是很耐人尋味的圖，乍看之下不過是普通被埋藏在牆壁或地底下的管線，水管彼此相連，形成錯綜複雜的排水系統；不過再仔細瞧瞧，這裡的管線大有學問，約翰‧柏林罕讓它變成地圖中的道路，右下角乘著馬匹的騎士闖進了由水管組成的世界，似乎在暗示著即將要帶領讀者展開一段奇妙的旅程。

　　接下來的正文部分，作者使用了左右兩頁各說各話的圖像表現方式。左頁中分別都只有一句短短的話，是成人平時會對孩子嘮叨的語氣與內容，一看便知道那是媽媽對著莎莉說的話。媽媽在浴室外一邊整理東西，搭配媽媽所說的每一句話，在左頁中呈現的圖像也是平常媽媽在家中經常做的瑣事，例如「你該不會又把肥皂放進浴缸裡了吧？」的文字，搭配的圖是媽媽站在體重計上；「有些人連浴室都沒有呢！」的文字，搭配的則是媽媽正在清洗洗手檯。當我只將這些文字抽出來讀時，覺得十分熟悉，這些內容就是我平時常對孩子說的話，而左頁這樣的圖文搭配（說的話與所做的動作），也讓我覺得很不好意思，它呈現出傳統家長「碎碎唸」的表情態度，明明手中忙著做家事，嘴巴卻閒不下來，同時得唸上幾句才開心。平時我總會要求孩子專心做好一件事，不要一直說話，理由是說話會讓人不專心以至於沒辦法做好當下該做的事，這下反倒是我被將了一軍。

　　此外，與左頁圖文搭配的右頁中的圖像，更耐人尋味。例如
《莎莉，洗好澡了沒》一書中，正文頁的第四頁文字是「你實在
應該常常洗澡的，莎莉」，圖畫是媽媽站在鏡子前整理頭髮，第五
頁出現的圖，乍看之下卻與前頁文本完全不相關。

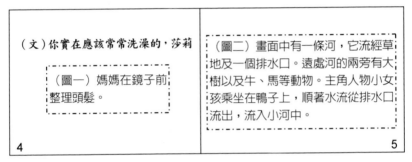

圖6-3-3　《莎莉，洗好澡了沒》第四、五頁圖文搭配示意圖

　　這本書我讀了幾次後，發現約翰·柏林罕他運用巧思，讓右
頁成為莎莉想像中的世界，換句話說，當媽媽嘮叨的同時，事實
上莎莉已經神遊物外了，而她所幻想的世界，正是以中古世紀歐
洲的城邦制度為背景，因此也替封面上莎莉與騎士同乘一匹馬作
了解釋。在她的想像中，她乘著鴨子從浴缸底下的水管，一路流
經小河、順著水流進到一座森林裡，在水流沖進瀑布前，她英勇
的抓住樹枝，等待後面騎著馬的騎士來救她。騎士載著莎莉回到
城堡，國王與王后熱情的向莎莉介紹城堡，從圖畫中看來，莎莉
在她的世界裡玩得很開心，還跟這個國家裡的人大玩水上遊戲，
最後大家都掉進水裡。而正文頁的最後一頁，媽媽再次進到浴室
裡，莎莉結束想像回到現實世界中。

就書中的表現形式分析，《莎莉，洗好澡了沒》及《莎莉，離水遠一點》兩本圖畫書，採用的都是左頁與右頁各說各話的形式，作者透過這樣的敘述方式，將孩子的想像故事與她的現實生活作對比，從接受者的角度來看，一定有些與其他類型圖畫書作品不同的感受，這部分稍後再作論述。我先將圖文搭配的方式以圖例表示如下，實線代表直接相關，虛線代表間接相關：

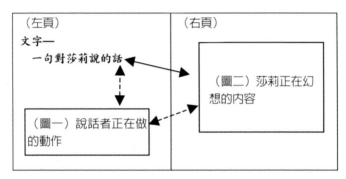

圖 6-3-4 《莎莉，洗好澡了沒》及《莎莉，離水遠一點》中的
圖文搭配示意圖

《莎莉，離水遠一點》的故事架構也很類似。這個故事裡莎莉與爸、媽到海邊戲水，大人們總是會擔心孩子發生意外，因此不斷提醒莎莉注意這、注意那，而就在他們的耳提面命下，莎莉在她的世界裡正駕駛著一艘海盜船，經歷一場海上冒險之旅。

以我自己讀這兩本圖畫書的經驗，看著莎莉的故事讓我想起小時候接受爸媽或老師教訓時的情形，當時我總會幻想著王子出現把我救走。現在我也有了孩子，看著她對我所說的話似懂非懂的樣子，而所犯的錯也不一定都很嚴重，有時或許只是想要惡作劇一下，引起大人的關注罷了。這時候身為媽媽的我如果只是一

味的說教，相信過不了多久，孩子也會因為痲痺而關上耳朵，馳騁在自己的想像世界中。畢竟千篇一律的說辭大家都知道，只不過心靈偶爾也想要放鬆一下。

就這兩本書的文體類型而言，它的敘事結構分為兩條情節線，第一條是文字、圖一，第二條是圖二（參見 201 頁），乍看之下這二者之間的關聯性並不強烈，但是仔細推敲，其中卻蘊含著作者的創意，也可以看出這件作品深受創造觀型文化的影響。首先就文字來說，文字中並沒有交代說話的人，讀者自覺說話者應該是媽媽，是來自於圖一的暗示，在這個世界裡只有「媽媽」說話，莎莉並沒有實際發出聲音，形成在上位者與他的孩子之間的對比，就如同上帝對他的子民說話一樣，所說的話具有絕對的權威性。此外，圖一中的媽媽邊說話邊做其他事，因為她相信浴室裡的莎莉會照著她的話去做，但是地位居下的孩子真的沒有發出聲音嗎？從圖二的圖像敘述中，讀者可以讀出莎莉「心中」的聲音，就算是肉體受到限制，心思意念仍然想要超越他的控制者，創造屬於自己的心靈空間。因此文字中絕對的權威與圖二奔放的意念，便形成一種怪誕的美感。

此外具有審美衍生作用的作品，還有其他例子，例如陳致元的《小魚散步》，這是一個關於小女孩到雜貨店買東西的故事。爸爸請小魚幫忙買雞蛋要做蛋炒飯，小魚於是展開一趟短短的旅程。在這段路上，她撿彈珠、踩樹葉，還帶著從路上撿來的眼鏡，進到雜貨店後，老闆也陪著她玩起辦家家酒的遊戲。其中，當小魚離開家後有這樣一段文字：

然後　跟著影子貓　走在屋頂上（陳致元，2001）

　　如果單看文字，讀者一定會覺得奇怪，影子貓是什麼？還有小魚要如何走在屋頂上？這些答案，通通可以在與該文字相互搭配的圖中找到。搭配圖像的陳述，讀者可以發現原來小魚並不是走在真正的屋頂上，她實際上是踩著屋頂投射下來的影子走，而走在她前面的影子貓，想當然爾就是真正在屋頂上的貓。透過文字與圖像的相互詮釋解說，帶給讀者完整的故事意涵，就形式上來說，也可以說是屬於圖文互為主體的互釋模式，只是經由圖文間相互的補充，引導讀者發現生活中的樂趣，使得一段平凡的路也可以走得很精采。

　　《莎莉，洗好澡了沒》一書的作者介紹中，有這樣一段話：

> 約翰‧伯寧罕擅用孩子的觀點描寫人生，由於他深體大人與小孩必須一起分享繪本，所以他的創作目標是兼顧大人與小孩，讓他們在閱讀作品時，能夠各得其所。（約翰‧伯寧罕，2003）

　　從這段話的陳述，可以看出約翰‧伯寧罕在創作圖畫書時，已經將可能的接受者都考慮進去了。尤其他針對大人與小孩一同分享繪本這個面向，提出大人與小孩總是有不同的想法的事實，不管是誰都應該擁有自己的思想空間，這對大人而言更是當頭棒喝。或許因為約翰本身是在可以讓他隨心所欲的學習環境中成長的，這樣的生活方式，讓他深刻體會現代孩子處處受限的狀況，因此他在現實生活中加入想像的世界，一方面勾起大人小時候的回憶，一方面也鼓勵孩子自由自在的發展，體驗生活中的美感。這種從閱讀中衍生出美感的效果，必須在文字與圖畫，或是圖畫與圖畫彼此相互搭配的情形下觀看，才能得出創作者的構思用意，就是審美衍生性互補。

第四節　規範衍生性互補：嚮往善境界

一般來說，圖畫書可以有幾種不同的功能，例如教育、娛樂、啟發創意或滋潤心靈等。從教育意義的角度來看圖畫書，將圖畫書運用在教學上，就是希望能引導讀者，在引發審美感受的同時，也產生規範取向的語文經驗，使接受者在閱讀時，能形成形而上的自我約束思想，進而傾向、嚮往「善」的境界。就像先前所論述的，這種關於倫理、道德或宗教的規範，可以直接表述在圖畫書中，讓讀者很容易清楚了解該作品所要陳述的主旨；當然，也可以透過圖文相互補充的方式，讓讀者心有所感、自行體會，是為規範衍生性互補。

在談論有關圖文搭配以衍生「規範」的可能性之前，要先了解東西方文化傳統中，對於「規範」所指涉的涵義，其實是有很大的差異的。「中國人的人倫或五倫觀念，事實上是用道德實踐去表現，把忠孝仁愛表現在君臣父子夫婦兄弟朋友的規範上」（蕭全政主編，1990：104），對比新約《聖經》中所說的「愛父母過於愛我的，不配作我的門徒；愛兒女過於愛我的，不配作我的門徒……得著生命的，將要失喪生命；為我失喪生命的，將要得著生命」（香港聖經公會，1995：14），很顯然東方人的規範建立在「人」上，所謂「公理自在人心」，而西方人則建立在「神」上，正如神對世人「伸冤在我，我必報應」的承諾。

這裡揭示出東西方的差異，我的主要的目是想回饋給創作者及教學者。就創作的角度而言，了解東西方的不同，有助於研擬創作取材的方向；就教學的角度而言，理解不同文化的差異，能避免在教學上有誤導誤用的情形，並學習尊重多元文化的價值。

　　亞伯拉罕在基督教信仰世界中，被稱為「信心之父」，因為他在還沒有親眼看見的事上，就已經對神充滿信心。舊約《聖經》中有一個關於他的故事：

> 這些事以後，神要試驗亞伯拉罕，就叫他說，亞伯拉罕，他說，我在這裡。神說，你帶著你的兒子，就是你獨生的兒子，你所愛的以撒，往摩利亞地去，在我所要指示你的山上，把他獻為燔祭。亞伯拉罕清早起來，備上驢，帶著兩個僕人和他兒子以撒，也劈好了燔祭的柴，就起身往神所指示的地方去了……他們到了神所指示的地方，亞伯拉罕在那裡築壇，把柴擺好，捆綁他的兒子以撒，放在壇的柴上。亞伯拉罕就伸手拿刀，要殺他的兒子。耶和華的使者從天上呼叫他說，亞伯拉罕，亞伯拉罕，他說，我在這裡。天使說，你不可在這童子身上下手，一點不可害他。現在我知道你是敬畏神的了，因為你沒有將你的兒子，就是你獨生的兒子，留下不給我。亞伯拉罕舉目觀看，不料，有一隻公羊，兩角扣在稠密的小樹中，亞伯拉罕就取了那隻公羊來，獻為燔祭，代替他的兒子。（香港聖經公會，1995：23）

　　以撒是亞伯拉罕與妻子撒拉的獨生子，根據《聖經》的記載，亞伯拉罕在一百歲的時候才有這個兒子。從氣化觀型文化傳統的角度來看，是無法理解也無法接受這種對待孩子的方式的，許多東方父母甚至不讓孩子打工、做家事，就是因為深怕孩子因此受到傷害，而將孩子保護得無微不至。殺掉孩子獻給神這種舉動，在東方社會中將會被視為邪靈作祟或父母的精神狀態有問題。相對的，創造觀型文化因為信仰的是至高的獨一真神，而人人追求的最終居所也是重新回到神的懷抱，因著信，所有的責難與苦楚都是可以承受的。

　　土耳其作家貝爾克思‧伊波拉哈克路（Belkıs İbrahimhakkıoğlu）的圖畫書作品 *Hz Yusuf*（約瑟夫先知）（2005），講述的是約瑟夫的故事。約瑟夫的哥哥們因為忌妒父親雅各對約瑟夫的愛，因此將他丟到井裡再向父親謊稱約瑟夫被狼咬死，還將他的衣服沾上血漬帶給父親當證據，不過父親將血衣壓在胸口，聞一聞後發現衣服並沒被撕破，這一定不是狼弄的。於是雅各對兒子們說：「顯然地，你們玩了很一個很不好的遊戲。為了要撫平這樣子的傷痛，我唯一要做的就是在阿拉的庇護之下忍耐。」（Belkıs İbrahimhakkıoğlu，2005：7）（此處所引用的文字為中文翻譯，原文如下：Babacığım biz yarış yaparken Yusuf'u yiyeceeklerimizin yanına bırakmıştık. O sırada bir kurt gelip Yusuf'u yemiş. Sen bize inanmazsın diye onun kanlı gomleğini getirdik, dediler.）從這裡可以看出，同樣屬於創造觀型文化傳統的伊斯蘭教信仰，也具有相同的文化特色，相信神是公義、慈愛、憐憫的神，在末世將會審判世人的罪。

　　回過頭來看氣化觀型文化傳統中，將道德規範建立在「人」身上的行為模式。在此之前，先來說一說我在娘家坐月子時發生的一件有趣的事。

　　前一陣子我因為生老二，所以回娘家坐月子。媽媽依照傳統照顧產婦的方式，從早到晚忙個不停，一下子送雞湯、一下子送水果，偶爾還因為想念小孫女，所以又偷偷溜到房裡來看看。有一天碰巧連續好幾次，當我剛餵完奶、寶寶也睡著，才把她放回小床時，媽媽就開門進房間來送吃的或探班，就這樣走了幾次之後，媽媽就開始下結論了：「喔！怎麼都一直睡，這一胎很好睡喔！」原來是她想起了我生老大坐月子時的情形，當時不管媽媽什麼時候進來看我，寶寶幾乎都「掛」在我身上吸奶，好像怎麼

吸也吸不飽，更不用說放在小床中睡覺。其實她哪知道，我也是費了好大的勁，又抱又搖的才把寶寶哄睡，只不過每次媽媽都挑準時機進來，所以才會沒看見我的辛苦。

　　事實上，我們在看待事情時，也經常會發生這種情形，只看到某一個面向而忽略其他可能。這種看待事情的角度，漸漸的也使得有些人學會陽奉陰違，人前一個樣，人後卻不一樣，總是說一套、做一套。對自己本身所在的文化系統有所了解之後，現在我慢慢可以體會，之所以會衍生出這種行為模式，就是因為他將道德標準建立在人身上，雖然氣化觀型文化中也有句話說「舉頭三尺有神明」，但是這位神明的距離明顯遠過身邊圍繞的人，等不到神明的庇祐或懲罰，只好先從人著手，這樣至少可以讓自己看起來好一點。

　　幾年前從電視媒體報導得知，有一位嫁給富商的名模，因為被先生以酒杯砸傷眼角，因此申請家暴保護令，並且在電視機前公開譴責先生的行為。當時我很讚賞她的勇氣，相關報導顯示她被先生暴力相向已經不是第一次了，畢竟在傳統的社會裡，要把自己家裡的醜事揭露讓外人知道，不是一件容易的事，因此先前她一向選擇默默承受。另外，還有一位藝人也是嫁給富商，婚後這名富商卻被周刊記者拍到與其他女人上賓館，嚴重打擊這名藝人，而她在媒體中聲淚俱下，甚至到最後原諒了她的丈夫，這些畫面都讓我記憶猶新。我的生活中也不乏這樣的例子，這些受害者總是被「家和萬事興」的緊箍咒束著，或者認為問題一定出在自己身上，為了避免別人看不起自己，還必須強裝著笑臉，讓人家以為她（他）過得很好，相形之下，這些也是被暴力恐嚇而不敢發聲的人，看來還真是悲哀。

圖 6-4-1　錄影中請微笑

　　先前在本章第二節「知識衍生性互補」的舉例中，我曾以《突然！》這本圖畫書的文化類型，探討了創造觀型文化中，人與人之間的關係，揭示出人與人之間互相不信任，甚至連自己都不敢相信的情形，因此只好極力扮演上帝子民應有的形象，並且完全信靠上帝的拯救。但是在氣化觀型文化傳統下的東方世界，人與人是有親疏遠近的區別的，對於外人或許不信任，但是以「家」為單位所組成的群體，彼此之間仍然有相互依存的需要，因此格外重視人際關係的掌控。

　　〈錄影中請微笑〉這件作品，就是我對於前述那種對於家庭暴力採取隱忍的情況所作的控訴，創意源自於達文西〈蒙娜麗莎〉這幅圖，我以蒙娜麗莎作為家暴婦女的縮影。蒙娜麗莎算得上是藝術史中笑最久也最有名的人物之一，但是卻也因為她的價值，

使得她只能被「關」在羅浮宮的一個展示櫃中，終身受監視器的監督。這讓我聯想到，雖然每年有數以萬計的人湧進羅浮宮來看她，但是誰也不知道，這件作品如果有靈魂，她是不是會願意一輩子只待在這個小櫃子中供人欣賞？而監視錄影雖然有保護蒙娜麗莎的作用，但是卻相對的使她失去隱私，所有的動作都不能隨心所欲，假使她有滿肚子苦水，又怎麼能任著眼淚流下來？這就像那些外表光鮮亮麗的人一樣，人人都羨慕他們可以飛上枝頭當鳳凰，每天都睜大眼睛監控著他們的行動，遇到先生外遇的事情，還得在觀眾愛湊熱鬧的情形下上節目，不得不「原諒」那個不忠的另一半，從這裡可以看出，不只故事中的主角，連看熱鬧的人在道德規範上都出了問題。

在我的作品中，主角蒙娜麗莎依然微笑著，但在她不顯眼的臉龐，淺淺的流著兩行淚水，眼角明顯的紗布包紮痕跡，取自於前面那位舉發丈夫家暴的名模，笑中含淚更加顯露出她的悲哀。整張圖中最諷刺的就是前頭寫著的那行字：錄影中請微笑。如果大家有印象，這句話其實經常出現在賣場貴重的商品附近，出示這句話的用意是為了警告消費者，要對自己的行為負責，千萬別偷竊，因小失大。我在這裡放上這句話，而且刻意反過來寫，就是因為這句話是給蒙娜麗莎看的，目的是用來「警告」她：現在正在錄影，請注意自己的舉止，保持一貫的「微笑」，別哭得太過分，你的一舉一動都備受矚目。我刻意加大一名弱女子與冷冰冰的機器之間的距離，就是為了引導接受者啟發自身的道德意識。

除此之外，現有的圖畫書中，還有這類規範衍生性互補的作品，楊淑清的《模範生》（2004）便是這樣的例子。這本書裡有些頁面的呈現形式，與《莎莉，洗好澡了沒》類似，透過圖畫與文

字不完全對稱的表現方式，使讀者產生道德意識上的自覺。這本書是由空中英語教室製作推出的，屬於「小小實踐家」系列中的一冊。內容針對中低年級的小朋友設計，期待以循序漸進的方法，教導孩子正確的價值觀；其次，也希望能透過中英對照的方式，讓孩子在閱讀的同時，也習慣於英語的表達。它的內容呈現方式如下，實線代表直接相關，虛線代表間接相關：

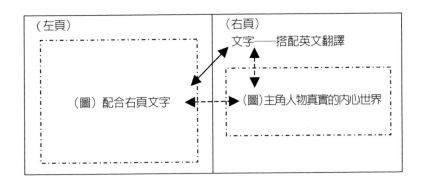

圖6-4-2　《模範生》中第八、九頁的圖文搭配示意圖

　　因此當文字中提到：「那天班上推選了兩位模範生候選人：一個是風紀股長陳安安，另一個是副班長莊大衛」（楊淑清，2004：9）時，左頁的圖自然配合這段文字，老師前面站著兩個小朋友，讀者可以清楚辨識男生就是莊大衛，女生就是陳安安。由於他們即將參與班級模範生選拔，因此畫面中的兩個人看來都文質彬彬、十分友善，就這兩部分圖文關係而言，屬於高度互證的模式；而讀者經由對於文字以及圖畫敘述的詮釋所引發的個人解讀，即「文質彬彬、十分友善」之類的感受，則屬於以圖為主體的互釋模式。

　　相較之下，右頁出現在文字底下的圖，與該頁文字故事的期待（模範生應有的風範）卻正好相互違背。同樣以第九頁這段文字敘述為例，圖畫中的莊大衛與陳安安像正在參與拔河比賽一般怒視著對方，而往後幾頁的故事中，縱使文字裡提到安安對同學示好，希望同學們能因此投她一票，但在右頁下方這個範圍中出現的，都是她一副不懷好意的樣子。簡單來說，在左頁出現的圖，是安安的表面行為，右頁出現的圖，則是她真正心裡的聲音。

　　事實上這種心理層面的問題，我相信大多數的人都有類似的經驗，有時我們不願意表露出真正的想法，只是為了假裝自己很友善或者掩飾某些過錯。好比說前一陣子，我經常聽到家中的長輩述說著另一個同伴的不是。原來是他們都共同參與某個基金會的義工工作，由於大家所協助的工作屬於義工性質，因此基金會每年在年底時都會舉辦表揚大會，表揚這些辛苦付出的義工。為了使表揚更具意義，所以每個義工小組都設有簽名簿，義工們則根據所付出的時間自行記錄，而達到某個指定時數的人，就可以獲得基金會的表揚。規則是這樣子定的，不過就是會有些人，硬是將自己的時數「灌水」，長輩們口中這位同伴就是這個樣子，據說他一年所累積的時數還超過三百六十五天。我聽了之後覺得有趣，接著追問長輩為什麼沒有人想檢舉他或規勸他？可想而知，大家都想當好人，於是只好讓不守規矩的人繼續任意而為，而看不過去的人只能私底下找人抱怨。想想，不只是那個灌水的義工，其他不願意伸張正義的人也一樣該得到教訓，因為大家都表裡不一，心中想一套、實際上又做一套，面對這樣的問題還真是棘手。

　　回過頭來看《模範生》這本圖畫書，作者沒有將安安的真實想法、心裡的聲音直接以文字敘述呈現，而是由圖畫取代，透過

圖文相互搭配的方式，讓讀者從閱讀中體會，產生道德規範上的自覺，對於描寫處於競爭底下的人性黑暗面，反而更具有說明的效果，這種訓示他人的方式，似乎更容易讓人接受。因此，這一類圖畫書中的圖像解讀也就相當重要了。

第五節　神聖衍生性互補：信仰熱

　　本章從第一節論述中所帶出的互補作用，以「知識性」、「審美性」及「規範性」為意義衍生的基礎，分別屬於眞、美、善這三方面的範疇，此外還能以各文化系統的終極信仰，即其「神聖性」來統攝全體。創造觀型文化系統中，所信仰的對象是上帝，單受獨一主宰的支配，祂的子民期待有一天能夠回歸神的身邊，神聖性源自於自己與上帝之間的聯繫。氣化觀型文化傳統中，相信宇宙萬物在偶然的情形下自然氣化而成，團團糾結，而形成人與人相互影響、牽制的社會結構，神聖性則聯繫在人與人之間。而緣起觀型文化，相信宇宙萬物為因緣和合而成，不受限於萬事、萬物的影響，力求解脫以就地成佛，其神聖性則指向空無。

　　2004 年福斯電影公司發行的電影《機械公敵》（I, Robot），以描繪未來世界中的人與機器為題材。故事發生在虛擬的 2035 年，當時科技和機器人已經成為日常生活不可或缺的一部分，美國 USR 公司並且發展出 NS-5 自動化機器人，不僅可以協助居家中任何大小事情，還可以透過網路連線的方法自行更新，在故事中平均每五個人就配備一個機器人，而機器人內建的「三大守則」，也讓大家都對高科技無限上網投以百分之百的信賴。就在這樣的社

會背景之下，只有一個人對於這種生活方式不感興趣，那就是由威爾‧史密斯（Will Smith）飾演的芝加哥警探史普納，他仍舊懷念過去簡單的生活方式，喜歡復古打扮，並且厭惡科技和機器人。

史普納有一個好朋友，就是機器人的發明者阿佛列朗寧博士，他曾經幫史普納裝上機器義肢，使史普納在失去手臂之後還能繼續執行警探的工作，沒想到朗寧博士卻離奇的墜樓死亡，儘管大家都認為朗寧博士應該是自殺的，但史普納卻強烈地懷疑那是 NS-5 對人類的謀殺。

於是史普納便積極投入調查整件謀殺案，不料 USR 公司偏偏派一位喜歡機器人勝過人類的心理學家蘇珊卡文博士和他搭檔，在蘇珊卡文的認知中，機器人受限於「三大守則」，必須優先保護人類，怎麼可能謀殺朗寧博士？直到機器人桑尼當面襲擊他們，蘇珊卡文才相信史普納的推論。後來他們得知桑尼是朗寧特別設計的 NS-5 機器人，而在桑尼的「夢」中，還隱藏著解開迷團的線索。經過主角們一連串的追逐後，發覺機器人背後隱藏著許多危機，尤其在它們自我管理的過程中，慢慢演化形成一套消除社會犯罪率的邏輯方法，為了消弱人類的「自殺」行為，因此反過來控制人類，成為人類與機器人之間的戰爭。到最後，都市自我管理程式的大腦薇琪（Viki）被注入格式化機械分子「抹除劑」而報銷，史普納則在奮勇對抗「敵人」的過程中，與帶有「感情」的機器人桑尼結為朋友。

故事雖然畫下圓滿的結局，卻迫使人類得重新面對「機器化」的世界，人類以生命信任機器人，但是機器人真的值得信賴嗎？這個故事的起始點，來自人類企圖模仿上帝「創造」的能力，但是在將人類的功能賦予機器「人」後，卻又沒有能力處理它們進

化而凌駕人類的問題。因此，人的能力終究不敵上帝，是這件作品所衍生出來的神聖性意義。

　　回過頭來談氣化觀型文化的作品，在精氣化生成人的過程中，無形中將人彼此緊密的牽連在一起。中國有句話說「一表三千里」，也說明了人與人之間注重彼此關係的維繫，更勝於實際血緣的親疏。中國自古以來重視人倫的觀念，使得幼兒從小便開始學習各項規範，在君臣、父子、夫婦、兄弟及朋友的道德實踐上，透過詩歌朗誦、記憶，讓孩子自然而然的養成了重視倫常的習慣，直到現在我們還是這樣教育下一代。例如小學教育經常讓學童背誦的《第子規》，它在〈總敘〉中便提到：弟子規，聖人訓，首孝弟，次謹信，泛愛眾，而親人，有餘力，則學文（華藏淨宗學會，2005：1）。由此可見行事為人所重視的，都不以自己為出發點，因此才會有「置個人生死於度外」這種極高的情操表現。

　　國中時我第一次讀林覺民的《與妻訣別書》，當時被他所使用的文言文形式嚇著，無法體會其中深刻的情感，只覺得林覺民應該很愛他的妻子，因此才會選擇在起義前寫這封信向她說明。就這樣過了好幾年，首句的「意映卿卿如晤」卻依舊鮮明的刻在腦中，現在的我慢慢的比較能從夫妻之間的相處來思考這封書信。林覺民可能是在辛亥革命的前幾天寫下這封信的，信中可以看見他對起義抱著必死的決心，對國家的大愛使他不得不放下個人的私愛，卻放不下對妻子的牽掛。

　　　汝其勿悲！汝憶否？四五年前某夕，吾嘗語曰：「與其使我先死也，無寧汝先無而死。」汝初聞言而怒；後經吾婉解，雖不謂吾言為是，而亦無詞相答。吾之意，蓋謂以汝之弱，必不能禁失吾之悲。吾先死，留苦與汝，吾心不忍，故寧請汝先死，吾擔悲也。嗟夫！誰知無卒先汝而死乎！（林覺民，1911）

　　很顯然的從他們相識以來，林覺民曾經與妻子談論過生死的問題，無論誰先離開，另一個人必定傷心欲絕，因此他寧願妻子比他先走，留下堅強的人來擔當悲傷。這些文字背後，使讀者跟著一同落淚、深受感動的，就是當時時代背景下所衍生出來的無奈與悲哀，以及故事主角在生與死之間所互補出的堅貞情感。宛如描寫戰爭場面的文字，搭配一對擁吻中的情侶的畫面，犧牲小我完成大我的精神自然流露其中。

　　這讓我想起《神雕俠侶》中，金庸筆下的楊過與小龍女。書中有一段劇情，便是描寫兩個人誤打誤撞來到高手雲集的武林大會，當時蒙古王子霍都在師父金輪法王的提醒下，以摺扇使出「狂風迅雷功」，與中原高手朱子柳融合了一陽指的書法筆桿相對，正在互爭高下，可想當時的比武現場，大家注目的焦點應該都在這兩人身上，但是：

> 黃蓉見楊過與小龍女並肩坐在柱旁，離惡鬥的兩個人不過丈餘，自行喁喁細談，對兩人相鬥固然絲毫不加理會，而霍都鼓動的勁風卻也全然損不到他們。但見小龍女的衣帶在疾風中獵獵飄動，她卻行若無事，只是脈脈含情的凝視楊過……（金庸，1980：498）

> 霍督使狡計勝了朱子柳……楊過全神貫注在小龍女身上，但覺天下雖大，再無一事能分他之心，因適才霍督與朱子柳鬥得天翻地覆，他竟是視而不見、聽而不聞。他與小龍女同在古墓數年，實不知自己對她已是刻骨銘心，生死以之……（金庸，1980：501）

　　同樣的對比還出現在楊過與公孫谷主準備對打的畫面中。當時公孫谷主的兩隻手掌蓄勢待發，只要楊過與小龍女伸手相握，

他立刻要朝楊過的背脊出掌，非要將楊過打死不可。哪知小龍女與楊過竟然開始閒話家常，互相詢問彼此的近況，小龍女還取出針線包，當場要楊過轉身，從自己的衣角上剪下一塊白布為他縫補衣服（同上，718）。

上述這幾個例子中（火爆場面搭配情深意濃的情侶），尤其深情款款或熱情擁吻的畫面，多半會在情侶倆分離已久而又再次見面，或者即將面臨分離的時候出現，對當事者本身來說，心裡充滿許多不確定性，不知道可以相聚多久？不知要分開多久？不知是否還有機會再聚？另一方面，戰爭雖然影響的層面很廣，但是它通常都是由少數人引起（與前面的不確定性，同屬於小我的思慮），這少數人的心中必然也存在著許多掙扎，因為他得讓更多人付出極大的代價，甚至釀成妻離子散的悲劇。因此，即將面臨戰爭的主導者或者當事者，心中也會出現許多不想發動、參與卻又不得不這麼做的矛盾。

如果將這樣的小說劇情加以改變，以文字配合圖畫的圖畫書形式呈現，透過文字敘述著戰爭場面或比武現場的各項細節，而圖畫則捕捉情侶的一舉一動，透過這樣的圖文關係，是不是更能展現出主角們追求和諧，卻又不可能達到氣化過程中自然和諧的想望？

相較於創造觀及氣化觀型文化的特質，以佛教信仰為主的緣起觀型文化，則將欲求阻斷在思想之前，沒有這些困擾，才能獲得真正的解脫。相傳佛教是一位放棄崇高地位的王子所創立，他為人類貪得無厭的欲望尋求解脫方法，在西元前 590 年得到頓悟，隨後便開始傳揚主張一種冥想與正當行為的道德法則，讓人可以解脫於欲望之外，得到個人的內在滿足（梅爾，1997：24）。例如

一位瑜珈的學習者，可以經由特定的姿勢和呼吸調節，使自己沉思、集中意志並壓抑心智活動，達到感官分離的境界，即使身處在冰雪之中也將不畏懼嚴寒。

我曾經在雜誌上讀到宗薩欽哲仁波切開示的文章：

> 所謂出離，就是不再執著過去執著的事物。當你不再執著一件事物或一種習慣，它就失去了指揮擺佈你的能力。你也就獲得了自由。從這個意義上說，你必須出離所有的事物，才能獲得徹底的自由⋯⋯例如，如果你看到一個觀點，這個觀點令你不舒服，那麼說明你著眼於一個相反的觀點。這個觀點奴役著你，所以你會不舒服。這樣的情也應該出離。（謝蕙蒙主編，2007）

透過這段文字的說明，本身是個「有」的個體，欲「求無」所衍生的神聖性，源自於「人」與「絕對寂靜」境界的矛盾，這包含了兩個相互對立的概念，也就是「所想」是存在的東西，而想的「內容」又是「無」，「所想」與「空無」之間就是相互排斥的概念，這種情形下所發展出來的圖畫書形式，便是為互斥模式，將在下一章中再作論述。

總括來說，透過圖文相互補充的形式，能夠衍生出知識性、審美性、規範性及神聖性各範疇的意義，其中又以觸及終極信仰的神聖衍生性互補為高度抽象的感受，就如同先前所提過的，各文化系統因為對於終極信仰的追求，在「想」卻「不容易」也「不可能」真正碰觸到的矛盾的掙扎趨向下，才能衍生出宗教的神聖性。從作品而來的感動，不一定在閱讀的當下發生，有時更重視在閱讀過後的自我反芻，因此這一類作品就不適合所有的閱讀者。

第七章　互斥模式的圖文關係

第一節　概說

　　所謂「互斥」，就是「相互排斥」，這是依不同文化系統中，藝術發展的可能表現形式來分辨，因此它也涉及圖像、文字與終極信仰彼此間相互影響的關係，從作品（即圖畫書中的圖與文）的角度來說，此一模式站在「思想意念」延展的觀點，探究讀者透過相互矛盾或相互解構的圖文關係，重新建構意義或主題的過程，並就不同的文化類型，分三方面論述圖畫書創作的可能性，即「是就是非，彼就是我」的「道家式互斥」（氣化觀型文化）、「菩提無樹，明鏡非臺」的「禪宗式互斥」（緣起觀型文化）及「以諧擬或拼貼的手法瓦解既有概念而達思想多元化目的」的「後現代式互斥」（創造觀型文化）。這裡既然關涉到「文化類型」與「成品表意」間的關係，就必須對各文化系統的終極信仰有所了解。因此本節概說中，首先要透過東西方三大文化系統的比較，來談論它們各自執念的世界觀，以及繼之發展上的差異。

　　對於東方的世界觀，在周慶華《語文教學方法》一書中有這樣的介紹：

　　　　一種是流行於中國傳統的「自然氣化宇宙萬物觀」；一種是由古印度佛教所開啟而多重轉折的發展著的「因緣和合宇宙萬物

觀」。前者，以為宇宙萬物為陰陽精氣所化生（自然氣化的過程及其理則，稱為道或理）……後者，以為宇宙萬物的出現和消失，都是因緣和合所致。也就是說，有造成宇宙萬物存在的原因或條件，才能夠促使宇宙萬物的實際存在；反過來說，沒有造成宇宙萬物存在的原因或條件，也就不能夠促使宇宙萬物的實際存在（或者當造成宇宙萬物存在的原因或條件消失了，宇宙萬物也要跟著消失）。（周慶華，2007b：166-167）

　　就中國傳統所見的世界觀（即氣化觀），宇宙萬物的起源在「自然」中進行，所謂「道生一，一生二，二生三，三生萬物。萬物負陰而抱陽，沖氣以為和」（王弼，1978：26-27），中國人信守這樣的觀點，因此表現出來的多半也是使自然與人性、個人和社會以及人與人之間達成和諧融通、相互依存境界的行為方式（周慶華，2007b：167），道家向來就是這樣主張，而儒家所強調的道德形上學，所謂「夫君子所過者化，所存者神，上下與天地同流」（孫奭，1982：231）、「天命之謂性，率性之謂道，修道之謂教」（孔穎達等，1982：879）也與自然的氣化觀無不合轍。莊子在〈天地〉篇中有一段故事：

　　子貢南遊於楚，反於晉，過漢陰，見一丈人方將為圃畦，鑿隧而入井，抱甕而灌出，搰搰然用力甚多而見功寡。子貢曰：「有械於此，一日浸百畦，用力甚寡而見功多，夫子不欲乎？」為圃者卬而視之曰：「奈何？」曰：「鑿木為機，後重前輕，挈水若抽，數如泆湯，其名為橰。」為圃者忿然作色而笑曰：「吾聞之吾師，有機械者必有機事，有機事者必有機心，機心存於胸中，則純白不備；純白不備，則神生不定；神生不定者，

道之所不載也。吾非不知，羞而不為也。」（黃錦鋐註譯，
1996：157）

　　莊子的性格純真坦白，他認為人與人之間之所以會有紛爭，
就是因為缺乏坦誠，正如同子貢提供給老人的方法，既不屬於自
然便是「機心」，因此老人才會笑笑的告訴他：「我不是不知道，
而是認為這樣做是件羞恥的事，因此不肯去做罷了！」

　　據說有一天，莊子穿著補釘過的大袍、沒有後跟的拖鞋，去
見魏王。魏王問他：「先生為什麼這麼狼狽？」莊子回答：「我是
貧窮，不是狼狽。讀書人不能躬行道德，才是狼狽。大王您沒見
過猴子嗎？當牠在大樹上面，手拉枝條盪來盪去，神氣得不得了，
就算是神射手也別想把牠射下；但是如果牠在有刺的壞樹上，一
定會恐懼導致行動受阻，這並不是猴子的筋骨不方便，而是因為
牠所處的環境，讓牠不能施展長才。」（撮自黃錦鋐註譯，1996：
6）用這一段話，莊子暗示了魏王的昏庸，在叛亂的時代裡，又如
何不狼狽？這無疑是把魏王罵了一頓，更加說明了莊子輕視富貴
的個性，一方面固然是因為時代所趨，另一方面也是出於天賦的
稟性。

　　黃錦鋐的《新譯莊子讀本》一書中，針對莊子的情感有一段
描述：

　　　莊子的情感，是對天地間的至情，而不是個人的私情，他看整
　　個宇宙，都是充滿生機，天地間的一草一木，甚至一塊石頭，
　　一具骷髏，都是有生命的東西。對它們都能夠發生感情，也因
　　為他對萬物都有感情，所以對萬物都沒有厭惡、愛憎、是非的
　　觀念，對任何物體都一視同仁，物我之間，沒有什麼差別，既

然沒有差別,那就不必要加以情感上的區分,所以就變成無情,其實莊子的無情,正是他對於宇宙的大感情。(黃錦鋐註譯,1996:5-6)

是以「齊彼我,和是非,一生死」,分別去掉,才能逍遙自在。不過,雖然莊子一心求順乎自然的逍遙自在,卻也不免動了機心。莊子的想法,與當時的現實環境差距很遠,他的話往往得不到別人的欣賞,因此他只得用寓言的方式傳達給其他人,就內容的目的而言,莊子傳遞了逍遙自在的觀念;就說話者本身的目的而言,莊子也不外乎在謀取利益、行使教化及樹立權威。而這個地方既然要探討「道家式互斥」(即彼/我、是/非、生/死不分的逍遙自在)在圖畫書運用中的可能性,說話者(創作者)本身的目的就不加探究了。

此外,積極放下人世間的執著的古印度佛教(即緣起觀),講求的更是一念不起。因緣和合的結果,衍生出人生是一大苦集,「所謂此有故彼有,此起故彼起。謂緣無明行,乃至純大苦聚集;無明滅則行滅,乃至純大苦聚滅」(求那跋陀羅譯,1974:18 上),最後要以去執滅苦而進入絕對寂靜或不生不滅的涅槃境界為終極目標。它的具體顯現,在於講究冥想、瑜珈術或藉由其他身心冶鍊等方式,將能量的消耗降到最低限度(周慶華,2007b:167)。

然而,當原始佛教傳入中國後,因為與中國道家思想相磨合,產生了「方法」上的改變。在周慶華《佛教與文學的系譜》一書中這樣提到:

相傳「(釋迦牟尼)世尊昔在靈山會上,拈花示眾。是時眾皆默然,惟迦葉尊者破顏微笑。世尊云:『無有正法眼藏,涅槃妙心,實相無相,微妙法門,不立文字,教外別傳,付囑摩訶

迦葉』」這一教外別傳到了二八祖達摩，轉往中土，從此開啟
禪宗在中國流傳的契機。由於這個宗派所標榜的是「以心傳
心，不立文字」，有別於教內的依持經論，而跟中國傳統道家
所主張的「道不可傳授」和儒家所偶而主張的「不言而教」異
曲同工，頗受此地學人的賞愛……依照小乘禪和大乘如來禪的
講法，禪是成佛或悟道的方法（禪是梵音 jhāna 的音譯，義為
冥想或靜慮），所以小乘禪和大乘如來禪也叫做修習嬋。而禪
宗的講法剛好相反，它以為禪就是佛教本身或佛本身……在禪
宗的講法，見性是見自性，成佛是見性後所達到的寂靜自在境
界，兩者有相互包攝的關係。換句話說，見性和成佛是一體呈
現的。而這當中的關鍵，就在主體的能悟或覺（相對的就是
迷）……人人都有可能在一念悟間擁有絕對（無待）的自由。
（周慶華，1999：162-164）

　　就心理學、腦科學的層次來看「頓悟」，它的心理機制是：人
的潛意識活動在一定範圍內得到顯意識功能的合作，經歷一個孕
育的過程，當運育成熟時就突然溝通，湧現於意識，終於靈感頓
發（張永聲主編，1991：108）。因此，當一個主體的行動意志出
現後，直到他能完全領會該行動目的為止，就一定是這種機制的
不斷作用。以禪悟來說，寂靜自在的佛境界，就是它的終極目標
所在（周慶華，1997：166）。因此禪修時不再講長時間除去意念
的冥想、打坐，轉而求當下的頓悟。
　　至於西方的世界觀：

西方歷來的世界觀，表面上繁複多樣，實際上確有相當的同質
性，就是都肯定一個造物主（神／上帝）以及揣摩該造物主的旨
意而預設世界所朝向的某一特殊目的……（周慶華，2007b：163）

　　本著朝向造物主的目的，西方在科學、文學等方面，始終能精益求精。從早期的為教會服務，及至十五、十六世紀間，發展出文藝思潮，人們仍舊惶恐自己是否符合上帝的標準，上帝的力量依然支配著他的子民。「巴洛克藝術」、「浪漫古典主義」、「寫實主義」、「印象派」、「象徵主義」、「野獸派」、「表現主義」、「立體派」、「構成主義」、「超現實主義」……各有所凸出及想要表現的期望，企圖媲美造物主。一般說來，藝術史家在區分這些西方「藝術對象」的詮釋時，便是就學派類型，以前現代、現代及後現代予以標示分析。

　　前現代，是指現代出現以前的時代，大約是以工業革命出現的十八世紀為分界線，或者甚至再早一點到文藝復興時期。至於東方，則遲至十九世紀末開始接受「西化」以前，都屬於前現代（周慶華，2007b：163）。

　　及至現代，「相對於前現代所見的世界觀的建構及其運用，現代則傾向於將原世界觀予以演變發展（包括『原』基督教『神學綜合』世界觀歧出『機械』世界觀在內）……所以會有現代的出現，主要是西方人向來信守的創造觀所內在的造物主『絕對支配力』的鬆動，而讓西方人得著自由馳騁思慮和無限伸展意志的機會。」（同上，168）

　　20世紀60年代和70年代交接之際，繼之而起的是「後現代」時期。

　　　所謂工業化或世俗化後，原世界觀中所預設的高高在上的造物
　　主並沒有消失，只是經由現代人的塵念轉深而暫時「退居幕後」
　　或被「存而不論」罷了……而文化也幾經「推移變遷」或「改
　　造修飾」了，接著該是盡出餘力對這一路的遭遇及其成果作一

番省思了。所謂的後現代，就是起因於這個「等待尋繹」空檔
的發掘……（周慶華，2007b：170）

有人認為「後現代」只是個通稱，其實它就社會來說，就是「後
工業時代」；在知識傳承的方式上，就是「電腦資訊」；在一
般生活的型態上，就是「商業消費」；反映在文學藝術的寫作
上，就是「後現代主義」（羅青，1992：245、255；周慶華，
2007b：171）

　　雖然現代主義所強調的「走在時代尖端，向極限領域推進」
的口號仍舊盛行，但此一時期的藝術表現更主張審視傳統，不應
只是強調標新立異，而應追求永恆的藝術價值。後現代的藝術觀
念，把傳統推向極致，藝術家要創作的甚至是無法收藏，無法擁
有的「觀念」藝術（張心龍，2000b：133）；而在文學表現上，後
現代則以「語言遊戲」（以解構為創新）為文學整體的情況（周慶
華，2007b：174-175）。

　　從上述這段文字可以發現，創造觀型文化因為上帝信仰的驅
使，發展出個人的自覺意識，因而也促使西方人有再創形象的觀
念；相對的氣化觀型文化及緣起觀型文化，則因為思想趨向「自
然」及「無念」，所以仍舊處在不變的狀態。相較之下，傳統東方
世界的繪畫表現內容及形式，就顯得沒有那麼精采可期，也難怪
在碰上西方文化思想後，很難保有自己傳統的特色，只能一味與
西方媒合。因此我也引用周慶華對後現代文學的觀點，將此一時
期的美術表現以「圖像遊戲」表示。我援引了周慶華的「文學的
表現示意圖」（周慶華，2007b：175）加以修改，以下圖「美感的
表現」來說明三大文化系統及各學派類型的結合：

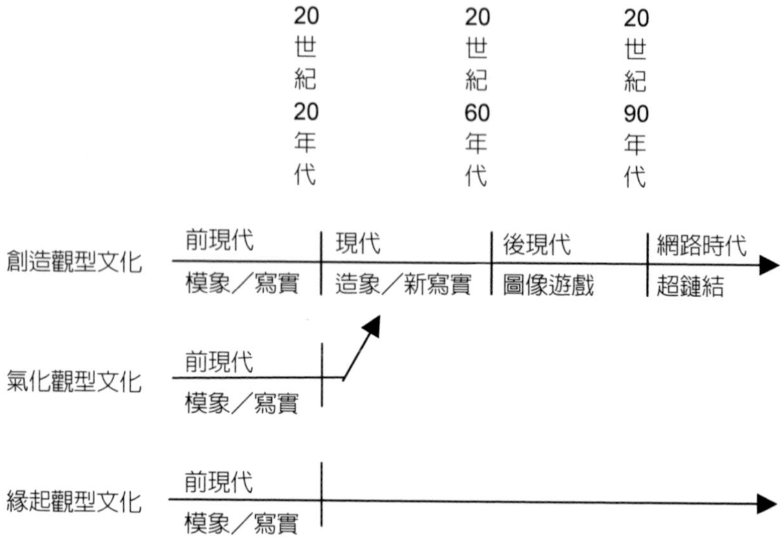

20
世
紀
20
年
代

20
世
紀
60
年
代

20
世
紀
90
年
代

創造觀型文化	前現代	現代	後現代	網路時代
	模象／寫實	造象／新寫實	圖像遊戲	超鏈結

氣化觀型文化　前現代

模象／寫實

緣起觀型文化　前現代

模象／寫實

圖 7-1-1　美感的表現

　　先前在第六章第五節「神聖衍生性互補」中，我曾就三大文化系統的神聖性加以論述，由於各文化系統對於終極信仰的矛盾趨向，因而衍生出不同類型的宗教神聖性。其中氣化觀型文化，神聖性聯繫在人與人、人與萬物為了追求自然和諧，卻不容易且不可能完全的掙扎之間，是以「道家式互斥」的目的，在透過圖文關係達到去除彼我、是非及生死觀念的逍遙自在；緣起觀型文化，其神聖性指向不容易且不可能完全達到的絕對寂靜境界，是以「禪宗式互斥」的目的，在透過圖文關係使接受者放下執念而解脫；創造觀型文化，神聖性源自於不容易且不可能完全仿效的上帝，是以「後現代式互斥」的目的，在透過圖文相對的諧擬或拼貼手法來瓦解既有概念，而達到思想的多元化。總括來說，本章中所要討論的「思想意念」，從相互矛盾（如禪宗式的放與執）

或相互解構（如後現代式的形象意義再創）的觀點，並就不同的
文化類型，分三方面論述圖文在圖畫書創作中的關係。針對這三
種模式所推展開來的思想意念，還能以底下圖示：

圖 7-1-2 互斥模式的光譜儀

　　基本上互斥模式所形塑的是一種圖文關係的新觀念，藉此提
供給創作者、教學者及接受者在拋出及獲取「資訊」上，有別於
以往的認知。至於這一類圖畫書作品被創作出來後的實用性，就
得暫時先存而不論，以方便以下幾節論述。

第二節　道家式互斥：逍遙遊

　　過年前幾天，有朋友送來兩隻活生生的雞當賀禮，由於家裡
已經採買好過年要用的雞隻，所以只好先將牠們養在籠子裡，等
待有需要時再宰殺。從那天起，這兩隻雞就成了閒談聊天的話題
之一，原因是一大早就可以聽到公雞啼叫，簡直就是擾人清夢，
因此大家還建議先將比較會叫的那隻雞殺掉。

　　這讓我想到《莊子》〈山木〉裡那兩隻鵝，跟我家同樣是會叫
與不會叫的選擇，不過故事中的卻是不會叫的被殺掉了：

> 莊子行於山中，見大木，枝葉盛茂，伐木者止其旁而不取也。
> 問其故，曰：「无所可用。」莊子曰：「此木以不材得終其天年。」
> 夫子出於山，舍於故人之家。故人喜，命豎子殺雁而烹之。豎
> 子請曰：「其一能鳴，其一不能鳴，請奚殺？」主人曰：「殺不
> 能鳴者。」明日，弟子問於莊子曰：「昨日山中之木，以不材
> 得終其天年；今主人之雁，以不材死；先生將何處？」……（黃
> 錦鋐註譯，1996：230）

　　莊子的故事中時常會以「有用」與「無用」的相對，來說明
人世的道德。因為人經常困擾於「有用」與「無用」的辯證，表
現得太過搶眼，樹大招風；什麼事都不做，卻違背自己的抱負；
合乎中庸似乎也不容易。於是莊子說：

> 周將處夫材與不材間。材與不材間，似之而非也，固未免乎累。
> 若夫乘道德而浮游則不然。无譽无訾，一龍一蛇，與時俱化，
> 而无肯專為；一上一下，以和為量，浮游乎萬物之祖；物物而
> 不物於物，則胡可得而累邪！此神農皇帝之法則也。若夫萬物
> 之情，人倫之傳，則不然。合則離，成則毀；廉則挫，尊則議，
> 有為則虧，賢則謀，不肖則欺，胡可得而必乎哉！悲夫！弟子
> 志之，其為道德之鄉乎！（同上）

　　在莊子看來，處於有用於無用之間，只是看起來像合乎道而
已，實際上還是受到存在價值（物）的累贅，所以還不是道；只
有與道德化合而逍遙物外，游心於萬物沒有開始的境界，役使萬
物而不受外物役使，這才是道。但莊子也坦白道只是萬物自然的
實理，對人事變化的過程來說就不是這樣了。人世間有合就有離，
有成就有毀壞，清廉會被毀傷，尊貴會受議論……於是莊子要

弟子們不偏執於任何一方，也就是處世不受萬物牽累，冀求逍遙於道德的境界。道家思想雖然起於老子，但是真正將尋求逍遙自在的方法說清楚的卻是莊子。

　　莊子還有另一個故事。在蔡志忠《自然的簫聲——莊子說》一書中，有一回凡侯和楚王坐著聊天，楚王的部下急忙跑來告訴凡侯，說他的國家滅亡了。凡侯不疾不徐的說了聲「知道了」，就請他們退下。楚王非常疑惑凡侯為什麼會有這樣的舉動，於是開口問他。凡侯卻回答：「我何必急？凡國存在，不能保障自我的存在；凡國滅亡，也不會喪失真我的存在。所以我們不妨說，凡國不曾滅亡，而楚國也不曾存在。」（蔡志忠，2003：99）在道家的思想裡，外物的存亡變化都不重要，這一點與佛教放下外物的纏累，進而達到解脫境界有相合的地方，因此當佛教傳入中國時可以很快被接受，就是因為受到道家的影響。

　　我記得前幾年有一部的電影《駭客任務》（The Matrix），也帶入些許道家的思想。故事背景描述多年以後的世界，由於人與人彼此相互攻擊、破壞，加上電子產物不斷的更新，結果電腦組成的虛擬世界終於控制了人類，這些人並不是透過母親懷胎十月生下來的，而是藉由機器運作「生產」，並且這些「機器」人從一出生就活在虛擬的生活模式中，嚴格說起來只是腦中的思想運作，他們並沒有實際行動的能力。當然，故事中還有另外一群真實存在的人，自稱為「錫安子民」，殘喘生存在破壞殆盡的真實世界裡，靠著難以下嚥的食物、破舊的機殼，生活在斷垣殘壁下，這群人就成了對抗電腦世界的救星。錫安子民們透過網路尋找摧毀電腦世界的救世主，在劇情的安排下，他們找到一位靠著網路從事非法行為的駭客上班族湯瑪士・安德森（Thomas Anderson），安德森

在網路上就是以尼歐（Neo）為代號，錫安子民的首領莫菲斯（Morpheus）相信尼歐就是救世主。電腦世界中的安德森為了躲避幹員（實際上就是電腦人）的追查，決定加入莫菲斯的團隊，選擇吞下藥丸，從不曾真實活著的世界中甦醒過來，這才發現他所認識的「世界」不過是虛擬的美麗，真實「世界」早已在人類的破壞下支離破碎。

莫菲斯為了確認尼歐是不是救世主，於是帶著他去見先知。在先知的住處有許多救世主的候選人，其中有一個貌似小活佛的白人男孩，他把玩著一枝湯匙，湯匙在男孩手中任意扭曲，他開導尼歐思索「這裡沒有湯匙」（There is no spoon）的道理。接著尼歐見到先知，先知語帶玄機的告訴他：「別在意那個花瓶」，這句話反而讓尼歐回頭看了看花瓶，因而撞落了桌上的一只花瓶。先知又告訴他們，尼歐並不是救世主，這個答案讓所有人遲疑了，劇情卻在這個時候留下伏筆，先知告訴崔妮蒂（Trinity），她將會愛上救世主。本著之前那個花瓶的「預言」，以及先知留下的伏筆，我就斷定尼歐一定是救世主，只是疑惑著先知為什麼故意說不是？故事到了最後，尼歐與電腦人正面對抗，當下他念頭一轉相信自己就是救世主（或者是因為那個關於湯匙的開釋，使他轉念發現根本沒有救世主的存在），因而克服了虛擬世界中子彈的威脅。

從這個故事中值得探究的，在於讓尼歐轉念的「動力」究竟是什麼？此外，既然人與電腦、虛與實都能並存，那麼「是」與「不是」是否也可以同時存在？或者根本沒有「是」或「不是」的分別？

過年的餐桌上，我的孩子與大伯為了一張水餃皮在辯論。因為當天是以「煎」的方式烹調水餃，就是所謂的「煎餃」，所以孩子稱那個酥酥脆脆的部分叫做「皮」，大伯卻跟她開玩笑說那叫做「餅」，逗得小孩子氣呼呼，堅持說那是「皮」。這樣的爭論場面，

又讓我想到蔡志忠《自然的簫聲——莊子說》一書中，針對《莊子》〈齊物論〉：「毛嬙麗姬，人知所美也；魚見之深入，鳥見之高飛」這段話做的詮釋，其中有個畫面很有趣。在這張圖畫中，有兩個孩子，其中一個手指著天說「馬」，另一個指著地說「指」，形成圖畫與文字（天／馬、地／指）相互矛盾的情形，配合底下一段文字：人自己認為對的就說「對」，認為不對的就說「不對」，但是「對」和「不對」的標準是什麼？（蔡志忠，2003：36）如果一開始，我們稱水餃為「馬」，那麼煎過的水餃就該叫「煎馬」了！透過這樣的圖文搭配，就能引導出對與錯本來就沒有標準的道理。相形之下，蔡志忠書中將整個故事從頭至尾完全以漫畫格式交代，說得太清楚，反而失去道家崇尚自然的味道。

先前在本論述第四章第一節中，我曾就東西方文化所展現的藝術風格加以分析，得出氣化觀型文化影響下的作品講求「神似」更重於「形似」的結論，這一點正可以用道家「任自然」的說法來統攝。崇尚自然的道家，本意雖然是在反對五音、五色的藝術創作，一切回歸自然，但這種不受束縛的思想卻正合乎藝術創作時應有的精神狀態。回到圖畫書中圖文創作的觀點來看，如果要表現這種自然無分別（無是非、無彼我、無生死）的意境，就得要藉由是非、彼我、生死……彼此之間相互對立的特質來發揮；換句話說，圖畫與文字站在相互矛盾對立的立場，互相搭配後卻呈顯出「逍遙自在」的道家思想，體現不需受「是非」、「對錯」束縛的自在心理，則是為「道家式互斥的圖文關係」。而在做法上，為了避免滋生額外意念，因此圖文的搭配應儘量精簡，這一點與下一節「禪宗式互斥」的要求相同。

以下我便以自己的創作〈國王的新衣〉（互斥模式版）中的圖7-2-5 為例，來說明「道家式互斥」（即彼／我、是／非、生／死

不分的逍遙自在）在圖畫書中的運用。為了方便讀者了解，我一併將底下兩類互斥的圖文試作呈現出來。

圖 7-2-1 互斥模式版國王的新衣（一）

圖 7-2-2 互斥模式版國王的新衣（二）

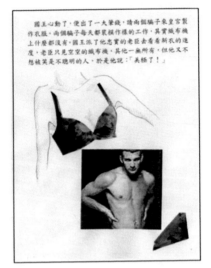

圖 7-2-3 互斥模式版國王的新衣（三）

圖 7-2-4 互斥模式版國王的新衣（四）

圖 7-2-5 互斥模式版國王的新衣（五）

　　本章中我所呈現的〈國王的新衣〉，共有五張圖，分別以圖
7-2-1、圖 7-2-2、圖 7-2-3、圖 7-2-4 及圖 7-2-5 標示，都是以圖、
文「相互排斥」的方式來表達，表現手法上的差異，源自於每張
圖畫想傳達的思想意念不同，例如圖 7-2-1 至圖 7-2-3，屬於後現
代式互斥，圖 7-2-4 屬於禪宗式互斥，這二者的細部說明將在下兩
節中處理；至於圖 7-2-5 則是為「道家式互斥」，參照本節中對於
道家思想精神的詮釋，我期望透過畫面中圖文的相互矛盾關係，
引導接受者進一步思考，以體會道家不需受「是非」、「對錯」束
縛的自在心理，既而將分別去除，達到逍遙自在的目的。
　　圖 7-2-5 是故事的結尾，在故事布局上也就是俗稱的重頭戲。
對於故事整體有所了解後，會發現整個故事企圖營造一種看好戲
的氣氛。國王對於物質虛榮的追求，這種想法或多或少會存在在
人的內心深處，但是像國王這樣有「勇氣」穿著「看不見」的衣

服上大街的，恐怕不是每個人都能勇於嘗試。好比說時下年輕人喜歡穿著寬鬆的垮褲，甚至還故意稍微露出內褲的褲頭，上、下身衣著也喜歡採用不對稱的造型，例如襯衫搭配牛仔褲，或運動外套搭配西裝褲，十足彰顯出有個人特色的穿衣風格。對於這一類服裝穿著，基本上我蠻欣賞的，尤其在整體搭配上，可以強調「我就是我」；但是就我本身的行動而言，礙於自己的身分及年紀，還是只能保持距離。因此，這個不合「常理」的故事，便會使我（接受者）忍不住想看看愚昧的國王最後的下場會如何？就心理層次來講，也就是幫助我（接受者）看到自己「勇於嘗試」的後果會如何？

　　按照一般人的認知，首先對象是國王，在威權時代國王代表的就是權力，他說對的沒人敢說錯，所以他也得為自己的言行負責，才不至於落於愚昧；其次闖禍的是騙子（雖然我有時會幫騙子說說話），不可否認的，他們的行為並不合法理，因此他們的冒險也等於在虎口上拔毛，隨時都可能被發現而拆穿詭計；再者是僕人及大臣，沒有在適當時候對國王說實話，使得君主在大街上出糗，如果國王秋後算帳，沒有人逃得了；最後是「誠實」的小孩，在關鍵時刻喊出「國王沒穿衣服」，看起來是幫大家說出實情，但這種當場賞國王兩巴掌的行為，究竟是給國王當頭棒喝，還是為自己招來殺身之禍？換句話說，〈國王的新衣〉這個故事中，一直存在著「對」與「錯」的辯證，每個人在自己的位置上，總是得不斷問自己：我該不該這麼做？因此，人把自己框限在對與錯、該與不該的價值判斷中。

　　莊子從寒蟬與靈龜，看到生命沒有長短的分別；從惠施的大葫蘆，看到萬物沒有有用無用的分別……因此他可以坦然的穿著

沒有後跟的鞋去見魏王,他可以拿孔子的智慧開刀,透過道家的
精神,我找到另一種方法來詮釋〈國王的新衣〉這個故事。搭配
「只有一個小孩脫口而出:『國王根本什麼也沒穿嘛!』這時群眾
都同聲大笑」這段文字,我改變了原本國王應該出糗的鬧劇,如
果國王能與自然化合,任何外物都不能傷害他,那麼穿不穿衣、
會不會被笑,就不再重要。圖 7-2-5 中,國王的舉動(圖)與文字
所描述的情節(文)形成矛盾對立,讓國王以勝利的姿勢回應讀
者,就像《莊子》〈達生〉裡關於酒醉駕車的人的故事:

> 夫醉者之墜車,雖疾不死。骨節與人同而犯害與人異,其神全
> 也,乘亦不知也,墜亦不知也,死生驚懼不入乎其胸,是故遌
> 物而不慴。彼得全於酒而若是,而況得全於天乎?(黃錦鋐註
> 譯,1996:218)

酒醉的人因為精神凝聚的緣故,乘車不知道,摔下車也不知道,
生死驚怕這些事都侵擾不了他。故事中的國王,穿衣也好,光著身子
也無所謂,逍遙自在,在莊子看來,正合乎「自然無心」的道理。

第三節　禪宗式互斥:解脫成佛

禪宗相信透過名相(概念)權印在腦海中,才能成為個別的
主體領悟禪境所需要的資源,所以在禪悟的過程中,也是需要有
助力(媒介)的。在周慶華《佛學新視野》一書中,引用了《壇
經‧定慧品》中的文字,來說明觸發領悟佛境界的意識作用:

善知識，我此法們從上以來，先立無念為宗，無相為體，無住為本。無相者，於相而離相。無念者，於念而無念。無住者，人之本性。於世間善惡好醜，乃至冤之與親，言語觸刺欺爭之時，並將為空，不思酬害。念念之中，不思前境。若前念今念後念，念念相續不斷，名為繫縛。於諸法上念念不住，即無縛也，此是以無住為本。善知識，外離一切相，名為無相。能離於相，則法體清淨，此是以無相為體。善知識，於諸境上心不染，曰無念。於自念上常離諸境，佈於境上生心。若只百物不思，念盡除卻，一念絕即死，別處受生，是為大錯，學道者思之……所以立無念為宗。（周慶華，1997：166-167）

　　由此可知，當我們要區分某人行事是否具有禪意時，可以從這個人行事能否體現「無念」、「無相」及「無住」的作為來辨別。在形式上，禪宗思想也藉由繪畫、書法或詩歌等方式流傳著。

　　周慶華《佛教與文學的系譜》一書中，就禪詩提出它的三種型態：第一是襲用禪語，例如唐朝王維的〈過香積寺〉：「不知香積寺，數里入雲峰。古木無人徑，深山何處鐘。泉聲咽危石，日色冷青松。薄暮空潭曲，安禪制毒龍」、宋黃庭堅的〈牧童〉：「騎牛遠遠過前村，吹笛風斜隔隴聞。多少長安名利客，機關用盡不如君」，其中王維詩中「毒龍」意指欲念該克制，黃庭堅說「機關」意指心機該被厭惡，都是禪宗所說「不染不著」的同類用法。第二是寄寓禪理，所謂「盡日望雲心不繫，有時看月夜方閒」、「莫謂漂零久，前途即故山」、「閒時帶月撐船去，自有白雲來閉門」、「眼淨塵空無可掃，卻忘苔帚是工夫」，又如王維的〈鳥鳴澗〉：「人閒桂花落，夜靜春山空。月出驚山鳥，時鳴春澗中」、〈辛夷塢〉：「木末芙蓉花，山中發紅萼。澗戶寂無人，紛紛開且落」，將禪道

動靜一如、不滯空有的境界透將出來，藉由意象表達禪理，遠比直接說出禪語要有餘味。第三是經營禪趣，這裡所說的禪趣是一種「反常合道」的奇趣，一反日常老舊的想法，以似乎與常理相反的角度經營，例如「菩提本無樹，明鏡亦非臺。本來無一物，何處惹塵埃」、「焰裡寒冰結，楊花九月飛。泥牛吼水面，木馬逐風嘶」、「空手把鋤頭，步行騎水牛。人在橋上過，橋流水不流」。（周慶華，1999：164-172）就黃永武的說法：「從『俗腸俗口』的立場看，像是不合世情常理，從詩人的靈思看卻是合情愜意的。也即是乍看『出人意外』，細看卻又『入人意中』的新闢境域」（黃永武，1978：250）。

此外，在禪宗公案中，有許多例子也是以具體、反詰、遣思或擬譬、截斷執著以及去除偶像等方式來解說「無念」、「無相」及「無住」這些過於抽象的道理。例如李蕭錕的《坐者何人──李蕭錕禪畫公案》一書中，他所引用《五燈會元》裡的「丹霞燒木佛」例子，從中可以看出「出人意外」又「入人意中」的反常合道奇趣：

> 丹霞天然於慧林寺遇天大寒，取木佛燒火向，院主訶曰：「何得燒我木佛？」師以杖子撥灰曰：「吾燒取舍利。」主曰：「木佛何有舍利？」師曰：「既無舍利，便取兩尊燒。」主自後眉鬚墮落。（李蕭錕，2007：141）

在一般佛教信仰中的人來看，丹霞禪師燒木佛這個舉動，或許是大逆不道，但是用在禪宗文獻中，卻體現了「佛在自心」的說法。相對的，慧林寺住持所看重的只是佛的外在形式，就是一種執著，而丹霞卻以「無」的方式，掃除對佛的執著。

　　針對「禪悟」這種心理層次的問題，海倫‧威斯格茲（Helen Westgeest）在《禪與現代美術——現代東西方藝術互動史》一書中，引用鈴木大拙的專文這樣說明：

> 我們一般認為，「A 即 A」是絕對的，而命題「A 不是 A」或「A 是 B」是不可思議的，我們不敢超越對比，只是因為我們想像我們不能。不過當探討禪時，我們現在了解到畢竟「A 不是 A」，邏輯是站在某一邊的，所謂非邏輯最後經分析也不必然是非邏輯的，表面上不合理的最終仍具有其自己的邏輯，那可說是符合事物的真實狀態，禪並不受對比規則的約束。（海倫‧威斯格茲，2007：291）

　　依照鈴木的說法，禪是無處不在的，「頓悟」意指「洞察真實的存在」，而且從日常生活中對具體事物的體察尤其重要，不需捨近求遠。在做法上，或許透過繪畫、書法或詩歌的形式，但終究得回歸到自己的心靈。書中也提到：

> 在開悟的路上，禪師的功能角色是有限的，因為他並沒有教導學生什麼，每一個人都要從他自己所處的心靈狀態中，去教導自己，因而禪相信人類心靈的純淨與善良。禪為我們指出了道路，但禪師也警告我們不應該將指出方向的手當成明月。（同上，20-21）

　　是以人所創造的形式，不論是禪師口中的言語、禪師手中所創作的繪畫、書法或詩歌，都只是用來給接受者一個思考的方向，並不能直指所要頓悟的對象（畢竟 A 不是 A）。而通常要給人強烈的印象，好將這個概念留在腦中以期待某日有「頓悟」的機會，

就圖畫書中圖文二者的關係角度來探討，方法上或許可以嘗試經營禪趣中的「反常合道」奇趣，透過物件間強烈的矛盾對立，引導接受者朝向無分別、無念即成佛的境界，則稱為「禪宗式互斥的圖文關係」。雖然禪宗認為方法只是筌蹄，終究要以道為依歸，不能只以知解它為滿足（周慶華，1997：170），但為了方便論述，以下我還是舉自己創作的作品為例子，來說明意義上相互排斥的圖畫與文字，所能再次建構的新意義（即無執念的解脫境界）。

　　正如同上一節所論述的，本章中我所呈現的〈國王的新衣〉（參見上一節），都是以「相互排斥」的方式來詮釋，所不同者在於每張圖畫的思想意念，例如圖 7-2-5 為「道家式互斥」，期望透過畫面圖文的相互矛盾關係，引導讀者近一步思考，體會道家不需受「是非」、「對錯」束縛的自在心理，繼而將分別去除，達到逍遙自在的目的。而這一節則是以圖 7-2-4 來作說明。

　　這一張圖畫所搭配的文字是這樣的：

> 衣服終於做好了，國王根本什麼都看不見，可是大臣都不住讚美，國王也不敢說出實話，只有讓那兩個人幫他把衣服穿上，到大街上去遊行。道路兩旁的百姓知道國王根本沒穿衣服，但他們並不想被笑是傻瓜，所以沒人敢說話。

　　先前我曾經在第五章互釋模式的概說中，針對這段話做過詮釋。長久以來我對於這個故事中的「騙子」角色，有不同的解讀，並不是說我認同他們騙人的行為，而是基本上他們算是因為「國王的虛榮」以及「大臣、百姓的無知」才得以生存的。嚴格說來，國王最後光著身子上街遊行，也是他自己的選擇，在許多關鍵點他都可以做不同的判斷，不一定要硬著頭皮上街，因此無關乎兩

個騙子的騙人技巧，而且他們行騙的「行為結果」，對接受者而言也算是正面回饋。我甚至覺得他們幫所有人（國王身旁的人、街道旁的百姓，甚至故事外的讀者，以及為生活汲汲營營卻得不到溫飽的人）狠狠教訓了國王一頓。至少當我讀到這個地方時，還大呼過癮、拍手叫好呢！

不過在傳統緣起觀的佛教式說法裡，人生是一大苦集，因此以去執滅苦進入絕對寂靜或不生不滅的涅槃境界為終極目標，它的原始具體顯現，在於講究冥想、瑜珈術或藉由其他身心冶鍊等方式。佛教傳入中國與道家和合後的禪宗，在做法上可以更加直接，透過頓悟的方式就能立時解脫成佛，而使人頓悟的關鍵點，則在於點出「無需分別」的差別。

《五燈會元》裡收錄青原惟信禪師的話：

> 老僧三十年前未參禪時，見山是山，見水是水；及至後來，親見知識，有個入處，見山不是山，見水不是水；而今得個休歇處，依前見山只是山，見水只是水。大眾，這三般見解，是同是別？（李蕭錕，2007：102）

這裡禪師提到的是三種不同的省悟過程。第一層的「見山是山」，意指僧人因為後天的熏習使得佛性被遮蓋，對山與我進行主、客二體對立的分別，產生分別心。第二層的「見山不是山」，是僧人因為修行而體悟主、客合一不分的道理，你就是你，我就是我，我與山並不個別對立，所以覺得「見山不是山，見水不是水」，我與山是合而為一的。第三層的，則是指僧人躍出「主客合一」的高位，重新回到世間，重新還原事實的肯定階段（即山只是山），此時僧人超越理性、時空，但又包容它們，是為圓滿無礙

的省悟。「此境界即萬法萬物，一方面皆如其本然之狀，另一方面又是互相包容、彼此平等，共生共存的大自在，大解脫，正是『不一亦不異』的中道之境。」（同上，102）

在林立《一書通禪》中，有一個「寸絲不掛」幽默公案：

> 有一天，一名比丘尼去拜訪雪峰義存禪師。雪峰禪師問她：「你從哪裡來？」這名比丘尼回答說：「從大日山來。」雪峰禪師再問她：「日出了嗎？」這名比丘尼回答：「如果日出了，雪峰就要溶化了！」雪峰禪師又問她：「你叫做什麼名字？」名比丘尼回答：「玄機。」雪峰禪師便問她：「一天織多少？」比丘尼說：「寸絲不掛。」講完便作禮告退。但是這名比丘尼轉身才走幾步，雪峰禪師便在她身後說：「你袈裟的衣角拖到地了！」那名比丘尼吃驚地急忙低頭一看。雪峰禪師笑著說：「好一個寸絲不掛！」（林立，2007：220-221）

當比丘尼回答「寸絲不掛」時，其實她很自信自己已經禪悟，所以雪峰禪師故意說她的衣角拖到地上，而就在她急忙低頭一看的同時，也正好破了自己認定的「無」的境界，接著禪師笑說：「好一個寸絲不掛」，意指你既然已經以「空無」來看待世間事物，為什麼還執著自己的衣角？

因此我試著以上述三種不同的層次來詮釋這段關於「國王穿上看不見的衣服，然後到大街上去遊行」的文字。當國王處在「見山是山」的第一層次中時，自己（主）與衣服（客）是對立的，有穿衣服就是有穿，相對的就是光著身子，因此當國王意識到自己在大街上出糗了，勢必會非常羞愧，趕緊打道回府。如果國王進到「見山不是山」的第二層次，自己與衣服沒有分別，便不需

在意究竟有沒有穿衣服。至於「見山只是山」的第三層次，國王體悟我只是我，對我來說衣服根本不存在；衣服只是衣服，對衣服來說我根本不存在。得以超脫事物之上，主客毫無分別，當下就解脫了。我便是以第三層次的覺悟作為圖 7-2-4 的思考重點，文字中說「國王根本什麼都看不見」、「國王根本沒穿衣服」、「沒人敢說話」，但是圖畫中卻呈現「國王穿著愛斯基摩人的厚毛皮大衣」以及「兩張大嘴」，就禪宗式互斥的圖文關係而言，文字說沒有的，圖畫中都出現了，有或沒有，不須執著。

同圖 7-2-4 互斥模式版國王的新衣（四）

　　當然整個故事的畫面布局，因為我一併考慮了上一節（無分別以逍遙自在）及下一節（諧擬或拼貼以達思想多元）所要闡述的特性，因此在故事圖、文相互排斥試做時，三種模式（即道家式互斥、禪宗式互斥及後現代式互斥）間的展現無法各自保持其純粹性。「（不曾真實存在的）國王」、「愛斯基摩人的外套」、「（誇張的）現代人」……這些元素間彼此就充滿許多矛盾，我將它們並置在同一畫面中，就是為了營造誇張的效果。

　　論述到這裡，說實在我有種「欲說還留」的想法。我想這個困擾來自於我對禪宗的認識，一方面得強調「說似一物即不中」（只能以心傳心），一方面卻又得營造圖文關係來「強說」禪理，力不從心之處只能望讀者見諒。最後引一段話來作為本節的結語：

> ……那個被禪宗說成是「向上一路，千聖不傳，學者勞形，如猿捉影」的寂靜自在境界，就在這些語言文字的擬譬形容中，等待有心人前來參酌發悟。至於結果是否能「不隨一切言語轉，脫體現成」或「情盡見除，自然徹底分明」，那就看個人的造化了。（周慶華，1997：170）

第四節　後現代式互斥：延異

　　一般認為「後現代性」（postmodernity）是 20 世紀下半葉所表現的獨特的後工業社會風格，事物擺脫傳統理性、共同時尚和大一統的意義價值，探尋著一條非傳統、非理性、多元化的出路，顯示出文化的多元性和多層次性。表現在文學上，目的在把真實

情況挖掘出來，例如後現代派作家在小說中，不但凸出象徵理性、正義和制度的警察的無能，或者偵探和犯人是同夥，甚至取消情節描寫，不藉助事先安排好的人物，就是因為這些人物會把他們的主觀意圖強加給讀者。這種對傳統封閉中心概念的摧毀，透過開放性、多元化的角度解放思想，換句話說，就是替讀者「換腦筋」。「後現代美學」更志在取消傳統美學設置的僵硬界線，特別是取消美學與非美學的區別。因此，後現代主義的精神，可以以「解構」的概念來加以統攝。

　　王治河主編的《後現代主義辭典》中，對後現代主義文學寫作原則的六大特徵，有這樣的描述：

> 形式上，後現代主義美學拋棄了傳統美學所給定的形式美概念，它拒絕使用那些被認為是現代主義作品基本的或正規的結構、文體等形式。D.洛奇（原名未詳）曾經總結了後現代主義文學寫作原則的六大特徵：
>
> 1. 矛盾——後一句話推翻前一句話。
>
> 2. 排列——有時把幾種可能性組合排列起來，以顯示生活和故事的荒謬。
>
> 3. 不連貫性——以極簡短的互不銜接的章節、片段來組成小說，並從編排方式上強調各片段的獨立性。
>
> 4. 隨意性——創作與閱讀成了一種隨隨便便的行為，如 B.S. 約翰遜（原名未詳）的活頁小說，從哪一頁讀起都可以。
>
> 5. 比喻的極度引伸——有些作家有意識的把比喻引伸成獨立的故事，游離出原來的上下文，以使讀者在變幻莫測的繁雜景象面前喪失綜合判斷的能力，藉以表示現代世界的不可理解性。
>
> 6. 虛構與事實相結合。（王治河主編，2004：252）

　　上述這六項特徵，所標示的就是解構主義的概念，主要是在打破結構主義文本的孤立性與封閉性，認為任何文本的成文性在於同該文本之外的符號系統相關聯，都是其他文本的吸收和轉換，在差異中形成自身的價值，是為文本與文本之間的「互文性」（intertextuality）（王治河主編，2004：299-300）。因此當人們轉變觀點或改變視角範圍，或許就可以把一個悲劇境遇轉變為一個喜劇境遇。而在藝術的表現上，以滑稽模仿或不同性質事物的拼貼並置為手法，作用在離間作品風格、主題和形式，以造成不協調，從而導致滑稽可笑的效果。透過諧擬或拼貼，思想的多樣性得到表達，使得某種真實性受到質疑，文本與文本之間互相碰撞，產生意想不到的衝突對比效果（同上，301-303）。就圖畫書中圖畫與文字二者的角度來探討，就是為「後現代式互斥的圖文關係」。

　　在天舒、張濱的《大師級的幽默》一書中，有一個文本相互碰撞以製造差異的笑話：

> 「能告訴我，為什麼要從手術室跑出來嗎？」醫院負責人問一個十分緊張的病人。「因為那個護士說：『勇敢點，闌尾炎手術其實很簡單！』」「難道這句話說得不對嗎？他是在安慰你呀！」負責人笑著對病人說。「不，這句話是對那個準備給我動手術的大夫說的。」（天舒、張濱，2007：140）

　　文字中護士所說的「闌尾炎手術其實很簡單」，引導讀者想像一場簡單手術的畫面，但是「不，這句話是對那個準備給我動手術的大夫說的」這句話卻點出現實情境與想像空間的差異，構成「應該專業的醫師不專業」的矛盾，也成為整個笑話的轉捩點，呈現出醫生不夠專業的問題。這是個透過互文的方式，產生衝突

對比的例子。此外，在約翰‧麥斯威爾（John C.Maxwell）的《製造差異者：你的態度，決定你的競爭力》一書中，關於「如何對付恐懼」，他說了一個故事：

> 幾個老人坐在一塊，說著他們以前在西部的時光，其中一個說：「我永遠不會忘記那時我殺了一名印地安人。」「你槍殺了他？」其中一個人問。「不是。」他回答。「用刀跟他徒手交鋒？」另外一個人問。「不，並不是那樣，」第一個說話的人回答道：「是跑到他死。」「你追他追了多遠？」「不，」第一個說話的人說：「我是跑在前面的那個。」（約翰‧麥斯威爾，2007：228-229）

　　姑且不論作者用這段文字背後所要導引出的「克服恐懼」的動機，故事主角與故事接受者的觀點間也形成矛盾，在讀者看來，跑在別人前頭直到對方累死，並不能說是「殺」死對方；但是說者卻認為那是他的「光榮」。透過讀者與故事人物認知上的差異，或許正是故事創作者所要呈現的問題：認定（殺死對方）的標準是什麼？

　　藝術家馬契‧杜象（Marcel Duchamp）的作品也企圖凸顯這個觀點，在既有經驗之外，還有無盡可能的存在經驗。以下便以杜象的作品為例，來說明他解構舊知識經驗的可能脈絡。

圖 7-4-1 長鬍鬚的蒙娜麗莎（L.H.O.O.Q.）

　　針對杜象這件作品〈長鬍鬚的蒙娜麗莎〉所帶來的效應，《後現代主義辭典》中這樣回應：

> 杜象給蒙娜麗莎鼻子下加上了八字鬍，又在下巴上加上了山羊鬍。顯然，杜象的變性的、女扮男裝的〈蒙娜麗莎〉既是對當時社會和審美風尚的一種諷刺，又是對傳統「再現」觀念的一種嘲諷。既然在世的各位誰都沒有見過蒙娜麗莎本人，既然達文西的〈蒙娜麗莎〉和杜象的〈蒙娜麗莎〉都是摹本，都是對蒙娜麗莎本人的模仿和再現，那又能說誰的優誰的劣？因為原本（蒙娜麗莎本人）已經不存在了。這的確是個傳統美學家一時難以回答的問題，杜象的這一舉動盡管給自己招徠了昭彰的惡名，但卻提示了人們重新看待原本和摹本的關係，重新看待「再現」問題。（王治河主編，2004：250）

　　事實上杜象最早吸引我的作品，是一個被他命名為「泉」的小便斗。在杜象看來，任何想將現成品神聖化或偶像化的企圖，只會讓他啼笑皆非而嗤之以鼻，小便斗簽上名字之後，也可以是一件被收藏的藝術品。這裡當然還含有他對於大眾給予藝術評價的不滿，因此他才會以小便斗為創作媒材，他說：「我將一個尿盆擲到他們面前，他們卻欣賞起它的美感來。」（張心龍，1990：80）這可以視為他用現成品與文字的關聯性，創造出「矛盾感受」的用意。

　　我認為杜象最主要的貢獻在於引導讀者向所習慣的「視界」挑戰，以不可思議的方式展現出人們難以想像的視覺經驗，或者利用文字的雙關性，企圖瓦解文字固有的意義，並賦予後現代藝術無限的延異自由，讓讀者思考「我們究竟能看到什麼」，在這個觀點下，「如何看到」變得比「看到什麼」更重要。這也進一步說明了作品必需透過接受者的詮釋才成為作品的說法。而先前我在第六章第四節「規範衍生性互補」中，曾以自己的作品〈錄影中請微笑〉為例來說明我所要諷刺的「微笑」中的「悲哀」，使用的也是這種製造矛盾差異而達到解構文字意義的方式。

　　此外，本章第一節我所揭示的作品〈國王的新衣〉（互斥模式版），其中圖 7-2-1 至圖 7-2-3，便是我將後現代概念中所析透出的「諧擬」以及「拼貼」手法運用在圖文關係上的實作。現實世界中的健美男子，被我放進這個虛構的故事中。圖 7-2-1 裡，儘管文字披露「有一個國王，他最喜歡穿漂亮的衣服」，但是圖畫中卻看不到國王穿著美麗的衣裳，取而代之的只是一個頭上頂著誇張大皇冠，光著身子展現一身健美肌肉的草包。圖 7-2-3 為了呈現「衣服終於做好了，國王根本什麼都看不見」，我從廣告單上剪下一套華麗又有質感的兩件式內衣，搭配一頭霧水的國王，表面上看來

呈現出國王的無助，面對女性內衣，教他怎麼穿得出門？實際上則是在諷刺國王，既然要穿「特別」的衣服，那就穿上這更前衛的服裝吧！而圖 7-2-2 中，騙子口中「說」出了一件件的衣服，文字說「不聰明的人根本看不到這麼特別的衣服」，我刻意安排實際上看得見的衣服形象，為的也是讓它們形成矛盾對立，營造出「騙子真的織出美麗布匹」的假象；如果再看仔細點，就會發現這些衣服的「材質」都是食物的包裝紙，所以「真正的衣服」還是不存在，騙子「說」出的衣服仍舊是「謊言」。

同圖 7-2-1　　　　　同圖 7-2-2　　　　　同圖 7-2-3

　　彭明輝在其《人文與科學方法論》的〈杜象〉一文中，有一段描述杜象看待自己作品的描述。超現實主義的健將麥克斯‧艾瑟（Max Ernsr）在 1969 年聽說杜象允許他人複製他的「現成品」，並當做商品販賣時，他揣測杜象此舉可能是「激怒群眾、困擾人心、讓仰慕他的人氣餒、嘲諷他的模仿者等等」。杜象的答覆是：「都算是對。」（彭明輝，2008）杜象在藝術創作的表現上，或許

有很多令人無法接受的驚人之舉，例如他的作品〈下樓梯的裸女〉就曾經被沙龍拒絕展出，但是同一張圖卻讓他在美國聲名大噪，反映出觀眾喜好的兩極化；又如他命名為〈新娘被她的新郎們剝得精光，甚至〉，而俗稱「大玻璃」的作品，到現在他所意圖呈現的「真正意義」（我是指杜象創作時在他心中出現的故事線），仍舊不斷被討論著，我想連杜象本人都不太容易說清楚，他究竟想傳達什麼？這件作品有太多詮釋的空間，很難只以單一的解釋論斷、評價。而這一點與我自己的創作經驗謀合，通常當我的作品完成時，已經與我最初的構想有一段差距，就我看來造成差異的原因，或許就是從事創作那段時間，心理狀態受外在人、事或物變動的影響所致。不過受限於為作品「命名」的共識，我還是會習慣性的找一個主題來統攝作品，表面上看來可以使接受者比較容易理解，但是卻也一筆帶過作品中還可能潛在的其他意義。因此，杜象這句「都算是對」，就某種程度而言，替藝術創作者解決了不少困擾；另一方面，它其實也標示出後現代藝術思想多元的包容性。

　　總結來說，本章以圖畫與文字相互排斥的角度，透過三大文化系統思想意念延展的程度，分三個部分論述，即第二節中承襲中國傳統道家思想的「道家式互斥」，第三節以印度佛教解脫思想為主軸的「禪宗式互斥」，以及本節所揭示的「後現代式互斥」。就思想延伸來說，上述這三種圖文關係，因為終極信仰的不同，因此能達到的效果也有差異。不過，這種「個人理解」的問題，都只能留待圖畫書接受者慢慢去體會。

　　除此之外，這裡還涉及一個圖畫書成品的問題。由於本論述旨在透過圖文關係討論圖畫書創作的可能性，因此對於本章中所

論及的「互斥模式」，還必要交代其實際創作成品的實用價值，才能讓論述內容更趨於完整。

　　回過頭來看，後現代式互斥的圖文關係，比起道家式互斥或禪宗式互斥，在創作的可能性及實用性上，都要具有實際操作的價值。它的原因可以分幾方面來談。首先，文化特質的不同，使得不同民族在行為表現上有認知差異。以印度佛教追求的一念不起，對抗上帝信仰的思想多元，當然是奔放的企圖比較容易讓人接受。再加上道家或禪宗講求的多半是難以言傳的自我體悟，少有實際可供參考或憑藉的方法，因此傳播時也比較不容易操作。其次，自從臺灣解嚴後，臺灣的社會、政治體制有了大變化。開放政策下使得國內、外兒童文學界產生頻繁的交流，特別是圖畫書。全球的流通也是這樣，不同區域都有較多機會接觸更多類型、風格的圖畫書，各地圖畫書產業變得更多元化。乍看之下，這樣開放的情懷似乎讓接受者的選擇看起來很多元，但是在西方強勢文化的壓迫下，東方中國或佛教世界傳統的思想漸漸被忽視，取而代之的是強調表現性、強調個人主義的作品。因此，實質上因為主流意識的篩選，卻也使接受者無形中只能被迫作片面的抉擇。再次，圖畫書創作者缺乏文化辨識的能力，或者因應市場的需求，不得不調整創作風格，保守既有的圖文創作模式，也是圖畫書創作受侷限的因素。綜合來看，上述這些因素都不脫離文化的本質，而它們相互影響的結果，導致整個圖畫書產業偏向一面倒的惡性循環，也不得不讓今日自稱尊重多元文化的我們好好省思一下。而有關於本論述開啟的圖畫書研究新頁，將於下一章中再作探討。

第八章　四種圖文關係的圖解及其價值評估

第一節　各自的光譜儀

　　本論述從第四章至第七章，透過不同的標準類型區分圖畫書中圖畫與文字的關係，是為互證模式、互釋模式、互補模式及互斥模式。這四者之間有各自的獨特性，也有相互重疊、包攝的交集性。為了方便讀者辨識，本章第一節將列出四種模式各自的光譜儀，第二節再就四種模式彼此之間相互交集的情形作說明。

　　按先前的論述，所謂「互證模式」便是以圖、文相互印證的程度來分辨，並針對圖畫的寫實性，從具象或抽象的角度，依照二者互為符合的比例分為高度互證、中度互證及低度互證。可以下圖為這一模式的光譜儀：

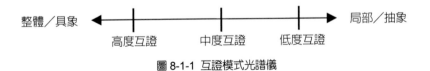

圖 8-1-1　互證模式光譜儀

　　就寫實的角度而言，圖畫畫「像」的程度越高，也就是圖畫越具象，越傾向於高度互證；相對的，當圖畫的抽象性越高時，

便越傾向於低度互證。另一方面，就表意的角度而言，圖畫表達文字中所提及的元素的程度越高，越傾向於高度互證；相對的，圖畫表達文字元素的程度越低，便越傾向於低度互證。有別於第四章第一節中所呈現的兩組光譜儀，這裡我特別將數線兩端的傾向合併（原本分為整體與局部一組數線，而具象與抽象則在另一組數線），而先前區分成兩組光譜儀的原因，就是因為檢視的角度不同。

雖然圖畫或文字在呈現時各有其主導的可能性，而且在具象或抽象之外，還有故事線片面轉譯或全面轉譯的差別，但事實上這二者也可以一起並置討論。舉例來說，以下這幾張圖都是我的自畫像，雖然它們被創作的時間、地點、媒材均不相同，再加上創作每件作品時，我有當時的心理狀態，所以每件作品都有著不同的聲音，但是在意義上她們都代表「陳意爭」這個人。只不過，從這些圖像的排列，讀者可以輕易發現畫面中的人體形象越來越模糊，到最後一張時，已經看不出哪裡是我的臉或哪裡是我的身體了。

從文字敘述的角度來看，凡是以文字為表意的主體時，圖象中呈現越多文字中所提及的元素，那麼圖像對文字譯寫的寫實完整性越強，在互證模式的光譜儀上，越傾向於高度互證；而當圖像譯寫的完整性越弱時，則傾向於低度互證，這一點在先前的論述中已經說明過。另一方面，以圖畫作為表意的方式，凡是以圖畫為表意的主體時，當圖像越具體明顯，它的說明性便會越強，讀者接受的資訊也越偏向整體的概念。從上述的例子中，如果讀者評判的標準在我的「真實樣貌」，那麼圖 8-1-2、圖 8-1-3 可以說明，圖 8-1-4、圖 6-3-1 有點勉強，至於圖 8-1-5 與圖 8-1-6 則已經

完全無法發揮效用。因此可以將它們分置在上一頁的光譜儀中，圖 8-1-2 至圖 8-1-6 依照順序，分別從高度互證、中度互證乃至低度互證。

圖 8-1-2 自畫像（一）　　圖 8-1-3 自畫像（二）　　圖 8-1-4 自畫像（三）

同圖 6-3-1　　　　　圖 8-1-5 自畫像（四）　　圖 8-1-6 自畫像（五）

　　其次，這裡所提到的「主體性」，間接的也引出第五章中所探討的互釋模式。互釋模式便是以圖文二者相互解釋的主體性來分辨，分為以文為主體的互釋、以圖為主體的互釋，以及圖文互為主體的互釋這三部分論述。可以下圖呈現這一模式的光譜儀：

圖 8-1-7 互釋模式光譜儀

同樣拿上一頁中我的自畫像為例，來思考看看如何為我寫的一首詩搭配圖像。底下這首〈勿闖禁地〉是我為睡夢中的孩子寫的詩，當天晚上在孩子熟睡後，我不斷聽見蚊子振翅而飛的聲音，再加上孩子清秀的臉龐，就是因為被叮了幾個包，有些紅腫過敏，心中對蚊子總是懷著一股恨意。不過為了不吵醒孩子，所以我沒有出手拍打，只是以液體電蚊香驅趕蚊子。給這個不速之客，我寫了這樣一首詩：

勿闖禁地

蚊子蚊子
請你搞清楚領土主權
我怎麼可能放過你
在我孩子的臉上
亂豎國旗
向來我不喜歡看見血
識相點的就趕快乘著門的縫隙逃走
免得被手掌終結了從神那施捨來的小命

在這個地方我會選擇圖 6-3-1 或圖 8-1-5 搭配，而它們正可以作為以文為主體、圖文互為主體以及以圖為主體的詮釋方式的說明。

　　無論圖 6-3-1 或圖 8-1-5，光看它們都不可能直接聯想到上述〈勿闖禁地〉中的文字涵義，因此在初次閱讀時，讀者還是得靠文字敘述來統攝圖文完整的意義，是為以文為主體的互釋模式。當讀者對故事意義有了概念後，閱讀圖片時會發現圖 6-3-1 中還點出了我的情緒，是詩中沒有「明顯呈現」出來的，透過圖像與文字的交互作用，讀者對作詩的人想表達的「情」、「意」都能有更進一步的認識，是為圖文互為主體的互釋模式。而圖 8-1-5 雖然沒有具體形象，但是螺旋狀的線條以及強烈的顏色搭配，帶出一隻類似布滿血絲的眼睛，以圖加深並統攝了睡夢中被蚊子吵醒的感受，是為以圖為主體的互釋模式。

　　由此看來，分別列出圖文主體的偏向性，目的並不在於為圖畫書中的圖文關係作分類，而是旨在點出詮釋觀點的差異。無論就創作者或接受者的角度，面對認知對象時或許會有相同或不同的觀點，好比說有些人是偏好文字解讀，有些人則喜歡圖像閱讀，而這種個人習慣也勢必會影響對作品的創作或欣賞；也就是說，同一張圖可能因為詮釋角度的不同，而獲得不同的整體概念。因此察覺圖文的主體性，將有助於開展不同的視野。從圖的角度，相對於直接以圖畫表現出被蚊子叮咬，甚至最後伸手將它擊斃的畫面，相同一段文字，站在文義延異的立場，可以有更多訊息的呈現；從文字的角度，面對同一個畫面，也不一定只能完全依照畫面看圖說話，針對圖畫不容易或沒有交代的部分，可以由文字來說明。而這裡所論及的圖文關係，還能與互證模式或其他模式的角度再加以區分，以形成兩種甚至多種模式間的交集。有關於模式間的交集情形，將在下一節中再論述。

事實上，上述這兩種模式的分析及利用，在目前一般坊間的書籍中多有陳述，只是沒有制式的名稱來加以統稱，因此在我的研究及統整中便析透出的「互證模式」、「互釋模式」這類語詞，以為不同標準分辨的類型命名。此外在第六章中，以知識衍生的類型，我提出「互補模式」，以及第七章中，以不同文化類型的終極信仰，提出「互斥模式」，都是為先前文獻探討中缺乏的圖文關係可能性的補充。

所謂「互補模式」，是就圖文二者相互影響後所能衍生的意義來分辨。一般說來，形上學只處理存有物存在的問題，而不處理「得到知識」的過程。這對於研究圖畫書中的圖文關係來說，是一個必須被重視的環節，因為無論圖畫書的創作、傳播或教學，都與獲得知識的過程息息相關，針對這個部分，在周慶華《語文教學方法》一書中，這樣提到：

> ……經過前人的設定確立，認識論所形塑提供的知識已經出現了兩大類型：一是「論理真理」式的知識；一是「本體真理」式的知識。當中「論理真理」，是指名和實相符（也就是命題符合於事物）。如「菩提樹葉是綠色的」、「老鷹是在天上飛的」和「下過雨的地上是濕的」等等，只要經由設定後的相關概念和命題本身具有指稱和陳述作用，再透過「順向」查驗程序，就可以判定命題是否擁有論理真理；而「本體真理」，是指實和名相符（也就是事物符合於命題）。如「他是我的好朋友」、「黃某偷竊是犯法的」和「林姓名模美極了」等等，只要經由設定後的相關概念和命題本身具有代表和測定功能，再透過「逆向」查驗程序，就可以判定命題是否擁有本體真理。（周慶華，2007b：136）

　　此外，周慶華還將語文經驗（即知識性經驗、審美性經驗及規範性經驗）的「標準度」加以區分：

> 前一類知識的設定由於受制於事物的「外範性」強，大家都可
> 以如數的加以檢證（甚至不惜透過「製造」儀器來輔助），所
> 以已經被不成文的歸屬為「認知」對象而成了學科專門管轄的
> 範圍；而後一類知識的設定由於受制於命題的「內塑性」強，
> 大家就比較不容易檢證成功，但也因為它的牽涉層面廣且關聯
> 具體人生而可以再行分化為「規範」和「審美」等兩個對象領
> 域，從此別有倫理／道德／宗教和文學／藝術等在各領風騷。
> （周慶華，2007b：136-137）

　　由此可知，知識衍生的類型（按先前在第六章中的論述，就是知識衍生性互補、審美衍生性互補、道德衍生性互補及神聖衍生性互補），可以以「論理真理」與「本體真理」來加以區分，其中知識衍生性互補就是屬於「論理真理」，而審美衍生性互補、道德衍生性互補及神聖衍生性互補則屬於「本體真理」。就如同先前所提過的光譜儀一樣，論理真理與本體真理二者之間，並不是截然可以劃分的兩個獨立個體，因此互補模式的光譜儀也是以數線呈現。

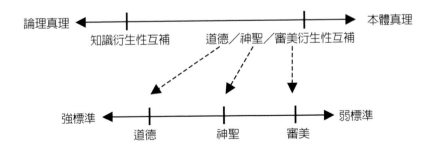

圖 8-1-8　互補模式光譜儀

　　這裡之所以將互補模式以兩段光譜儀來表出，是因為本體真理中這三項知識衍生類別，另外具有向度可以再加以區分。為了方便讀者辨識，底下有一個例子，可以用來說明它們之間的關係。

　　某甲是一個已婚的男子，有一天，他看到一位美女從面前走過，心中自然產生好感，就心理狀態來說，此時某甲以審美的角度檢視著美女；不過有宗教信仰的某甲想起了自己的太太，因為神聖性的牽引，讓他克制了心中的慾念，進而將美女的意念放下，此時他的心思便轉而偏向了道德的部分；而從道德而神聖而審美，也可以依此類推。其中因為「道德」的外範性強，具有標準可以檢證；「審美」的內塑性強，屬於個人偏好的範疇，比較沒有標準可言；而「神聖」則正好介在這二者之間，作為偏向道德或偏向審美的依據。因此，便可將道德／神聖／審美這三個部分加以細化成另一段光譜儀。

　　最後，在本論述中還提到「互斥模式」，是依不同文化系統的終極信仰區分，透過相互矛盾或相互解構的圖文關係，重新解構並建構圖像、文字與彼此間相互影響所產生的意義，提出「道家式互斥」（氣化觀型文化）、「禪宗式互斥」（緣起觀型文化）以及「後現代式互斥」（創造觀型文化）三種類型。下圖就是這一模式的光譜儀：

同圖 7-1-2　互斥模式光譜儀

　　誠如先前所提到的，互斥模式是從不同文化類型的藝術表現形式演變而來。後現代式互斥源自於西方創造觀型文化，擁有思想多元的特質，在表現的內容及形式上，都竭盡所能的創新，它的目的就是為了在現實界中掙得一席之地，好讓自己更接近上帝的崇高性。與西方創造觀型文化截然不同的，是源自於原始佛教特質的禪宗式互斥，屬於緣起觀型文化，在終極信仰中，追求的是放下執念解脫、成佛。因此在這一模式中，後現代式互斥與禪宗式互斥，分別位在數線的兩端，一端偏向於思想多元、想念延展的現實界；另一端則偏向想念不起、無執無念的絕對寂靜境界。而受中國傳統氣化觀型文化影響的道家式互斥，正因為冀求逍遙自在，所以列在上述二者之間。

　　這也可以用來說明，創造觀型文化的想法最多可以傳遞到氣化觀型文化的社會，爾後便很難再向緣起觀型文化的世界前進；反之，緣起觀型文化的想法，也很難真正力行在創造觀型文化的世界中。

　　我在這裡提出文化傳遞的觀念，其實也是想替各文化系統發聲。以創造觀型文化的思想多元來說，理論上它們應該是可以包攝不同的文化的，但是實際上我們卻發現，當西方文化傳入其他地區時，很容易就主動的取代原有的文化特質。以臺灣為例，臺灣應該是屬於氣化觀型文化系統的一份子，無論是文學或者繪畫，都應該與西方藝術表現的形式相差很多，但是回過頭來檢視現在的作品，卻不容易嗅見傳統的韻味。這其中當然包含西方文化較強勢的原因，不過我們對自己文化的了解不深、缺乏信心，也是造成這個後果的原因。站在多元的角度，保有每個文化的特質，也才有機會看見真正多元的文化。

第二節　相互的交集情況

　　上一節，我列出本論述四種圖文關係模式的光譜儀，這一節還必須有一個觀念要帶給讀者。這四種模式之間，除了各自在劃分上不具有絕對性外，它們也不是用來當作標準以劃分圖文關係的。當我們在看待同一組圖畫與文字時，會因為檢視的角度或詮釋的觀點不同，分類上便會有不同的結果，或者可能屬於高度互證模式，又或者可能是圖文互為主體的互釋模式；互補模式與互斥模式也是如此。因此這四種模式的存在價值，並不在於具有絕對排他性的分類作用，而是在指出圖畫與文字所能共構出的意義的可能性，以及觀念先具才好實踐的重要性。

　　舉例來說，如果互證模式中的暗示意味越濃，判斷上會越往互釋或互補模式的方向跑，例如先前提過圖畫書《地震王國》中天藍色的開口，它一方面明示了「天空」，另一方面也暗示了故事主角們所生活的環境之外還有一片天地的存在，最後也證明那是更適合「人類」居住的地方。以《地震王國》這個例子來說，便是互補、互證與互釋模式並行的情形，屬於知識衍生性互補（因為文字中並沒有提到他們的世界裡有天空，這一項認知是讀者在閱讀整個故事後，衍生出來的意義）、低度互證模式（藍色的天空與整幅圖的配置很不搭調，形狀也不是一般天空的樣子，作者似乎是刻意讓它與其他背景不協調，凸顯它的意味很濃）以及圖文互為主體的互釋模式（圖畫必須與文字相互解釋，才會發現這個藍色開口，就是巨人的口袋，而造成地震、不時有食物掉落的原因，則是因為主角們就住在巨人口袋裡）。此外，由於圖像與文字

在意義傳達上有各自的侷限，在圖文轉譯的模式運作上，不容易保有單一模式的純粹性，創作者會在有意識或無意識中選擇多種模式並進的方式來進行創作。因此在探討圖畫與文字的關係時，技術上實在不容易將它們完全歸屬在某一個模式之下。換句話說，圖文之間勢必會出現不同模式相互交集的情形，只是比例上誰重誰輕的問題而已，而這也正是本節所要論述的核心問題。

在此之前，為了方便讀者了解，我先將四種模式的辨別標準，以及各模式底下又再細分的子類型加以統整，整理如下：

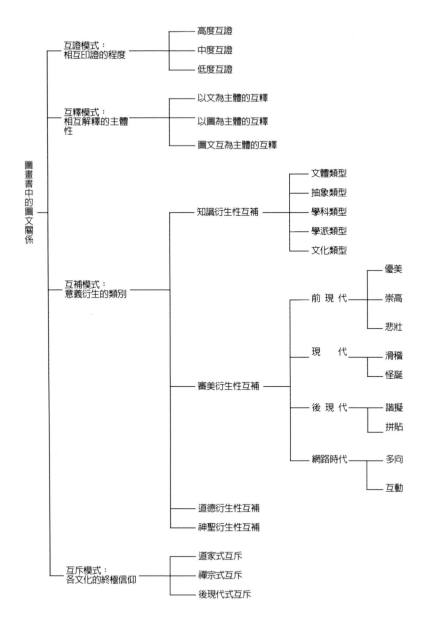

圖 8-2-1　圖畫書中的圖文關係模式及其子類型

　　透過這張圖表的整理，可以發現各模式間的差異，主要是依不同標準來判斷，互證模式是相互印證的程度，互釋模式是相互解釋主體性，互補模式是意義衍生的類別，而互斥模式則是各文化的終極信仰。其次各模式底下又再以程度等級或衍生類別，區分成第二級細項，例如互證模式中，以圖文相互印證的程度，區分為高度互證、中度互證及低度互證三類；互補模式，依意義衍生的類別區分為知識、審美、道德和神聖等第二級細項外，在知識衍生性互補底下，又以知識的主要類型，提出文體類型、抽象類型、學科類型、學派類型及文化類型等第三級細項加以探討。而審美衍生性互補則根據美的發展，分別以前現代、現代、後現代及網路時代為第三級細項，其下又再標示出優美、崇高、悲壯、滑稽、怪誕、諧擬、拼貼、多向、互動等表現形式，是為互補模式中的第四級細項。

　　按先前所提到的，圖畫與文字在解讀時，並不容易只以單一標準來詮釋，因此同一組圖文關係產生模式與模式間交集的情形，也是必然的狀況。以本論述中所提出四種模式的彼此交集來區分，可分為兩種模式的交集、三種模式的交集及四種模式的交集。第一種類型即互證／互釋、互證／互補、互證／互斥、互釋／互補、互釋／互斥及互補／互斥六種；第二種類型即互證／互釋／互補、互證／互釋／互斥、互釋／互補／互斥及互證／互補／互斥四種；第三種類型即互證／互釋／互補／互斥一種。以下我就分別以自己的作品，搭配圖文關係交集的情形來作說明；此外，模式間彼此交集比例輕重而導致交集有廣有狹的問題，則以箭頭表示交集的程度。

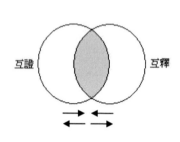

圖 8-2-2　互證／互釋交集實例

　　在「互證／互釋交集實例」中，明顯的從圖畫與文字的相互印證，可以看出這張圖屬於互證模式，也就是當文字提到「有兩個騙子來到城裡」時，圖畫直接將文字元素轉譯在圖畫上的過程。

　　此外，「騙子」以及騙子所隱含的人格特質，都屬於抽象概念，因此當文字提到「他們自誇，自己能織出最華麗的布料，縫出最美麗的衣服」，就得透過具有具象說明性的圖畫來表現它們。圖中二人明顯誇張的九十度大鞠躬姿勢，凸出了他們身為騙子的身分以及說話天花亂墜的功力，明確的彰顯了「自誇」這類的抽象概念。這種以具象圖畫詮釋抽象概念的作法，便是互證模式與互釋模式相互交集的應用。

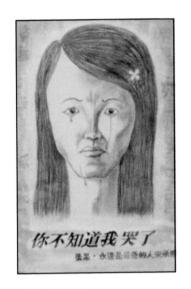

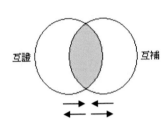

圖 8-2-3 互證／互補交集實例

　　在「互證／互補交集實例」中，我引用了〈你不知道我哭了〉這件作品為例子，是因為這件作品含有兩個層次的問題。

　　首先文字中提到「哭了」，我以圖畫中流著眼淚的主角來表示，屬於互證模式；另一方面，文字中還提到「你不知道」，這是我刻意與讀者感受製造衝突的安排，因為當讀者看著這張圖時，勢必一定「知道」而不可能「不知道」，因此也引導讀者朝向「萬一自己不知道了」的方向去想，搭配「後果，永遠是最愛的人來承受」這句話，引發文字背後要傳達給讀者「遵守交通規則，真愛生命」的目的，作法上屬於互補模式。因此這張圖可以是為互證模式與互補模式交集的應用。

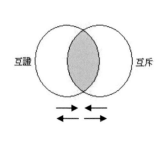

圖 8-2-4 互證／互斥交集實例

在「互證／互斥交集實例」中，文字「國王根本什麼都看不見」暗示了讀者應該什麼都看不見（事件一），「但他們並不想被笑是傻瓜，所以沒人敢說話」，也暗示了讀者「應該」不敢說話（事件二）；但是事實上，當我讀到事件二這段故事時，心裡其實早就已經對國王的行為暗自偷笑了，所以圖畫中兩張明顯大叫的嘴，實際上描繪出了我（讀者）心中的認知形象，也就是說圖畫其實印證了讀者對文字理解後產生的心理形象，而非只是在文字的意義本身。以事件二的文字意義角度來說，圖畫裡「兩張明顯大叫的嘴」，也算得上是互證的表現。這也進一步使讀者帶出另一個矛盾的情形，如同剛才所說明的事件二，事件一中「國王什麼都看不見」，而讀者透過圖畫卻實際上「可以看見那件愚蠢的大衣」便

也是合理的。因此，這樣的圖文關係會使讀者的認知在互證與互斥之間跳動，進而達到單純互證模式無法造成的效果。

　　當然這樣將二個相背概念併置的目的，在〈國王的新衣〉（互斥模式版）中，是為了促使讀者體認「看不見／看的見」或「不敢說／敢說」之間並無差別的禪宗式解脫思維，不過要達到這種解脫境界，還是得利用讀者對文字與圖畫解讀後所產生的矛盾心理。好比在比丘尼一絲不掛的公案中，雪峰義存禪師以不存在的袈裟衣角印證比丘尼心中自以為毫無執著的禪悟，不存在的東西反而羈絆人心，給了人當頭棒喝。

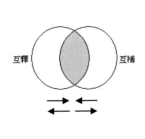 

圖 8-2-5 互釋／互補交集實例

　　按先前我所說的，互補模式的判斷標準在「意義衍生」上，其中有關知識衍生的類型，又可以加以區分為文體、抽象、學科、學派及文化等五個較優先的次類型。而這裡提到的抽象類型，便是互釋模式及互補模式產生交集的原因。

　　原則上，「美」是一種高度抽象的說法，也就是當我們對別人陳述某個對象事物很美的時候，那是基於個人感受所發出的讚嘆；但是基於每個人對於「美」的感受不同，很難確認彼此所指涉的「美」究竟是什麼，因此就得將「美」再加以細分為次級類型，以提高說明性。可以下表為「美」在不同抽象程度上的表現。

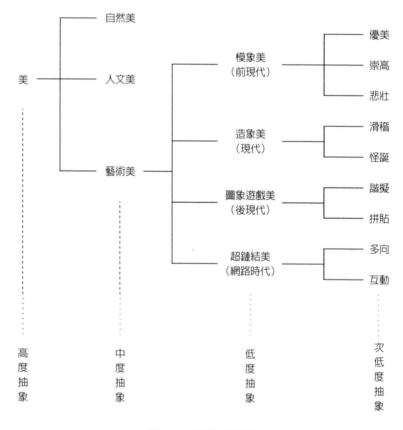

圖 8-2-6 美的抽象類型

　　上圖中，「次低度抽象」的部分，實際說明了「美」的感受或作法，例如優美、崇高、悲壯偏向感受，而諧擬、拼貼則偏向作法。透過這樣的陳述，「美」比較容易被理解了。

　　此外，抽象還有另一種表現意義。回到「互釋／互補交集實例」（圖 8-2-5）中所舉的例子，這張圖出現在本論述第五章的互釋模式中，用來作為搭配國王聘請騙子製作衣服的故事線的圖像。在理解上，這張成品的圖文關係屬於「以文為主體」的互釋模式，原因就在於圖畫得透過文字的說明，才能具有意義。我刻意簡化了人物的造型，只以顏色、線條表現國王以及其他人的互動，抽象的表現手法，也是為了衍生出更多意義。畢竟，每個人對於「騙子」或「愚昧」等概念的理解不同，讓讀者根據自己的詮釋加以想像，也是一種圖文關係的表現手法。

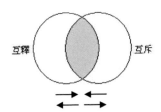

圖 8-2-7 互釋／互斥交集實例

　　在「互釋／互斥交集實例」中，這裡我所舉的圖例屬於「圖文互為主體」的互釋模式，原因是圖畫與文字必須同時發聲，才能建構出完整的意義。而在圖中有關「互斥」的成分，就來自於文字提到的「微笑」與圖畫中蒙娜麗莎的「微笑」所形成的對比中。換句話說，圖文互為主體的互釋模式是它的詮釋角度，互斥模式則是它的創作手法。

　　文字裡，我企圖營造蒙娜麗莎不得不微笑的狀況，因為正在「錄影中」，所以「請微笑」，而不是發自內心的笑。因此這個不是出於自願的笑，與我們所理解的「微笑」間便產生一種微妙的相互排斥感，提醒讀者注意微笑背後的隱藏意義。

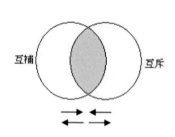

圖 8-2-8 互補／互斥交集實例

　　我們可以這樣理解，基本上互斥手法的目的，還是為了獲得不同於以往的知識經驗。換句話說，如果圖文轉譯表現的方式跟過去一樣，也就是以互證模式或互釋模式為主，那麼所能衍生出的意義就是有限的。以「互補／互斥交集實例」中所舉的圖文為例，配合「從前有以個國王，他最喜歡穿漂亮的衣服，甚至不惜付出很高的價錢，請全國最優秀的裁縫師來為他縫製新衣」這段文字，如果直接表現出文字中的含意，畫出國王、漂亮的衣服、裁縫師、縫製新衣，最多只能在繪畫技巧上作改變，對於故事意義沒辦法增加或補充。因此，我才以一位赤裸上身的健美男子為模特兒，並且讓他做出與國王形象不符合的動作，來製造圖像與文字意義上的衝突。

　　以這裡所舉的圖例來說，在互斥的手法底下，圖畫與文字各有表現，單純文字部分的意義，已經十分明顯，我不再說明。針對圖畫的部分，還可以加以延伸探討，以衍生新意義。首先，就學派類型而言，這張圖介於前現代的模象寫實，與現代的造象寫實之間，故事裡一個杜撰的國王，我以真實存在的美男子為圖，因此他所代表的意義也會引導讀者從想像跳向現實，與現實生活鏈結。其次，就文化類型來說，這張圖企圖呈現的國王，個人主體意識十分明顯，不受外在眼光的限制，只以表現自我為訴求，屬於西方創造觀型文化的特質，與氣化觀或緣起觀型文化相比較，有很明顯的差異。

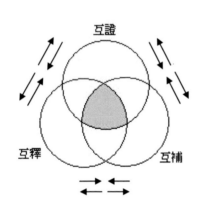

圖 8-2-9 互證／互釋／互補交集實例

　　先前針對「互證／互釋」交集的情形，我以具象圖畫詮釋抽象概念的方法來說明，也點出故事意義隱含於抽象文字的可能性。文字中提到「老臣只見空空的織布機，其他一無所有，但他又不想被笑是不聰明的人，於是他說：『美極了！』」的部分，我畫圖時曾針對老臣的表情作過一些試驗，我先畫了他諂媚的表情；但是我覺得那樣的表情太符應文字，缺乏想像空間，於是我將他改成這裡所呈現的樣子。透過他的表情，好像對讀者陳述另一個事實，一件隱藏於文字之外的秘密。從這裡，其實我也想讓讀者知道，老臣其實是具有判斷力的，只是在國王的威嚴底下，不得不說些違背現實的話。這部分的表現，就是基於知識衍生所作的考量，屬於互補模式的手法。

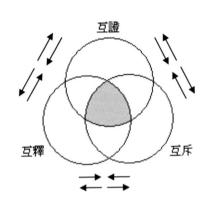

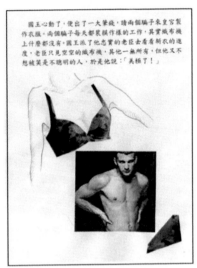

圖 8-2-10 互證／互釋／互斥交集實例

　　以這裡舉的例子來說，我刻意以女人的內衣與赤裸上身的男子形成對比，在技巧上屬於相互排斥的手法，但它們事實上也詮釋了國王看到空無一物的織布機時的心情，屬於互釋模式。雖然這裡我選擇了一張還蠻能表情達意的圖畫，來表現國王內心的掙扎，但是這一類的故事意義，終究還是得靠文字來統攝，才能完全表達出來。面對這樣的「對象」，無論看不看得見，叫國王光著身子或穿著內衣出去遊行，都一樣糗。

　　相較之下，在這裡互證模式所佔的比例就明顯比較弱了（儘管如此，還是可以從中看到一些）。好比文字中提到「國王」這個角色，站在互斥模式的立場，我應該捨去國王的形象，改以其他可以類比或完全相對的造型來取代，但是這樣可能會使接受者在閱讀判斷時造成太大落差，無法掌握完整故事的意義，反而得不

到原先應有的效果，所以我還是將健美男子擺放在畫面中。基於先前讀者對美男子已經產生過國王印象的投射，所以無庸置疑這裡的美男子就是國王，站在這個角度看，圖文關係就屬於互證模式。又如同先前所說的，基本上互證與互斥二種模式是不容易同時存在的，因此在判斷上，也可以將不屬於互斥模式的內容，視為互證模式的表現。

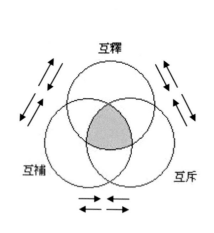

圖 8-2-11 互釋／互補／互斥交集實例

　　我經常對別人說，在我自己所創作的幾組〈國王的新衣〉圖文作品中，我最有成就感的，其實是互斥模式中所提及的幾張圖，其中又以上面「互釋／互補／互斥交集實例」中所舉的圖例，為我最喜歡一張。

　　我認為圖畫書中的圖畫與文字都扮演了很重要的角色，彼此不應該只是對方的附屬品，因此當我有機會針對文字故事來創作圖像時，我就朝向圖文各有表述的角度去思考。不過，儘管圖文可以有不同的思考呈現方向，創作時還是必須在基本的故事線底下發展，這樣接受者才不至於掌握不到創作者所要傳遞的訊息，而這也是模式與模式間必然存在交集的原因。

　　當初構想「消息傳出去後，有兩個騙子來到城裡，他們自誇，自己能織出最華麗布料，縫出最美觀的衣服。而且不聰明的人根本看不到這麼特別的衣服」這段文字時，基於故事線發展的原則，我保留了自誇、布料以及特別的衣服這些元素，因為它們是故事的主要成分，減省後故事就不容易連貫。圖畫中我刻意使用一隻嘴及兩隻手，就是透過互釋的手法，只將「自誇」的特質表現出來。而「布料」及「特別的衣服」我也動了一些手腳，那是從 DM 上剪下食品廣告來貼成的，讓衣服的外型乍看之下很像，實際上卻不是衣服。這麼做的目的，一方面是讓它與文字中所說的「看不到這麼特別的衣服」形成相互排斥的互斥對比效果（實際上在圖裡可以看得到），另一方面也詮釋了文字中所謂衣服的「特別」，因為騙子口中所「說」的布料，其實是「食材」，只不過被「包裝」得像衣服。如果接受者能夠讀出這一層的含意，那麼讀者已經獲得我所要傳達的訊息了。

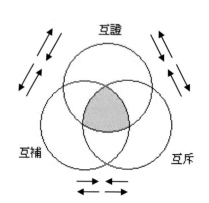

圖 8-2-12 互證／互補／互斥交集實例

　　理論上，「互證」與「互斥」是無法同時存在的。互證模式是以圖文二者相互印證的程度來分辨，當圖畫與文字完全沒有印證關係時，判斷上才會偏向互斥模式。不過在我的研究中卻發現，當圖文二者在相互轉譯的過程中沒有直接關連，或者完全背離不相干時，反而能有更多鏈結知識引發的可能，而造成意義延異的原因，就在於該組圖文的關係在不同模式間轉換。

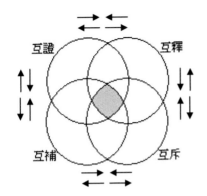

圖 8-2-13 互證／互釋／互補／互斥交集實例

　　先前在本論述第六章第五節神聖衍生性互補中，我曾經提過描寫戰爭的火爆場面搭配一對擁吻情侶的畫面。這裡我試著將這樣的畫面表現出來，並搭配以下這段文字：

> 三月十九日凌晨，那個指揮官走到排長前，一刀把排長劈死。「我們全體要堅決抵抗⋯⋯」言猶在耳。一陣槍聲，守軍全部陣亡。隔天，總部向各地發出電報：「全國同志，虎口告急！龍眼告急！民族告急！只有全體抗戰，才是我們的出路⋯⋯」

　　文字中看到的是火爆場面的序幕，很明顯的接下來各地的熱血青年們即將投入這場全國性戰役。就文字的表面意義來看，我搭配了一張看來毫不相干的圖，只是一對深情擁吻的男女，既不殘忍也不血腥。這就是我所使用的互斥模式手法。一般說來，無論東西方，熱情擁抱或者擁吻的畫面，多半會在情侶倆分離很久而又再次見面，或是即將分離的前夕，對二位當事者而言，心裡充滿許多不確定性，他們不知道可以相聚多久？不知要分開多

久？甚至不知是否還有機會再次相聚？另一方面，戰爭雖然影響的層面很廣，但是它通常都是由少數人引起，可能是國家領導人之間的意見不合所造成。這些極少數的人心中必然也存在著許多掙扎，因為他得讓這麼多人付出代價。因此，即將面臨戰爭的主導者或者從事戰爭工作的當事人，心中也會出現許多不願卻又不得不這麼做的矛盾。

　　這樣看來，雖然畫面與文字本身沒有絕對的相關性，但是在表意的層面，它還是傳達了發動戰爭的後果及意義，戰爭無論勝敗，所有參與的人其實都輸了，輸了家庭、輸了家人或者輸了自己的幸福，這就是從互證模式、互釋模式及互補模式的角度來解讀。

　　綜合以上十一種說明，可以發現四種模式在圖文關係中的交集，是無法很明確予以區分的。而在列出各種模式交集的可能性之後，或許讀者會提出疑問，既然圖文關係的模式間，必然存在某種程度的交集，那麼區分不同模式的意義又是什麼？事實上，圖文關係雖然很難保有單一模式的純粹性，但是當我們針對同一組圖文進行閱讀判斷時，各模式間的交集不見得十分明顯，例如在「互證／互釋交集實例」中所舉的圖例，依文字的表面意義判斷為「互證模式」；但是依文字的隱含意義則是為「互釋模式」，也就是說「互證模式」還是這組圖文主要（或明顯）的表現形式。那麼區分模式屬性的目的，正如同先前所提示的，並不在於作分類，而是為了提供創作者及接受者在創作思考或閱讀判斷時能有更豐富多元的角度。

第三節　開啟了圖畫書研究的新頁

　　唐初詩人駱賓王遭小人陷害因而下在監獄裡時，曾經寫了一首〈詠蟬〉詩來抒發情意：「西陸蟬聲唱，南冠客思深；不堪玄鬢影，來對白頭吟。露重飛難進，風多響易沈；無人信高潔，誰為表予心？」在江佩珍《唐詩心賞》一書中，針對這首詩的意境作了這樣的描述：

> 寫這首詩時，作者正因為小人惡意毀謗，而被關到監獄裡，失去自由。因此，整首詩作者就藉著歌詠秋蟬來抒發自己的委屈。蟬兒被露水和秋風所困，不能展翅高飛聲傳千里，就像作者在險惡的環境中，有志不能伸的苦境。詩的最後作者除了為自己打抱不平外，也沒有其他辦法了。（江佩珍，2001：246-247）

　　當我和學生分享這首詩時，我曾經請他們試著想一想，如果自己像駱賓王一樣，被別人陷害，在不能為自己伸張正義的時候，你會做什麼？學生的答案當然五花八門，有些人認為他可以在獄中絕食抗議，有些人覺得他應該想辦法逃走，甚至可以以死銘志。聽了之後我笑了一笑，照這樣看來，駱賓王被陷害入監的苦情，似乎真的像先前引述的文字一樣「沒有其他辦法」了。不過在討論時，我總是喜歡提出不同的看法。我告訴他們中國歷史上因為小人的讒言而入監服刑的人不少，但是能夠有辦法逃走的恐怕不多，絕大多數的人（尤其是文人）會選擇留下文章，抒發想法來供後代憑弔，這也才使得今天我們有機會閱讀〈詠蟬〉這一首詩，

讓我們在經過從唐朝到今天這麼多年的歲月後，仍然有機會與當年獄中的駱賓王連成一氣，藉著他的作品啟發思想。

在這裡我所以舉這個例子，並不是要對駱賓王歌功頌德，或者好像我對他所寫的這首詩有多麼深入的了解似的。因為事實上，當我們在從事閱讀思考的時候，所接收到的訊息往往已經與原來的作者用意有所不同了，無論訊息變多或變少，就讀者立場產生的意義，都來自於個人對這件「作品」所能引發的迴響。這首詩裡，我可以看到詩人的文化背景，以及歷史事件中所呈現的教訓，雖然無法準確了解作者當時的環境，但是卻能透過它來想像作者的心情，甚至是自己落在這種情況下時的情景。而這些迴響，也是我認為一件作品最重要的精髓所在。

王文華在讀過幾米的圖文書《幸運兒》（2003）後，有這樣的想法：

> 你也許不相信，但我真的把幾米的書當作勵志小品來讀。看《微笑的魚》，我希望自己是那隻被愛的魚。看《幸運兒》，一開始我要變成什麼都有的董事長，直到翻到最後一頁，又寧願自己是平凡的司機。我總是藉著幾米的作品，問自己要什麼樣的生活。第一次看《幸運兒》讀到：「董事長從小就是個幸運兒，他什麼都有，而且全都是最好的。董事長聰明過人，事事要求第一，他從來沒讓任何人失望過。」當下我立刻感到一股憂傷。當你什麼都有了，活著只剩下失去。當你事事第一，誰能與你同行？（幾米，2008：106-107）

在幾米的自述中，他創作《幸運兒》時，董事長這個角色有極大的成分是他自己影子的投射。2002 年，幾米因為之前幾本著作成為暢銷書作家，接二連三的演講邀約，以及專欄工作，還有

作品改編的電影、電視劇開拍等等，讓他幾乎快喘不過氣來，在《幾米故事的開始》一書中，他這樣提到：

> 突如其來的「名氣」，並沒有帶給我快樂，反而讓我感到焦慮。除了外在環境，我還有來自內在創作的壓力，總覺得大家都在冷眼旁觀，等著看接下來幾米還能畫出什麼。我越是想證明自己，壓力就越大。同時，我又有一種缺乏歸屬感的落寞——我畫繪本，卻不是一般認知中的童書插畫家；我寫文字，卻不是作家……我是誰？我是異類，但異類也需要同夥。（幾米，2008：97-99）

看了他這一段自我心情的陳述，對於面對觀眾時的內外在壓力我也稍能感受，同樣有過創作經驗的我，的確時常需要構思接下來要呈現什麼？要符合觀眾胃口，又得要表現自己內心的想法，究竟哪一個比較重要？我天馬行空的想法觀眾真的看得懂嗎？或許就真的像幾米所說的，這時觀眾真的只能說是在「冷眼旁觀」。不過，或許就是因為這種觀眾期待的心理，導致幾米的作品一直固守在一種風格底下，而發展不出更具開闊閱讀性的圖文作品。

這裡我所指稱的「閱讀性」，已經不再侷限於文字的內容或者圖像的表現技巧，而是就圖畫與文字共構的層次上所作的發言。我得承認我很欣賞幾米的作品，從作品中我可以讀到他的想法，無論是不是與他的原始創意媒合，在這個部分可以看出他很「用心」，這種閱讀模式還蠻新鮮的，看著幾米的圖很舒服，加上他運用了綿密的線條以及繽紛的色彩，翻看一整本書的確能夠留下許多記憶畫面；不過他的圖文作品卻很少有能夠讓我的目光停留、仔細加以思索的畫面，絕大多數我還是會以文字為閱讀故事線的

基礎，讀過之後再搭配一張張精心繪製的圖，好像我是評審一樣的檢視圖畫是否已經完整表現出文字中的各項元素，漸漸的，美麗的作品開始走味，變得有點甜度過重了。或許是因為他的圖文關係模式多還停留在互證或互釋模式，縱使讀者在閱讀時能夠產生共鳴，或者在了解作者的創作動機後引發更多複雜的心理，但仍舊侷限在該文字文本或圖像文本所能傳達的訊息中，圖文所能發揮的作用還是少了一些。

最近我還讀了郭子乾的書《解悶救人生》，那是他對自己幾十年的演藝生涯所作的回憶陳述。很巧妙的，與先前王偉忠的著作《歡迎大家收看王偉忠的……》相同，都各有一段文字在描述他們共同參與過的節目「全民亂講」，也讓我這個閱讀電視節目的第三者有機會見識到不同「版本」的「全民亂講」。在郭子乾的書中這樣說：

> （主席有約）節目結束後，我們這批模仿諧星「流落」街頭半年左右，偉忠哥看到大家身懷絕技卻落單了，覺得有點可惜，便約我見面，隨口問：「現在你最想做什麼樣的節目？」我說：「一人分飾多角！」一個星期後，他開了新節目「全民亂講」，讓模仿諧星上場，不僅現場播出，還開放觀眾扣應。不但觀眾沒看過這樣的進行方式，演員也沒有，就這樣玩出了五年的奇蹟。雖然節目企畫不是全新的概念，但整體來說是全新的創意。重點在於，過去節目都是事前錄影，有完整的劇本，演員照本走，瘋狂度有限。但「亂講」選擇現場播出，在基本的架構上，加入無法控制的真實觀眾現場扣應，還要有進廣告的時間壓力。演員們一想到話說出口可是無法 NG 的，腎上腺素都暴增，現場工作氣氛完全不同……其實在現場節目開口說話，

心裡很緊張，常常不知道自己嘴裡在說些什麼，幸好我演出的角色「郭濤」，最大的特色就是，也經常搞不清楚自己在說些什麼，反而更加有趣，成了我最常飾演的角色。（郭子乾，2008：197-198）

「全民亂講」是中天電視臺的節目，比照 TVBS 電視臺的節目「全民開講」，在同一個時段，兩個不同電視臺同時開播，也都開放現場扣應，讓想參與其中的觀眾有機會發言。針對「全民亂講」的製作緣起，製作人王偉忠這樣說：

民國九十一年做了個搞笑版的「全民亂講」，標榜「全民開講」有的，我們通通都有。節目不僅大膽比照「全民開講」同時段晚間九點現場播出，由郭子乾模仿李濤，演出「主持人郭濤」的角色，還讓演員喬裝知名政治人物，在單元中發表意見，或在現場列席參加討論，更大的突破在於，我們當場接聽真正的觀眾來電。觀眾第一通電話就問：「這節目是真的還是假的？」接下來，許多觀眾都搶著打電話進節目，其他節目的扣應會吵到不可開交，但「亂講」觀眾都很精，知道用各式各樣幽默言語與政治人物對談，來增加節目的笑果。節目裡面的人物當然都是假的，但假戲往往比真人還要趨近真實，因為假的政治人物可以暢所欲言，真的政治人物則要說出「政治正確」的語言。就這樣真真假假、假假真真，諷刺了扣應節目，也諷刺了在節目裡大放厥詞的政治人物，節目紅到連國外媒體都風聞而來、要求採訪。（王偉忠，2007：166）

看過這兩段陳述，我發現一個很有趣的現象，同一件事情，透過不同角度的詮釋，就會呈現不同的面貌。以「全民亂講」這

個節目來說，郭子乾是當中的演員，實際站在演出的第一線，因此他的陳述會將重點落在個人感受上，讀了他的文字，讓我不禁也覺得緊張起來；另一個角度，王偉忠是節目製作人，所以他描述的重點就擺在交代製作節目的緣由，甚至他的動機，可能源自於成長過程中的某些記憶等等。因此兩個人所描述的內容、重點可以說是完全不相同。雖然這樣，透過我自己是觀眾的角色，我觀看了節目內容，加上演員郭子乾及製作人王偉忠的陳述，「演員／製作人／接受者（我）」之間形成了微妙的關係，幫助我更了解這個節目的不同面向，比較能趨近於全體意義，至少不只是在電視節目中看到的演出呈現而已。站在引發接受者想像、意義延伸的角度，不同面向的詮釋就很重要。

　　這幾年電視中還出現一種節目型態，通常用在回憶某個事件或某個人的時候，例如蔣介石回憶錄或二二八事件簿等。製作這些節目時，因為當事人大多已經亡佚，所以通常會邀請與該人物或事件相關的人，來發表他們的看法，再透過剪接這些人的看法，組織成節目後在電視中播放。接受者就是靠這些「片段」，加上個人的背景與理解，來拼湊出對該人物或事件的印象。說實在的，最後呈現在讀者心中的影像，或許已經與原始版本的形象相差很多了。不過儘管如此，這還是閱讀這一類文本的「趣味」所在，因為不管多麼真實、盡力的呈現，所謂的真相在事件發生後就沒辦法真實的存在。如果從這個角度來檢視圖畫書的圖文關係，圖畫與文字在表述故事的過程中，是有機會提供不同角度的看法的，那麼就不應該只是口徑一致的相互轉譯。而在實際的作法上，除了圖文表述相符性極高的互證模式與互釋模式外，就是互補模

式與互斥模式（或許還有其他沒被納進本論述的子類型，但都不出這四種模式）。

　　很可惜，在現有的圖畫書市場中，很難看到互補模式及互斥模式的成品。先前我也曾就這個問題與別人討論過，首先大家回應給我的，就是大眾接受度的問題，關係到今天圖畫書市場的消費習慣。一般而言，圖畫書的購買者與圖畫書的使用者通常不是同一批人，例如學校採購圖書是供學生使用，而家長購買書籍也是讓孩子閱讀，比例上來說，比較少有消費能力的人（通常是成年人）購買圖畫書是來給自己看的。因此，先入為主的觀念會導引購買者選擇「適合」孩子閱讀的書，而不一定是「幫助」孩子思考的書。

　　除此之外，絕大多數的成年人也認為圖畫書是兒童的讀物，屬於年齡較低的孩子，而這也反映在為不同年齡層孩子選書的狀況中。前一陣子，我們學校為了慢慢培養孩子閱讀的習慣，打算選定一些書目，安排讓學生從一年級到六年級都有可以依循的讀書目標，也避免重複閱讀或總是只閱讀淺顯易懂的書籍。當時大家討論的結果，就是以「文字少」而且「有圖畫」的書為低年級的閱讀重點；至於中、高年級，則認為圖畫書太簡單，應該選擇文字多一點或只有文字的書籍。從這裡就可以知道，圖畫書在不知不覺中被歸入兒童讀物的範圍，也可以想見成年人為自己選一本圖畫書來讀的可能性應該不高，或者最多成人只是孩子的導讀或陪讀角色。總而言之，消費習慣讓市場上不容易看到採用互補模式或互斥模式這類特殊表現手法的作品，甚至專為成人設計的圖畫書成品，或者將圖畫書歸類為兒童專屬的讀物等等因素，都窄化也限制了圖畫書的發展。

翻譯自妮娜·米可森（Nina Mikkelsen）的 *Powerful magic: Learning from children's responses to fantasy literature* 一書，中文譯名為《童書中的神奇魔力》。在這本書裡，作者企圖透過具有想像力、狂想性的文學著作，來了解孩子的閱讀反應，而她選擇用在實驗中的閱讀成品也是以適合兒童閱讀的「童書」為主。儘管如此，在她的文章中還是提到「童書」認定上的困難。

> 幾個月前，我把一篇探討維吉妮亞·漢米頓（Virginia Hamilton）所著的《漂亮珍珠的奇異冒險》（The Magical Adventures of Pretty Pearl）的文章寄給一家兒童文學期刊。出乎意料的，期刊的編輯寫信告訴我，我首先必須要先證實這本書是一本童書，因為他們的同仁對於這本書的定位頗有爭論……後來，我在一個座談會上遇見了作者維吉妮亞·漢米頓本人，於是我把這件事告訴她。「最好的童書適合所有人閱讀。」她這樣告訴我。（妮娜·米可森，2007：229）

不過，書中針對雷蒙·布力格的無字圖畫書《雪人》，她引用了雪拉·伊果夫（原名未詳）的看法：

> 儘管文字評論家雪拉·伊果夫對無字圖畫書持保留的態度，她認為文字比圖畫更能有效的傳達故事情節（和笑點）。然而，她也強調這種文類源自於原始象形文字（人類最早的讀寫能力），因此這類圖畫書的確能讓孩子在成為讀者過程中，更熟練讀者的角色。不過，她也提出警告：如果圖畫書中的情境具有危險性（或圖畫隱含了具有威脅性的概念），那麼圖畫和文字不一樣，它會讓讀者無處躲藏。她也進一步提到，雖然《雪人》是無字圖畫書的傑作，但書中這些「連環的既定視覺畫面」

有可能會「限制或否定讀這自身的想像力」。然而，伊果夫也同意：這本書的最後一張圖（男孩望著快速消失的雪人）製造了一個極富戲劇性的高潮。此外，布力格安排圖畫的方式——並排的場景來減緩或暫緩活動，小場景則讓節奏進展快速，也為故事情節提供了很多信號，這些都能有效的彌補沒有文字的不足。（妮娜・米可森，2007：54-55）

　　關於這部分的描述，我並不完全贊同伊果夫的說法，很明顯的她還是將圖畫看作文字的附屬（不過他的警告還是值得讀者思考），在圖畫書的功能中，只是讓孩子從初學者過渡到成熟讀者，這種說法忽略了圖畫本身的價值，也就是它在陳述文本時可以被賦予的功能。漠視這一點，圖畫書的作用就大打折扣了。

　　在圖畫書這項產業的生態中，所包含的無論是創作者、傳播者或是消費者（可再分為教學者及接受者），對於這項產業的興盛或衰敗都扮演了重要的角色。如同本論述第三章第四節中所揭示的產業示意圖一樣，當圖畫書的創作者努力提升創作水準，使讀者在知識、能力上能獲得刺激，自然就可以增加消費人口；而當消費大眾的鑑賞能力提高，也可以進一步要求創作者提供精緻的作品，無形中促使了創作的專業化。再加上傳播者的橋樑角色，將創作者的心血順利帶給消費者，也將消費者的想法反映給創作者，便能促進消費市場的革新機制。創作者沒有銷售壓力的負擔、消費者願意花費以閱讀更好的作品、傳播者也從中獲取足夠的利潤……在這種良性循環底下的圖畫書產業就會蒸蒸日上；相反的，如果創作者的創意受到限制、讀者因為作品水準不足或自己接受度不高等因素而不願消費，縱使傳播者再傾全力，也無法將作品推銷出去。而這一切總結來說，還是要回歸到創作者能創作

出好的作品這個層面上來看。這樣本論述所細鈎密織的四種圖文關係理論，就有廣被參鏡的價值；同時也因為率先列出了清晰且具實效的概念架構，可供操作，所以相對上也等於開啟了圖畫書研究的新頁。

第九章　結論

第一節　重點的回顧

　　最初在義大利旅遊的時候，我不知道會有《達文西密碼》這本書問世；回國後有機會閱讀《達文西密碼》，也因為故事以一幅我喜歡的圖為開端，加上丹・布朗所鋪陳的悖基督教化懸疑劇情讓我十分著迷，進而對書中所提到的畫作產生好奇；後來我配合著《聖經》上的記載，再次詳讀〈最後的晚餐〉這幅圖，因而發現了一些圖畫表現與《聖經》文字不符合的地方。這可以說就是最早讓我對圖文關係產生興趣的原因，也是本論述最初的起點，企圖找出圖文轉換關係的模式。

　　基於上述因緣，我設定以圖畫書為探討重點。本著自己對圖畫書的喜愛，以及目前消費市場所興起的圖畫書閱讀風氣，在第二章中我就以現有的文獻來探討圖畫書的定義、圖畫書的構成要素、圖畫書的創作與接受，以及圖文的轉換互計的應用，從中整理出「圖畫」在圖畫書中的作用。這裡我發現傳統出版業對圖畫的要求，最早是以美化畫面為主，以林敏宜的說法，傾向於「插畫」，之後才慢慢演變為輔助說明文字意義，或讓文字意義加深加廣的作用。但是就算大部分的創作者擁有這樣的概念，認為圖畫不應該只是文字陪襯的角色，在圖文轉換的應用上，還是

以圖畫／文字相互符合為主要呈現的方式，甚至沒有文獻將圖文關係所能構成的模式清楚標示出來。由於這部分的缺陷，使得圖畫書無論在創作或教學與接受上都有侷限，甚至有許多研究仍然以圖畫是否符合文字意義為檢視圖畫書成功與否的標準，實在可惜。

　　我自己有多年的美術學習經驗，也曾經將圖畫／文字相互轉譯的創作方式應用在教學中。好比說在「先有文字再畫圖」的創作過程中，我發現孩子會以文字元素為圖畫的基本訴求，也就是盡可能將文字中提到的東西畫出來；在「看著現成的圖再寫出文字」的練習中，大多也是小心翼翼的將圖畫表現的意義寫出來而已，對於圖畫背後能再延伸的故事，能恣意發揮的不多；而在「先畫圖再寫文字」的時候，或許因為圖畫是自己創作的，故事線已經在腦海中成形，因此比較容易寫出圖畫沒有或無法畫出來的部分。透過這種課堂中的觀察，我更發現圖畫還具有讓文意不斷延伸的功能，也進一步指出圖文互計關係所能形成的四種模式，就是互證模式、互釋模式、互補模式及互斥模式。

　　到了第三章，延續本論述所鉤織的四種模式，我也列舉了學生或其他人的作品作為佐證，針對圖文轉換互計所關連的課題加以論述，從創作觀念的更新、接受回饋向度的改變、相關傳播與教學水準的提升以及文化產製理念的突破等角度切入，對圖文轉換互計的研究指出實作的方向與創作成果的價值。值得一提的，在這裡我再次將文化的因素點出來，目的就是為了提醒圖畫書創作或接受的相關人員，在產製或使用圖畫書時，能對自己所站的立場有所了解，也能將不同文化類型的差異視為圖畫書內容的一部分。

　　第四章至第七章，我建構了四種模式的理論架構，並舉實例以供讀者依循。

　　第四章一開始，我先從東西方不同文化觀點看待「寫實」的角度切入，帶出中國氣化觀型文化傳統繪畫以「寫意」為主的手法，證明臺灣現有的圖畫書成品，絕大多數受西方創造觀型文化的影響，也點出臺灣圖畫書產業還可以努力發展的方向。接著就圖畫與文字相互印證的程度，加以細分，區分為「高度互證」、「中度互證」及「低度互證」。高度互證的情形，就是圖畫與文字搭配契合度高，圖文擁有絕對的默契；中度互證在圖文契合的比例程度上不像前者那麼絕對，產生像又不太像的曖昧意味；至於低度互證，則可能是基於圖文搭配比例的關係，例如圖多文少或文多圖少，或者圖文在互為轉譯時所選擇的重點不同，形成具有想像空間的效果。

　　第五章我從「詮釋」的角度切入，將創作者與接受者對圖畫與文字所形成的詮釋觀感帶入圖畫書的創作模式中，也為圖畫與文字不完全相互印證的情形作解釋。一般來說，文字中沒寫出來的，可以透過圖片予以補足；相對的有些時候，文字中提到的情節，圖片也可以將它省略。符合這種情形的圖畫書成品，依照圖畫或文字的表意主體性，又再細分為「以文為主體的互釋」、「以圖為主體的互釋」及「圖文互為主體的互釋」。以文為主體的互釋，是將文字當成解析完整故事線的主體，也可以說是對抽象圖畫的解釋；以圖為主體的互釋，則將圖畫視為故事呈現的主體，讀者透過玩味圖像隱含的意義，來型塑故事的完整意義；而圖文互為主體的互釋，則是圖畫與文字需相互輔助，才能達到閱讀故事的效果。

　　第六章我以圖文相互影響後所能衍生的意義為主要探討的對象，來談論圖畫與文字相互補充的情形。這裡還進一步發展出知識類型層面的問題，一般來說我們希望透過圖畫書的閱讀帶給讀者「意義」上的收穫，但是如果無法明確指出故事意義到底要包含什麼內容，那麼將會影響創作者以及接受者的視野。而在作法上，除了上述兩種模式，就是讓圖畫與文字以同一方向角度來陳述故事之外，圖文二者還可以有個別陳述的空間。因此在這一章裡，我將圖文互計的模式設定為各自表述，圖畫與文字的呈現不一定完全相符合，並將它們所能衍生的意義，區分為認知、審美、道德及神聖四部分。簡單來說，透過圖畫書閱讀獲得新的知識，就可以稱為認知性意義；獲得美的層次的感受，就是審美性意義；在道德意識上有所提升，就是道德性意義；而神聖性意義，則是直指文化系統中的終極信仰。

　　至於第七章，我首度提出互斥模式的圖文關係的說法，與前述互補模式同為圖畫書創作的新觀念。「互斥」的觀念從「相互排斥」、「相互矛盾」或「相互解構」的文化類型來探討圖畫書的可能性。透過思想在三大文化系統中的衍變，發展出屬於氣化觀型文化的「道家式互斥」，屬於緣起觀型文化的「禪宗式互斥」，以及屬於創造觀型文化的「後現代式互斥」。這裡所帶出的，是比互補模式更加棄絕圖文相互符合的方式，採用圖文相互排斥為手法，將道家所講逍遙自在，禪宗所追求解脫成佛的境界，以及後現代多元而延異的思想，變化成圖畫與文字的關係。

　　至此，除了發現「互證」與「互釋」這兩種模式是目前坊間所見絕大多數作品、論述的類別，而「互補」與「互斥」模式，還有待發展外，事實上我還想透過對圖畫書圖文關係的探索，來

發現既有圖畫書成品中的問題。因此在在第八章中，我就針對四種圖文關係加以圖解及說明它們的價值，尤其是在四種模式的相互交集情況，及對新開啟的圖畫書研究趨勢作說明。

　　我的研究中，還試圖延伸幾個面向問題的開展。首先是基於圖文轉換互計的審美考量。我自己的成長過程中，過去十幾年的美學教育，教導我追求的大多是屬於前現代的美感，例如：優美、崇高、悲壯等，對於現代派的滑稽、怪誕或是後現代的諧擬、拼貼，甚至網路時代的多向、互動等美感表現形式，能夠提供學習方向的材料有限，這也限制了我對現階段教學環境中的教材選擇，相對的窄化了學生接受刺激的視野，對於不同藝術的表現形式接受度自然很低。短時間看不出這樣對孩子的影響，不過如果將眼光拉到全球化的現狀，在接受各類文本刺激的同時，審美部分的考量也是很重要的。這同時也帶出圖文轉換互計在不同文化系統中表現的差異。其次是圖文轉換互計的理念塑造，面對不同文本，讀者可以有不同程度的接受情形，而這些接受情形會受讀者的成熟度及文本的可讀性交互影響。例如一位年齡較低的讀者，適合他閱讀的書籍一定與年長者不同；而需要反芻思考的文本，則比較適合閱讀程度高的讀者。因此四種模式還涵蓋了接受層面的問題，也就是說它們與讀者的接受是有程度上的差異的，例如互證模式屬於文本意義的直接接受，互釋模式屬於文本意義的深入接受，互補模式是文本意義的擴大接受，而互斥模式則是文本意義的衍變接受。這個角度也可以是為接受者提供適當文本的考量。

　　最後談到本論述所蘊含的價值，也就是研究中期望對現實環境的幫助，而本論述中回饋的對象還可以分為幾個部分來討論。

首先，就研究者本身來說，在這個研究的過程中，由於涉獵許多相關書籍，也藉著不同文化系統的比較，發展出這套圖文關係的理論，對於我自己日後，無論是圖畫書的教學或創作時，都會有很大的幫助。其次，就圖畫書的創作者來說，如同本論述第三章第四節中展示的圖畫書產業示意圖所揭示的位置，創作者就在這項產業的頂端，他所創作的成品決定這項產業的興盛或衰敗，連帶的影響了傳播者與消費者選擇不同類型圖畫書的機會。如果再將創作者加以細分，主要還能分為圖文不同作者的先文後圖、圖文不同作者的先圖後文，以及圖文同一作者等情況，因此圖畫與文字相互間的轉譯，可以視為一種有機的生產過程，圖畫與文字都應該能夠具有自我陳述的能力。再次，就圖畫書的接受者，不同能力的接受者所需要的刺激也不相同，這裡所指的「不同能力」是指著「創作能力」來說的，沒有創作能力的接受者，以及具備高度創作能力的讀者，無論在閱讀圖畫或文字時，面對相同文本的解讀也會是有差異的。這樣看來，圖畫書所要傳達的主旨就會與個人感受密切相關，而且也不應該有既定或標準的解讀方式。最後，本論述的價值還可以回饋給教學者，尤其針對家庭中及社會中的教學者。孩子所接觸到的第一層教學模式，往往是以家庭存在的群體，從這裡開始「教」孩子看圖或讀故事；此外，社會環境中出現圖文關係，也會以耳濡目染的方式，慢慢影響孩子的視野。因此，家庭與社會在教育的功能上，都不比正式的學校差。茲將本論述中所建構的理論細項以下表總結：

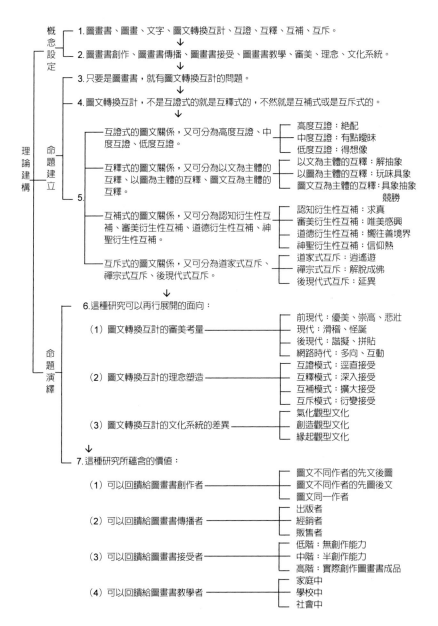

圖 9-1-1 本論述的理論建構及其細項示意圖

　　一對男女偶然邂逅，究竟會擦出什麼樣的火花？或許童話故事中「從此王子與公主過者幸福快樂的日子」，並不是唯一且最好的結局。數著玫瑰花瓣、從星座命盤中猜測對方的個性……二人各為主體或互為主體的詮釋彼此的戀情，充滿想像空間，讓人傷神也讓人樂在其中；史瑞克與費歐娜的怪物之戀，一方面是個不同型態版本的「王子與公主」結局，另一方面也凸顯了嚮往善境界的道德意識；此外楊過與小龍女的故事，在崇高、悲壯的氣氛中，衍生出的是唯美感興的審美價值觀；而莉莉與小鄭的老少配傳奇，多少也帶有點後現代互斥的味道，他們兩個人的相處甚至最後不歡而散，都讓人有不斷延異、想像的空間。或者再像道家思想中的逍遙自在，一切隨遇而安，不需要太執著；又或者是禪宗的解脫成佛境界，邂逅在男女二者心中不曾產生意義，怎麼發展也就不重要了。所以圖畫與文字的邂逅，能形成怎樣的意義？至少答案不只有一種吧！

第二節　未來研究的展望

　　西洋藝術史，對於近現代藝術的發展流派，曾經以前現代、現代及後現代來指稱，至於後現代之後又將稱作什麼，又將是個令人十分困擾的問題。姑且不管這個命名問題最後如何收尾，至少看得出「別人」在文化形式創新與傳承上的用心，回過頭來看目前臺灣文化創發力所面臨的問題，《中國時報》社論中，有一篇名為〈臺灣文化創發力正面臨急遽枯萎的危機〉的文章談論道：

大陸著名學者余秋雨不久前在香港演講，主題是「文化長河中的臺灣」，曾經認為臺灣文化有著令人眼睛為之一亮光芒的他，卻在這個演講中感慨，臺灣文化能量正被巨大的政治力給吸納走了，在臺灣，文化越來越不重要，甚且有成為政治工具的危險；余秋雨說自己最近幾次訪臺，這種感受讓他非常不安。同樣的憂慮在臺灣本土藝術家的感受裡當然更強，向來對政治議題發言謹慎的雲門舞集創辦人林懷民，最近也對臺灣文化前景表達了悲觀，他透露大陸方面邀請他去創辦雲門三團，雖然他已經拒絕，但內心卻又忍不住憂慮，中國大陸市場，足以讓雲門天天有表演機會，而當地政府部門又如此積極爭取，是否有一天，連雲門也不得不踏上大陸的土地？

……如今全世界政府都體會到「文化是個好主意」，因而無不全力發展文化產業，但臺灣的執政當局卻還停留「文化是個好美容」的層級裡，把文化活動、建築當作是政績的化妝品、把文化資源當作是綁樁的工具，結果不但出現一堆大而無用的蚊子館、更弄出五花八門的文化節祭；許多活動熱鬧一過，不只沒有創造出什麼文化的傳承與累積，反倒留下不少無從累積的軟硬體施設，以及對文化人心智與創意的不當扭曲，有些文化人在政治酬庸中漸漸迷失自我、失去原創力，有些則在分不到一杯羹的失望中出走，一種形式上、品質上乃至於數量上的文化貧血症，就這麼在臺灣蔓延開來了。（《中國時報》，2006）

這段文字說得很重，也點出臺灣的文化現況。政治對我個人來說是遠了點，但是如果就創發力部分來檢討，其實長久以來我的創作力也是傾向於枯萎的局面，教學上我會勉勵學生「學如逆水行舟，不進則退」，現在仔細想想，這不也說中了我的心事？

　　近幾年出現一種以相片形式存在的圖畫書，透過鏡頭下的畫面，再配合文字來呈現故事。2006 年五月出刊的《全國新書資訊月刊》中，由正修科技大學兼任講師也是故事教育工作者的陳昭伶撰文在一篇名為〈鏡頭下的奇想──相片繪本〉的文章，其中針對這類照片繪本有這樣的詮釋：

> 以上這些作品當中，有著攝影家的鏡頭，以及攝影家在拍攝瞬間與動物主角相遇時所聆聽到的心靈聲音（文字），也許是攝影家內在心靈的投射，兩者之間（照片與文字）的結合，成就出美麗故事，也讓該本書得以完美演出。套一句柳田邦南評論《熊啊！》一書的話，照片因為文字而有了生命，文字也因為照片而更具生命。（陳昭伶，2006）

　　雖然本論述的研究限制中，我不將這類的作品納進來談，其實正是因為它牽涉到完整故事線的問題，如同上述這段文字說的，相片圖畫書的創作方式，是以隨機、錯置的方式進行的，在拍攝過程中會擦出什麼樣的火花，不容易預期，得經由作者作最後的整理才能成書。而由於我必須將圖文關係設定在有既定的故事架構底下，才能來探討圖畫與文字在創作時相互搭配的情形，因此相片繪本這種圖畫書形式，本論述中不去處理。

　　此外，本論述的研究限制中，我也不將漫畫、成人繪本等類圖畫書的形式列進來談，因為漫畫所具有的「諧趣感」以及顛覆「語言」的特性，使得漫畫能用來對於時事進行批評與諷刺，不適合只以特定文本表達類型來看；成人繪本由於訴求對象的緣故，文字含意本身所能彰顯的意義也比圖畫書來得複雜、多變。儘管如此，漫畫、成人繪本以及相片繪本，這種充滿不確定性的

創作方式，以及圖畫與文字間互動的方式，都將考驗作者最後產出成品的能力。因此它們的圖文關係發展，還有可以再加以探索的空間。

除此之外，陳昭伶這篇文章中也反映出一些現象，例如照片圖畫書的主角大多以動物為主，再者作者幾乎都是外國人（陳昭伶，2006），這或許與臺灣的環境因素也有相關，又是環境保護面向的問題。因此針對這類作品的圖文關係，也可是臺灣圖畫書未來研究的一個方向。

有關圖畫書出版型式的觀察研究，在 2007 年四月出刊的《全國新書資訊月刊》中，由兒童文學工作者陳玉金撰文的〈銜接圖像，進入文字閱讀的橋樑書〉一文中，也引用《誠品好讀》Bridging Books 的概念，來強調西方國家為不同年齡層孩童的發展所設計的童書分級架構：

> 圖畫書向下延伸至嬰幼兒的幼幼書（Board Books），故事書又依年齡層（大約五或六歲左右）分為「轉接讀本」（Transitional Readers 或 Chapter books）和「簡易讀本」（Easy readers）。後面兩種經常被稱為「橋樑書」（Bridging Books）。Bridging 顧名思義就是架接，而兩種讀本的架接功能便設定在「由圖畫書的少字多圖」漸進至「純文字的青少年文學」、「中介的插圖書」或「篇章較短，故事結構較清晰簡易的兒童文學」，即透過圖文的比例、內容敘述的繁複性、生活性、趣味性，以漸進的方式，讓孩子建立自我閱讀的自信。
>
> ……近十餘年來，家長們最為熟悉的兒童類型書，應屬受到大力推廣的「圖畫書」。由於出版社大量翻譯圖畫書，加上故事媽媽們藉助圖畫書說故事，圖畫書不僅年產量大增，對於「何

謂圖畫書」也有一定的認知。但在推廣的同時，卻也引發另一種聲音，憂心圖像閱讀的強大優勢，導致孩子們對於文字閱讀興趣缺缺。至於這兩者之間是否為因果關係，學界並沒有相關論述，因此也僅止於臆測式的結論。但這類反應已引起童書界的關心，加上這幾年世界上優秀的圖畫書以多數被引進翻譯的情況下，圖畫書市場漸漸飽和，轉而進入另一個中空市場，於是「橋樑書」也成為下一個有待填補的市場。（陳玉金，2007）

　　雖然這裡提出國內出版外國翻譯圖畫書飽和的問題，事實上也帶出國人自己創作圖畫書的契機，正是本論述建構圖文關係模式的用意之一；就算是介於「圖多字少」與「圖少字多」中間轉界的概念書，在創作上還是得思考圖畫與文字之間的關係，讓閱讀的收穫能有所延伸。另一方面，這段文字中提到憂心孩子對文字閱讀缺乏興趣的部分，由於目前的研究中，並不能確切指出究竟「圖像引導文字式的閱讀」到「文字引導想像式的閱讀」是否存在絕對關連性，因此這方面的深入探討，也可以是為一個新的研究方向。

　　此外，本論述所建構的四種模式理論，以互證模式及互釋模式為現在市面上普遍可以看見的圖畫書形式，互補模式與互斥模式則可以視為未來圖畫書發展的方向。在這個基礎下，透過模式與模式間的交集，以及不同文化觀點的改變，可以產生文本意義上的變化之外，又要如何超越互斥模式以產生更新的見解？在這裡我針對這個議題，也深入的思考了一番。前現代、現代到後現代，可以說是在美感訴求上變遷，經過優美、崇高、悲壯，到滑稽、怪誕，到諧擬、拼貼，現在因為網路時代的來臨，人們也開始接觸多向、互動式的美感呈現，透過不同畫面的切換，操縱滑

鼠的手隨機點選，突然間讓我想到古代以拋繡球來尋找對象的方式，對於究竟誰有機會成為幸運兒，充滿許多想像的空間，而且最終的結局往往是出人意表的。因此，超越後現代的作法，可以維繫在網路時代多媒體的超鏈結上。

直到目前為止，所談論的對象其實還是以平面為主，這也是我在研究之初沒有設想的問題，因此沒在研究限制中提出。事實上圖畫與文字相互轉譯的過程，不一定只能發生在二度空間的平面形式中，動態、立體等的圖文互動方式，也有所屬的「圖」文關係（這裡所指的「圖」不只針對在構圖上說）。不過如果也將立體元素加進來談，恐怕會讓本論述的焦點模糊、論述瑣碎，或許日後能把它當個案來看，思索這樣的「圖」與文字如何搭配的問題。這裡只是在研究中有所發現，附帶提出而以。

接著再談論超越超鏈結的部分，如同上面所提到的，超越網路文本隨意不成組織的特性，或者可以朝超越既有平面的方向來思考，跳脫二度平面、三度空間之外，加上時間的因素，留下缺口，讓讀者可以參與其中來互動。

當然這之後還會有「之後」可以思考的問題，不過為了避免這個問題不斷延伸而沒有重點，我就先談到這裡。

回過頭來看，我們可以把上述當作圖畫書內容層面的問題來看，那麼針對圖畫書的形式，未來還有什麼展望？最近出版界一個新興的問題，是有關於電腦數位化帶給傳統出版產業的衝擊。電腦直接製版（Computer to Plane）就是將文本電子化而不經過手工的方式，透過大型印表機，直接輸出在鋁質印刷版上，以提供印刷使用。這樣的技術徹底顛覆傳統印刷流程，讓需要兩天的製版時間縮短在幾小時之內完成（林新倫，2007）。而銷售的方式，

也在網路資訊流通的過程中，擴大了讀者選擇的管道。在網路世界裡，讀者利用搜尋功能，迅速滿足個人需求，同時供貨的網路書店也可以控制存貨的流量，避免書籍滯銷所帶來的問題（蔡幸如，2006）。因此電腦數位化的出版方式，與傳統圖畫書創作者之間的協調，以及消費者的需求之間，勢必會產生變化，也是一個需要加以探討的方向。

　　前一陣子有機會聆聽一場演講，那是臺東縣教育處針對朗讀教學所舉辦的。受邀擔任講員的是蘇蘭，她在國語文的領域裡有很豐富的教學經驗，加上她本身對於口語發表的研究，因此雖然當天是一整天的課程，卻讓我感覺時間過得很快並且受益良多。除了朗讀教學技巧上的收穫，當天她還舉了一個令我印象深刻的例子，用來強調教學必須有國際化的視野。

　　當時她發給每個參與研習的老師一張書籤，這張書籤是電影《追風箏的孩子》（The Kite Runner）宣傳海報的縮小版，據蘇蘭的說法，那是她特別向電影公司索取的，才有機會拿到足夠發給百來人的龐大數量。利用這張書籤，她讓我們思考它可以教孩子什麼？經過蘇蘭一整天的引導，大家都明白她一定會要我們一直想不一樣的答案，所以大家也都絞盡腦汁的針對其中的畫面、文字去詮釋。由於這張書籤選擇以兩個孩子的背影為主題，因此絕大多數的發言也針對這一點，強調出它與一般在臺灣習慣看到的，以明星的大頭為主的海報的不同。相形之下，有所保留的海報能給讀者更多的想像空間。

　　儘管大家很努力的在小紙張上找答案，但是蘇蘭深鎖的眉頭還是透露出大家眼光的侷限，後來她只好提醒告訴我們，要我們把書籤翻過去，看一看它另一面的原文海報。這個舉動對我來說

好像當頭棒喝，當然我很清楚這些外語片都是經過翻譯的，但是在我習以為常的閱讀習慣中，其實已經忽略掉不同語言文化的差異這個部分了。這其實也提醒我，雖然我很喜歡看電影，但是卻也因為過分依賴翻譯，從來沒有仔細聆聽過影片中的對話，究竟他們說了什麼？站在不同語言的觀賞者的角度，是不是只要把「意思」翻譯出來就足夠了解影片的全部意義了？或者我經常會指稱某部電影很有「味道」，而這個不同於我的現實生活的味道是不是也是因為不同文化的影響？

蘇蘭另一個讓我佩服的地方，是她在朗誦時的用心。研習當天她播放很多朗誦的實例影片，其中也有她自己的演出記錄。我印象最深的，是一場為展出兵馬俑所舉辦的開幕儀式，在典禮上，蘇蘭朗誦了一首為兵馬俑所寫的長詩（詩是誰寫的我不記得了），特別的地方是她搭配了西洋的交響樂，雖然當場她也說明了這是什麼交響樂，但是我真的不記得了，總之，中國籍的詩碰上西洋籍的音樂竟然能產生相互幫補的作用，真是讓我眼睛為之一亮。最後蘇蘭總結，她說有人形容她是「用中國的潑墨畫法在畫普羅旺斯的風景」，原來那令我產生特殊感受的原因，就是源自於不同背景產物的結合。

從義大利回來好幾年了，我對義大利的陽光、空氣、人物以及景色，還是有著濃濃的記憶，在那裡一切的感受都與我原本的生活環境有很大的差異，因此每次有機會，我還是會拿出當年的照片，重新跟別人分享一次當時的感動。儘管相同的照片，再次重讀，似乎又能產生不同的感動，這就是圖像（照片）與文字（記憶），加上讀者（我）的情緒變化所產生的有機化合。在義大利我邂逅了達文西的名畫，擦出意想不到的火花，期待圖畫書裡也充

滿「異樣」的風味，讓讀者和圖象、文字從第一次見面的生澀，第二次接觸、直到第三次或第四次，都還能有一讀再讀的價值。

引用文獻

大塚勇三，嶺月譯（1995），《馬頭琴》，臺北：臺英社。
大衛・夏儂，歐陽菊映譯（2001），《小毛，不可以！》，臺北：臺灣麥克。
大衛・麥基，林貞美譯（2001），《六個男人》，臺北：遠流。
大衛・威斯那，格林譯（1994），《瘋狂星期二》，臺北：格林。
大衛・索羅斯比，張維倫等譯（2003），《文化經濟學》，臺北：典藏。
方　成（2003），《漫畫的幽默》，香港：三聯。
方家瑜等編（2006），《永恆的童趣——童書任意門導讀手冊》，臺北：信誼。
天　舒、張　濱（2007），《大師級的幽默》，臺北：創意年代。
丹・布朗，尤傳莉譯（2004），《達文西密碼》，臺北：時報。
王治河主編（2004），《後現代主義辭典》，北京：中央編譯。
王偉光（2002），《兒童美育啟蒙：我的孩子是畢卡索》，臺北：新手父母。
王偉忠口述、王蓉採訪整理（2007），《歡迎大家收看王偉忠的……》，臺北：
　　天下遠見。
王淑芬（2002），《搶救閱讀55招：兒童閱讀實用遊戲》，臺北：作家。
王淑芬（2004），《手工書55招》，臺北：作家。
王淑芬（2004），《手工書進階55招》，臺北：作家。
孔穎達等（1982），《禮記正義》，十三經注疏本，臺北：藝文。
《中國時報》（2006.8.31），社論〈臺灣文化創發力正面臨急遽枯萎的危機〉，
　　A2版。
尤金・崔維查，曾陽晴譯（2002），《三隻小野狼和大壞豬》，臺北：遠流。
朱　抗（1994），《中國古代四大發明》，臺南：大千。
朱　抗（1994），《中國古代建築》，臺南：大千。
朱　抗（1994），《中國古代科學家》，臺南：大千。
朱　抗（1994），《中國古代醫學家》，臺南：大千。
老　舍（2000），《馬庫先生》，臺北：臺灣麥克。
安東尼・布朗，林良譯（1994），《大猩猩》，臺北：格林。

安東尼‧布朗，陳瑞妶譯（1997），《穿過隧道》，臺北：遠流。
安東尼‧布朗，陳蕙慧譯（2000），《威利的畫》，臺北：臺灣麥克。
江佩珍（2001），《唐詩心賞》，臺中：文化。
艾瑞‧卡爾，林良譯（1995），《看得見的歌》，臺北：上誼。
艾瑞‧卡爾，鄭明進譯（1990），《好餓的毛毛蟲》，臺北：上誼。
伊勢英子，林貞美譯（2005），《1000 把大提琴的合奏》，臺北：遠流。
那志良撰文（1997），《古物歷險記》，臺北：文建會。
求那跋陀羅譯（1974），《雜阿含經》，《大正藏》卷 2，臺北：新文豐。
克拉格特‧強森，林良譯（2002），《阿羅有枝彩色筆》，上誼。
何恭上（2001），《梵谷全集》，臺北：藝術。
何康國（2005），《我國交響樂團產業之研究》，臺北：小雅音樂。
李乾朗撰文（1997），《爸爸講古蹟》，臺北：文建會。
李崇建（2006），《給長耳兔的 36 封信——成長進行式》，臺北：寶瓶。
李瑞騰（1991），《臺灣文學風貌》，臺北：三民。
李豐楙撰文（1997），《過節日》，臺北：文建會。
李蕭錕（2007），《坐者何人——李蕭錕禪畫公案》，臺北：香海。
吳淑玲主編（2006），《繪本主題教學資源手冊》，臺北：心理。
汪達‧佳谷，林貞美譯（1997），《100 萬隻貓》，臺北：遠流。
更新傳道會（1996），《聖經》（新國際版研讀本），美國：更新傳道會。
林　立（2007），《一書通禪》，臺北：左岸。
林　良（2006），《小紅鞋》，臺北：上誼。
林文昌（1994），《色彩計劃》，臺北：藝術。
林世仁、陳致元改編（2007），《大家一起拔蘿蔔！》新竹：和英。
林谷芳撰文（1997），《八音的世界》，臺北：文建會。
林明子，陸崇文譯（2005），《月亮晚安》，臺北：臺灣麥克。
林明子，蕭英哲、賴惠鳳譯（2000），《小根和小秋》，臺北：臺灣麥克。
林貞美等（1999），《在繪本花園裡——和孩子共享繪本的樂趣》，臺北：遠流。
林海音（2001），《寓言（一）》，臺北：臺灣麥克。
林海音（2001），《寓言（二）》，臺北：臺灣麥克。
林海音（2001），《寓言（三）》，臺北：臺灣麥克。
林海音（2001），《寓言（四）》，臺北：臺灣麥克。
林敏宜（2001），《圖畫書的欣賞與應用》，臺北：心理。

林新倫（2007），〈傳統圖書出版產業與電子出版文化事業的接軌〉，《全國新書資訊月刊》，5：16-23。

金　庸（1980），《神雕俠侶》，臺北：遠流。

邱　婷撰文（1997），《媽媽上戲去》，臺北：文建會。

肯・古德曼，洪月女譯（1998），《談閱讀》，臺北：心理。

宗玉印主編，何蓉譯（2005），《冰天雪地裡的北極熊》，臺北：臺灣麥克。

宗玉印主編，何蓉譯（2005），《海風的好朋友——黑背信天翁》，臺北：臺灣麥克。

宗玉印主編，何蓉譯（2005），《嗨！貓熊雙胞胎》，臺北：臺灣麥克。

宗玉印主編，何蓉譯（2005），《藍色大海裡的海豚》，臺北：臺灣麥克。

宗玉印主編，林雁翔譯（2005），《浮冰上的豎琴海豹》，臺北：臺灣麥克。

宗玉印主編，鄭如峰譯（2005），《南極冰原上的帝王企鵝》，臺北：臺灣麥克。

宗玉印主編，鄭如峰譯（2005），《相親相愛的大家庭——山豬》，臺北：臺灣麥克。

宗玉印主編，鄭如峰譯（2005），《紅狐的小寶寶》，臺北：臺灣麥克。

宗玉印主編，鄭如峰譯（2005），《愛泡溫泉的猴子》，臺北：臺灣麥克。

芭貝・柯爾，黃迺毓譯（2004），《精采過一生》，臺北：三之三。

河合隼雄、松居直、柳田邦男，林貞美譯（2005），《繪本之力》，臺北：遠流。

芭芭拉・庫尼，方素珍譯（1998），《花婆婆》，臺北：三之三。

妮娜・米可森，李紫蓉譯，郭妙芳校譯（2007），《童書中的神奇魔力》，臺北：阿布拉。

佩特・哈群斯，上誼出版部譯（2003），《母雞蘿絲去散步》，臺北：上誼。

長新太，林貞美譯（2006），《冬芽合唱團》，臺北：天下雜誌。

阿爾克謝・托爾斯泰，江坤山譯（2005），《拔啊，拔啊，拔蘿蔔！》，臺北：小天下。

周慶華（1997），《佛學新視野》，臺北：東大。

周慶華（1999），《佛教與文學的系譜》，臺北：里仁。

周慶華（2004），《語文研究法》，臺北：洪葉。

周慶華（2006），《語用符號學》，臺北：唐山。

周慶華（2007a），《我沒有話要說——給成人看的童詩》，臺北：秀威。

周慶華（2007b），《語文教學方法》，臺北：里仁。

彼德席斯，陳郁馨譯（1999），《天諭之地》，臺北：城邦。

珍・杜南，宋珮譯（2006），《觀賞圖畫書中的圖畫》，臺北：雄獅。

洪文瓊（2004），《臺灣圖畫書發展史》，臺北：傳文。

柳田邦男，唐一寧、王國馨譯（2006），《尋找一本繪本，在沙漠中……》，臺北：遠流。

科林・麥克那頓，劉恩惠譯（1996），《突然！》，臺北：鹿橋。

俞怡萍撰文（1997），《林爺爺蓋房子》，臺北：文建會。

施政廷主編（1996），《認識兒童讀物插畫》，臺北：天衛。

香港聖經公會（1995），《聖經》，香港：香港聖經公會。

查爾斯・奇賓，林貞美譯（2003），《窗外》，臺北：遠流。

查爾斯・蘭姆，蕭乾譯寫（2000），《馬克白》，臺北：臺灣麥克。

約翰・柏林罕，林貞美譯（2003），《莎莉，洗好澡了沒》，臺北：遠流。

約翰・柏林罕，林貞美譯（2004），《莎莉，離水遠一點》，臺北：遠流。

約翰・馬斯坦，黃聿君譯（2005），《兔子》，臺北：謬司。

約翰・亞奧希姆・溫克爾曼，潘襎譯、箋註（2002），《古典美之祕》，臺北：耶魯。

約翰・麥斯威爾，以葳譯（2007），《製造差異者：你的態度，決定你的競爭力》，臺北：易富。

胡寶林（1997），《繪畫與視覺想像力》，臺北：遠流。

孫　奭（1982），《孟子注疏》，十三經注疏本，臺北：藝文。

馬克吐溫，趙美惠譯（2000），《生死之謎》，臺北：臺灣麥克。

馬庫士・帕菲斯特，譚海澄譯（2000），《和事佬彩虹魚》，臺北：臺灣麥克。

袁金塔（1995），《中西繪畫構圖之比較》，臺北：藝風堂。

海倫・威斯格茲，曾長生、郭書瑄譯（2007），《禪與現代美術──現代東西方藝術互動史》，臺北：典藏藝術家庭。

郭　因（1987），《中國古典繪畫美學》，臺北：丹青。

郭子乾（2008），《解悶救人生》，臺北：天下。

郭書瑄（2007），《插畫考──那個開創風格的時代與藝術大師們》，臺北：如果。

陳　宏（2006），《太平年》，臺北：上誼。

陳　黎、張芬齡譯（2005），《致羞怯的情人：400 年英語情詩名作選》，臺北：九歌。

陳又凌（2007），《童話的真相》，臺北：聯合文學。

陳玉金（2007），〈銜接圖像，進入文字閱讀的橋樑書〉，《全國新書資訊月刊》，4：32-35。

陳仲偉（2006），《臺灣漫畫文化史──從文化史的角度看臺灣漫畫的興衰》，臺北：杜葳廣告。

陳昭伶（2006），〈鏡頭下的奇想──相片繪本〉，《全國新書資訊月刊》，5：49-52。

陳致元（2001），《小魚散步》，臺北：上誼。

張子樟（2007），〈圖像與文字孰輕孰重──中文文本繪本化的回顧〉，《文訊》，259：50-55 。

張心龍（1990），《都是杜象惹的禍》，臺北：雄獅。

張心龍（2000），《從名畫瞭解藝術史》，臺北：雄獅。

張永聲主編（1991），《思維方法大全》，江蘇：科學技術。

張晉霖（2005），《一塊錢‧買一個夢》，臺北：風車。

張晉霖（2005），《白雲枕頭》，臺北：風車。

張晉霖（2005），《白鼠公主的南瓜車》，臺北：風車。

張晉霖（2005），《奇怪的客人》，臺北：風車。

張晉霖（2005），《蝴蝶風箏》，臺北：風車。

張耀仁（2004），〈圖文書在臺灣：一個市場生產機制與創作的對話觀點〉，《第一屆臺東大學人文與藝術學術研討會論文集》，202-233。

國際聖經協會（2000），《聖經》（中英對照和合本、新國際版袖珍本），香港：國際聖經協會。

崔永嬿（2001），《地震王國》，臺北：上堤。

陸可鐸，郭恩惠譯（2003），《綠鼻子》，臺北：道聲。

許佑生（2001），《晚安，憂鬱──我在藍色風暴中》，臺北：心靈工坊。

麥克索瓦，張莉莉譯（1998），《沒有文字負擔的圖畫》，臺北：格林。

莫里斯‧桑達克，郝廣才譯（1996），《在那遙遠的地方》，臺北：麥田。

莉拉‧普樂普，陳雅茜譯（2006），《1001 說不完的故事》，臺北：天下。

梅爾，傅湘雯譯（1997），《印度》，臺北：臺灣麥克。

梅林‧葛絲，譯者未詳（2004），《十隻小瓢蟲》，臺北：臺灣麥克。

曹俊彥、曹泰容（2006），《臺灣藝術經典大系‧插畫藝術卷 2：探索圖畫書彩色森林》，臺北：藝術家。

清聖祖編（1974），《全唐詩》，臺北：復興。

幾 米（2002），《布瓜的世界》，臺北：大塊。

幾 米（2003），《幸運兒》，臺北：大塊。

幾 米（2003），《微笑的魚》，臺北：大塊。

幾　米（2008），《幾米故事的開始》，臺北：大塊。

彭　懿（2006），《遇見圖畫書百年經典》，臺北：信誼。

彭明輝（年代未詳），http://ppsc.pme.nthu.edu.tw/prof/anth6673/Duchamp.doc，點閱日期：2008.2.26。

筒井賴子，漢聲雜誌譯（1988），《第一次上街買東西》，臺北：漢聲。

黃本蕊（2005），《插畫散步──從臺北到紐約》，新竹：和英。

黃永武（1987），《詩與美》，臺北：洪範。

黃春明（1993a），《小駝背》，臺北：皇冠。

黃春明（1993b），《我是貓也》，臺北：皇冠。

黃春明（2000），《兒子的大玩偶》，臺北：臺灣麥克。

黃錦鋐註譯（1996），《新譯莊子讀本》，臺北：三民。

黃麗穎撰文（1997），《小小鼻煙壺》，臺北：文建會。

曾仰如（1987），《形上學》，臺北：商務。

傑若姆・胡耶，宋美惠譯（2001），《帽子先生和他的獨木舟》，臺北：臺灣麥克。

湯皇珍撰文（1997），《五月五龍出水》，臺北：文建會。

凱特・狄卡密歐，劉清彥譯（2007），《愛德華的神奇旅行》，臺北：東方。

華霞菱（2006），《顛倒歌》，臺北：上誼。

華藏淨宗學會（2005），《弟子規・三字經・校經合刊》，臺北：華藏淨宗學會。

喻麗清（2002），《石頭裡的巨人──米開蘭基羅傳奇》，臺北：三民。

葛　路（1987），《中國古代繪畫理論發展史》，臺北：丹青。

雍・薛斯卡，方素珍譯（1999），《三隻小豬的真實故事》，臺北：三之三。

奧罕・帕慕克，李佳姍譯（1998），《我的名字叫紅》，臺北：麥田。

楊明純、黃郁仁、黃卿如、王春鳳、黃安志 責任編輯（2007），《國語（第八冊乙版）》，臺南：南一。

楊淑清（2004），《模範生》，臺北：天韻。

賈桂琳・葳茲曼，譯者未詳（2001），《你不能帶氣球進大都會博物館》，臺北：臺灣麥克。

雷蒙・布力格，上誼出版部譯（1993），《雪人》，臺北：上誼。

路德威・白蒙，林貞美譯（1996），《瑪德琳》，臺北：遠流。

劉克竑撰文（1997），《萱萱學考古》，臺北：文建會。

劉克竑撰文（1997），《臺灣史前人》，臺北：文建會。

劉思量（1992），《藝術心理學──藝術與創造》，臺北：藝術家。

劉瑋婷（2007），〈臺灣兒童圖畫書出版業之困境與願景：從插畫創作者之角度
　　檢視〉，《教育資料與圖書館學》，44： 327-356。

嘉貝麗‧文生，鄒翠華譯（2001），《小木偶》，臺北：臺灣麥克。

嘉貝麗‧文生，譯者未詳（2003），《流浪狗之歌》，新竹：和英。

嘉貝麗‧文生，譯者未詳（2007），《蛋》，臺北：文林。

嘉貝麗‧文生，譯者未詳（2007），《熊叔叔阿尼》，臺北：文林。

漢思‧威爾罕，趙映雪譯（1999），《我永遠愛你》，臺北：上誼。

趙浩相，張介宗譯（2005），《豆粥婆婆》，臺北：信誼。

管家琪（2001），《傳說（一）》，臺北：臺灣麥克。

管家琪（2001），《傳說（二）》，臺北：臺灣麥克。

管家琪（2001），《傳說（三）》，臺北：臺灣麥克。

管家琪（2001），《傳說（四）》，臺北：臺灣麥克。

瑪格麗特‧懷茲‧布朗，楊茂秀譯（2005），《小島》，臺北：小魯。

維基百科（2004）， http://zh.wikipedia.org/wiki/，點閱日期：2007.1.25。

臺灣光華雜誌（2006），〈異鄉的緋紅樹──澳洲華裔繪本作家陳志勇〉，61。

臺灣麥克，孫千淨、葉慧芳、趙美惠譯（2001），《希望》，臺北：臺灣麥克。

魯　迅（2000），《狂人日記》，臺北：臺灣麥克。

蔣　勳（2006），《破解達文西密碼》，臺北：天下。

潘人木（2006），《你會我也會》，臺北：上誼。

蔡志忠（2003），《自然的蕭聲──莊子說》，臺北：時報。

蔡幸如（2006），〈臺灣圖書出版產業行銷通路探討〉，《全國新書資訊月刊》，
　　11：10-14。

鄧美雲、周世宗（2004），《繪本教學 DIY》，臺北：雄獅。

樹火紙博物館撰文（1997），《造紙師傅好手藝》，臺北：文建會。

賴美伶策劃（2003），《快樂寶寶成長系列 8──你也做做看！》，臺北：臺灣
　　麥克。

賴聲川（2006），《賴聲川的創意學》，臺北：天下。

黛安‧雪登；張澄月譯（1994），《聽那鯨魚在唱歌》，臺北：格林。

謝蕙蒙主編（2007），《泰山真愛家庭雙月刊》，48：12-13。

薇薇夫人（2001），《神話（一）》，臺北：臺灣麥克。

薇薇夫人（2001），《神話（二）》，臺北：臺灣麥克。

薇薇夫人（2001），《神話（三）》，臺北：臺灣麥克。

薇薇夫人（2001），《神話（四）》，臺北：臺灣麥克。

韓叢耀（2005），《圖像傳播學=Image communication》，臺北：威仕曼。

鄺麗貞（2006），《書香園童年夢——臺東縣 95 年度國小學生第二期書香獎全縣特優作品專輯》，臺東：臺東縣政府。

羅　青（1992），《詩人之燈》，臺北：東大。

羅智成（2006），《唸給妳聽》，臺北：閱讀地球。

瀨名惠子，黃克文譯（2005），《紅蘿蔔》，臺北：臺灣麥克。

蘇意茹撰文（1997），《大家來寫生》，臺北：文建會。

蘇珊·巴蕾，林貞美譯（1997），《獾的禮物》，臺北：遠流。

Belkıs İbrahimhakkıoğlu（2005），Hz Yusuf，Turkey, Istanbul。

Haggai（2006），個人網頁 http://www.wretch.cc/blog/haggai&article_id=3825316，點閱日期：2007.1.25。

P.K. Hallinan（1989），How Do I Love You？，America , Tennessee：Candy Cane press。

國家圖書館出版品預行編目

圖畫與文字的邂逅——圖畫書中的圖文關係探索
　/ 陳意爭著.-- 一版.-- 臺北市：秀威資訊科技，
　2008.12
　　面；　公分. -- (美學藝術類；AH0023)
（東大學術；3）
　BOD 版
　參考書目：面
　ISBN 978-986-221-129-8(平裝)

　1. 讀物研究　2. 圖畫書　3. 繪本

011.94　　　　　　　　　　　　　　97023327

美學藝術類　AH0023

東大學術③

圖畫與文字的邂逅
──圖畫書中的圖文關係探索

作　　者 / 陳意爭
發 行 人 / 宋政坤
執行編輯 / 賴敬暉
圖文排版 / 郭雅雯
封面設計 / 陳佩蓉
數位轉譯 / 徐真玉　沈裕閔
圖書銷售 / 林怡君
法律顧問 / 毛國樑　律師
出版印製 / 秀威資訊科技股份有限公司
　　　　　台北市內湖區瑞光路 583 巷 25 號 1 樓
　　　　　電話：02-2657-9211　　　傳真：02-2657-9106
　　　　　E-mail：service@showwe.com.tw
經 銷 商 / 紅螞蟻圖書有限公司
　　　　　台北市內湖區舊宗路二段 121 巷 28、32 號 4 樓
　　　　　電話：02-2795-3656　　　傳真：02-2795-4100
　　　　　http://www.e-redant.com

2008 年 12 月 BOD 一版
定價：410 元

讀　者　回　函　卡

感謝您購買本書，為提升服務品質，煩請填寫以下問卷，收到您的寶貴意見後，我們會仔細收藏記錄並回贈紀念品，謝謝！

1.您購買的書名：_____

2.您從何得知本書的消息？

　　□網路書店　□部落格　□資料庫搜尋　□書訊　□電子報　□書店

　　□平面媒體　□ 朋友推薦　□網站推薦　□其他_____

3.您對本書的評價：(請填代號　1.非常滿意 2.滿意 3.尚可 4.再改進)

　　封面設計____　版面編排____　內容____　文/譯筆____　價格____

4.讀完書後您覺得：

　　□很有收獲　□有收獲　□收獲不多　□沒收獲

5.您會推薦本書給朋友嗎？

　　□會　□不會，為什麼？_____

6.其他寶貴的意見：_____

_____

_____

_____

讀者基本資料

姓名：_____ 年齡：_____ 性別：□女 □男

聯絡電話：_____ E-mail：_____

地址：_____

學歷：□高中(含)以下　　□高中　　□專科學校　　□大學

　　　□研究所(含)以上 □其他_____

職業：□製造業 □金融業 □資訊業 □軍警 □傳播業 □自由業

　　　□服務業 □公務員 □教職　□學生 □其他_____

To：114

台北市內湖區瑞光路 583 巷 25 號 1 樓

秀威資訊科技股份有限公司　　　收

寄件人姓名：

寄件人地址：□□□

(請沿線對摺寄回,謝謝!)

秀威與 BOD

BOD（Books On Demand）是數位出版的大趨勢，秀威資訊率先運用 POD 數位印刷設備來生產書籍，並提供作者全程數位出版服務，致使書籍產銷零庫存，知識傳承不絕版，目前已開闢以下書系：

一、BOD 學術著作—專業論述的閱讀延伸
二、BOD 個人著作—分享生命的心路歷程
三、BOD 旅遊著作—個人深度旅遊文學創作
四、BOD 大陸學者—大陸專業學者學術出版
五、POD 獨家經銷—數位產製的代發行書籍

BOD 秀威網路書店：www.showwe.com.tw
政府出版品網路書店：www.govbooks.com.tw

永不絕版的故事‧自己寫‧永不休止的音符‧自己唱